KB099173

학교가 큰일났다! 선생이 위험하다!
선생님도 수업전략 있어야 성공한다
1 연구편
한국칼비테학습연구소 한성자 지음

동서문화사

선생님은 공부의 신이다
어떻게 가르쳐야 하는가

슬픈 대한민국 교육현실!

옛말에 이르기를, '스승의 그림자도 밟지 말라' 했다. 인생의 빛이 될 소중한 가르침을 주시는 스승의 그림자조차 우습게 여겨선 안 된다는 뜻이다. 또한 어버이를 대하듯 공경하는 마음으로 스승을 대하라는 것이다.

그런데 요즘 교사들의 위치는 어떠한가. TV와 신문에는 날마다 교권붕괴에 대해 우려 섞인 기사가 올라온다. '교실폭력'이란 말이 이제는 '학생에 대한 교사의 폭력'이 아니라 '교사에 대한 학생과 학부모들의 폭력'으로 느껴질 정도다.

지난해 5월 한국교원단체총연합회(교총)는 '2015년 교권 회복 및 교직 상담 결과'를 발표하고 2015년 교총에 접수된 교권 침해 상담 사례가 모두 488건에 이른다고 밝혔다. 이는 2006년 교권 침해 179건에 비해 173%, 2014년도(439건)에 비해선 11% 넘게 늘어난 것이다. 교총은 "교권 침해 사건이 2009년 이후 6년째 증가

하고 있으며 연평균 41.8건(12.8%)씩 늘어났다" 밝혔다.

요즘 학생들은 단순히 반항에만 그치지 않는다. 심한 욕설이나 폭행도 서슴지 않는다. 초·중·고를 통틀어 아이들이나 학부모에게 욕설 한번 들어보지 않은 교사가 없을 정도다. 각종 미디어를 통해 전해 듣는 '반항'은 사실 빙산의 일각이다. 한번 무너진 권위는 다시 일으키기 쉽지 않으므로 교사 스스로 쉬쉬하는 데다 '명문학교'를 꿈꾸는 학교들도 조용히 덮고 넘어가길 바라기 때문이다. 그래서 문제가 발생한 경우 도리어 교사에게 좀 참지 그랬느냐며 눈치를 준다. 실제로 교사들은 알려지지 않은 채 파묻히는 경우가 더 많다고 말한다.

교권붕괴의 원인은 무엇일까?

교총에 접수된 교권 침해 유형은 학부모와의 갈등 및 분쟁이 227건(46.5%)으로 가장 많았고, 교육당국 등 처분권자에 의한 피해 102건(20.9%), 제3자에 의한 피해 34건(7.0%) 순이었다. 학생에 의한 교권 침해는 23건(4.9%)으로 전년도 41건에 비해서는 줄었지만 여전히 한 달에 두 번꼴로 일어났다. 하지만 이는 앞에서도 말했듯이 학생에게 교권 침해를 당하고도 공개하지 않는 교사도 있으므로 실제 피해 사례는 더 많을 것이다. 교권 침해 절반 가까이는 학부모에 의한 것이었다. 교총 관계자는 "학생들의 교권 침해는 대부분 우발적이지만 학부모에 의한 피해는 지속적이고 계획적인 경우가 많아 교원들의 정신 피해가 크다" 말했다.

학생인권조례를 제정한 뒤로 교권은 빠르게 무너지고 있다. 사실 이 문제와 교권붕괴는 직접적으로 연관이 있다고 보기는 어렵다. 언제가 되더라도 이는 반드시 실시해야 할 제도였기 때문이다. 다만 언론에서 쟁점화하는 문제에 대해 아이들이 극단적으로 자신들에게 유리한 부분만 내세워 모든 책임을 교사에게 떠넘기는 탓에 비정상적으로 표출된 것뿐이다.

따라서 교권붕괴는 단순히 학교 울타리 안에서 시작된 문제에 그치지 않는다. 사회 전체가 문제 발생 분위기를 조장하고 그 기폭제가 되고 있는 것이다. 배금주의에 찌들어 학력만을 중요하게 여기고 인성교육을 도외시한 결과이기도 하다.

더 높은 점수, 더 좋은 성적을 위해 인성교육에 필수적인 교과는 구색 맞추기식으로 끼워 넣거나 아예 시간표에서 빼버린다. 학교와 교사들은 국어·영어·수학 위주로 돌아가는 시스템을 내놓는다. 따라서 아이들이 학교에서 인성을 갈고닦을 기회를 얻지 못하게 되었다. 학부모들은 자기 자식들이 뒤처질까 두려워 틈만 나면 학원이다 과외다 하며 밖으로 내돌린다. 핵가족제도에서는 인성교육의 기회가 부족한데도 밖으로 내몰기까지 하니 더더욱 그렇다.

쓰러진 교권을 어떻게 세울까!

외국에서는 생활과 상담 및 보건 등의 지도를 교사와 전문직원이 6:4 정도로 나눠 맡는다. 그래서 교사들이 기본적인 생활지도를 하되, 그 어려움이 커지면 전문직원이 담당한다. 이 전문직원은 아이들의 상태를 보고 근본적인 문제가 무엇인지 파악하여 합당한 처벌을 내린다. 또 학교와 교육청은 전문직원의 조언과 보고를 토대로 문제 학생에 대한 징계에 잘못된 점은 없는지 판단하게 된다.

이렇듯 우리나라 교육도 더욱 세분화하여 교사들의 업무 부담을 줄여 교사들이 학생들에게 더 많은 관심을 기울일 수 있게 해야 한다. 또한 아이들로 인한 문제 발생시 전문적인 대처가 가능하도록 전문 인력을 키워야 한다. 따라서 등한시했던 인성교육의 틀도 바로 세워야 한다. 사실 이것이 다른 어느 것보다도 가장 중요한 사항일 것이다. 인성교육만 제대로 갖춰진다면 우리 사회가 고민하는 문제의 상당수는 해소될 테니 말이다.

무너진 교권은 어느 한 사람의 노력으로 세울 수 있는 것이 아니다. 학생과 학부모, 교사 그리고 사회가 모두 함께 노력해야 세울 수 있다. 이제 막 교단에 서려는 이에게는 두려운 이야기였을지도 모른다. 하지만 교사들이 아이들에게 '용기 내라'고 가르치듯이 당신도 용기내기를 바란다.

당신은 가르침의 전략이 있는가?

칼 비테는 어린 시절 곧잘 바보라고 놀림을 당했다. 그러나 아버지 칼 비테의 특별한 교육의 영향으로 겨우 8세 때에 호메로스, 베르길리우스, 키케로, 실러 등 어른에게도 어려운 고전이나 철학책을 홀로 독파했다. 16세 때 대학교수가 되었고, 그 뒤 83세로 빛나는 생애를 마칠 때까지 독일의 명문대학에서 법학 강의를 계속했다. 곧 아버지 칼 비테의 교육사상과 수업방법은 유럽, 나아가 온 세계적으로 조명을 받게 되었다.

유치원 창시자인 독일의 프뢰벨, 미국의 스토너 부인, 이탈리아의 마리아 몬테소리, 미국의 글렌 도만 박사, 일본의 스즈키 등이 바로 칼 비테의 마법 같은 교육방법을 적극적으로 실천한 교육학자들이다. 이러한 교육학자들의 불굴의 도전과 그에 따른 빛나는 성과로 마침내 사람들은 아이들의 타고난 재능 뒤에 있는 무언가에 관심을 기울이기 시작했다. 그 무언가를 이끌어 내어 키워주는 것이 선생님의 책임이다.

물론 모든 아이를 칼 비테처럼 키우기란 불가능하다. 21세기에 이르러 교사나 부모들의 교육철학이 크게 바뀌었을 뿐만 아니라, 교육환경도 양적 질적으로 엄청나게 변화했기 때문이다.

그러나 한 가지 변함없는 사실이 있다. 지금 이 시간에도 꿈을 품은 젊은 교사들이 교단에 서서 고민하고 있다는 것이다. 그들은 대학에서 교직과목을 이수했고, 열심히 공부하여 교사임용시험이란 어려운 관문을 통과했다. 열정에 넘쳐 진정한 교육의 이상을 부르짖으며 학교로 온 그들, 하지만 현실은 그다지 녹록치 않다.

선생님의 으뜸 책무는 훌륭한 가르침이다. 이를 성공하기 위해서는 마법 같은 수업전략이 있어야 한다. 어떻게 하면 우리 젊은 교사들이 수업의 전략가가 될 것인가! 아이들에게 무조건적인 사랑을 베푸는 것만이 능사인가? 기상천외의 교수방법이라도 써서 일단 아이들의 성적부터 끌어올리고 볼 일인가? 학부모와의 관계는? 교육행정직과의 원만한 소통을 위해선 또 어떻게 해야 할 것인가? 교사들이여! 먼저 마음을 단단히 부여잡자. 마이크로소프트 창업자이자 자선단체 '빌 앤드 멀린다 게이츠 재단' 설립자인 빌 게이츠는 말했다.

"여러분의 자녀가 가장 좋은 교육을 받기 원한다면 훌륭한 학교보다 뛰어난 선생님을 만나게 하는 것이 더 중요하다."

빌 클린턴 전 미국 대통령이 "문제는 경제야, 바보야(It's the Economy, Stupid)"라고 했다면, 게이츠는 "문제는 선생님이야, 바보야(It's the Teacher, Stupid)"라고 역설한 것이다. 실로 훌륭한 교사와 무능한 교사의 교육적 차이는 놀랄 정도로 크다고 할 수 있다. 처음 교단에 선 당신은 조금 어리둥절해할 것이다. 만일 교실 곳곳을 스케이트 타듯 미끄러지며 와글와글 까르르대는 아이들을 보고 버릇없다 말한다면, 당신은 일찌감치 교직을 접는 편이 낫다. 고개를 푹 수그리고 딴청 피우는 아이들을 보고 벌컥 화부터 낸다면, 이 또한 빨리 학교를 떠나는 편이 훨씬 이로운 선택이다.

예전에 당신은 정말 머리 좋은 아이였다. 숙제할 때도 부모님이나 손위 형제자매로부터 조금 도움만 받으면, 그리 어렵지 않게 문제를 풀 수 있었다. 그러나 선생님으로서 교단에 선 지금 당신 앞에 당신과 같은 아이들만 앉아 있는 것은 아니다.

문제를 쉽게 풀어 나가는 아이가 있는가 하면, 아무리 가르쳐 주어도 못 푸는 아이가 있다. 교사가 하는 말을 빨리 깨우치는 아이가 있는가 하면, 웬일인지 하루 종일 웅크리고 얼굴조차 제대로 들지 않는 아이도 있다. 문제는 여기서부터 시작된다. 한마디로, 예전에 머리 좋은 아이였던 당신은 문제를 더디게 푸는 아이들을 이해하기 어려울지도 모른다. 어쩌면 그 아이가 바보 같은 천재일 수도 있는데 말이다.

전 고려대 총장 홍일식 선생님은 말했다. "입버릇처럼 말하는 흔하디흔한 사랑, 그것이 펼치는 무수한 스펙트럼을 당신은 알아야 한다. 사랑은 최고의 교사이며, 진심은 잠자는 스핑크스의 가슴도 움직일 가르침의 불꽃이다. 당신 마음속 열정을 아이들에게 쏟아라. 그러면 당신의 가르침 전략은 반드시 성공할 것이다. 창의력과 지식, 높은 도덕적 욕구를 일깨우는 것이 교사로서의 최고 전략이며 기술이다."

이제 여기 고민하는 선생님들을 위한 책 《선생님도 수업전략 있어야 성공한다》를 내놓는다. 당신이 입가에 미소를 지으며 사랑스럽고 말 잘 듣는 제자들 앞에 서 있든, 혹은 인상을 찡그리며 문제투성이 아이들 앞에 앉아 있든 칼 비테 교육사상을 바탕으로 이루어진 이 책이 최고의 답안을 제시할 것이다.

언제나 한국칼비테학습연구소 사업에 정성을 다해 참여 연구해 주시는 정명숙 김영련 선생께 깊은 감사를 드린다.

학교가 큰일났다! 선생이 위험하다!
선생님도 수업전략 있어야 성공한다
① 연구편 차례

선생님은 공부의 신이다. 어떻게 가르쳐야 하는가

처음 교단에 서는 당신에게

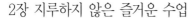

학생이 선생님에게 보내는 마음의 신호

초등 학년별 아이들 마음 연구
1장 즐겁게 풀어 나가는 초등 저학년 심리

2. 초등학교 6학년

처음 교단에 서는 당신에게

만일 아이들이 당신을 바보 취급한다면,
만일 아이들이 당신을 징그럽게 싫어한다면
그때에 당신은 어떻게 할 것인가.

1장 교사는 특별하고 특별한 직업

▶ 사랑이야말로 최고의 선생님이다

(1) 교육의 뿌리는 사랑에 있다

천재는 1%의 영감과 99%의 노력으로 이루어진다고 에디슨은 말했다. 영감을 주는 교사야말로 최고의 선생님이다. 그는 무엇보다 아이를 이해하고 사랑하려 애쓴다.

교사에겐 가르침에 대한 열정도 필요하지만 그것만으로는 불충분하다. 사실 아이를 사랑하기보다 가르치는 행위를 더 사랑한다면 결코 영감을 주는 훌륭한 교사가 되기 어려울 것이다.

물론 가르침을 소중하게 여기는 교사들은 이미 놀라운 성적 향상을 불러왔다. 그러나 그들은 실력 있는 교사는 될지언정, 결코 영감을 주는 교사는 될 수 없을 것이다. 공부가 왜 중요한지 잘 이해하지 못하는 아이에게 영감을 주기 위해서, 교사는 먼저 아이에게 자신이 진심으로 아이를 사랑한다는 사실을 알려야 한다.

물론 교사가 아이를 좋아하지 않을 수도 있다. 충분히 있을 수 있는 일이다. 하지만 교사가 아이를 싫어하고, 아이에 대해 불평을 늘어놓는 일이 잦아진다면, 아마 그는 직업을 잘못 선택했다고 볼 수밖에 없다.

요즈음 젊은 교사들은 옛날 선배교사들에 비해 아이들에게 그리 쉬이 영감을 주지 못하는 듯하다. 이것은 교사들이 아이들을 가르치면서 자부심을 느끼기 어려워졌다는 뜻이기도 하다. 이로써 교사들은 학생지도에 적지 않은 어려움을 겪고 있다. 하지만 아이가 아이다운 모습을 보일 때, 마침내 교사는 미소지으며 교사 본연의 임무에 충실하게 될 것이다.

선생님은 아이가 파괴적인 행동을 서슴없이 저지를 것에 언제나 대비해야 하며, 그런 상황 속에서도 아이에 대한 사랑은 결코 식지 않아야 한다. 학생들에게 배움의 즐거움을 느끼게 하는 출발점이 바로 교실에 마법수업을 불러일으키는 선생님의 사랑이라 할 수 있다.

(ㄹ) 한 번쯤은 절벽 아래로 떨어뜨려라

뭐니 뭐니 해도 교육의 최종 목표는 학생의 자립성을 키워주는 것이다. 선생님이 가르쳐 주지 않아도 의욕을 가지고 계속해서 스스로 공부를 즐길 수 있도록 하는 것이 교육의 최종 목표인 것이다.

그러므로 아이에게 하나하나 돌봐주듯이 가르쳐야겠다고 생각한다면 그것은 큰 착각이다. 너무 많이 돌봐주면 아이는 스스로 아무 생각도 하지 않게 된다. 스스로 무엇인가를 해보겠다는 의욕을 잃어버리고 만다. 뭐든지 지나치게 많은 것을 가르쳐 주는 선생님은 학생을 성장시키지 못한다.

'사자는 자기 새끼를 절벽 아래로 떨어뜨린다'라는 속담이 있다. 일부러 자기 새끼를 절벽 아래로 떨어뜨려서 강하게 키운다는 의미이다.

물론 선생님을 많이 따르고 의지하는 아이들은 정말 귀엽다. 마음속으로는 돌봐주고 싶은 마음이 굴뚝같다. 그러나 그렇게 하는 것은 그 아이를 위한 것이 아니다. 만일 선생님이 나서서 하나에서 열까지 모두 가르쳐 준다면, 아이는 선생님 없이 아무것도 할 수 없게 된다.

아이가 진정으로 잘 자라기를 바란다면, 때가 되었을 때 마음을 모질게 먹고 절벽 아래로 떨어뜨려야 한다.

다만 여기서는 주의해야 할 점이 있다. 바로 너무 높은 절벽 아래로 떨어뜨려서는 안 된다는 것이다. 절벽의 높이는 아이가

스스로의 힘으로 올라올 수 있을 정도여야 한다.

예를 들어 아이의 실력이 어느 정도에 미치지 못했을 경우에는 설명부터 해주고 나서 연습문제를 풀게 한다. 물론 이렇게 설명을 먼저 하다 보면 아이들은 선생님의 설명이 없으면 스스로 문제를 해결하려고 들지 않는다.

그래서 아이의 실력이 어느 정도 단계에 이르면 설명과 연습문제의 순서를 바꾼다. 먼저 연습문제를 풀게 하고 그 뒤에 설명을 하는 식이다. 연습문제를 풀 때는 절대로 도와주지 않고 스스로 문제를 풀게 한다.

인간은 본디 필요한 일이 아니면 아무것도 하지 않으려 한다. 스스로 껍질을 벗고 나오는 사람은 거의 없다. 그렇기 때문에 절벽 아래로 떨어뜨리는 것이다. 아이의 자립성을 키워주기 위해서다. 스스로 해결하지 않으면 한 발자국도 앞으로 나아갈 수 없는 상태를 만들어 주는 것이다. 그것이야말로 아이가 목표를 달성하게 도와주는 마법교육의 첫걸음이다.

(3) 교사, 특별하고 특별한 직업

교사들은 흔히 말한다, 어깨를 축 늘어뜨린 채. 과도한 수업 때문에 이러다가 천천히, 하지만 확실히 늙어갈 거라고 말한다. 어떤 교사들은 이렇게 스트레스를 받다가는 정년인 63세까지 절대 견디지 못할 거라고도 한다. 그렇다면 과연 그다음에는 무엇이 올까? 바로 번아웃 신드롬(burnout syndrome)이다. 번아웃 신드롬이란 한 가지 일에만 몰두해 오던 사람이 신체적 정서적인 극도의 피로감으로 인해 무기력증이나 자기혐오, 직무 거부 등에 빠지게 되는 증후군이다. 또 어떤 교사들은 비명을 지른다. 지난 여름휴가 때 피서지에서 만난 사람들과 어울리며, 자기 직업을 밝힐 엄두를 내지 못했다는 말로 교사들의 고단한 삶을 토로한다.

다른 직업들도 특별히 다를 바 없는데 유달리 교사가 가장 큰 소리로 비명을 지른다. 버스운전기사와 간호사들은 야간근무를 한다. 수련의들은 24시간 교대근무를 한다. 슈퍼마켓 계산원들은 형편없는 급료를 받는다. 저널리스트, 택시운전기사들은 하루아침에 해고당할 수 있다. 산업근로자들은 일자리를 잃느니 차라리 급료 인상과 휴가를 포기한다. 프리랜서들은 휴가라고는 들어본 적도 없다. 예술가들은 그림이나 음반이나 책이 팔리지 않으면 보험설계사를 하거나 신문배달원 또는 환경미화원으로 일하면서 생계를 유지한다. 그러다가 좋은 일자리가 생기면 한시도 주저하지 않고 짐을 쌀 것이다.

교사는 학교라는 울타리 안에서 사회적 환경으로부터 보호받으며 살아왔고, 거의 한 번도 그곳을 떠나지 않았기 때문에 이런 현실에 무지하다. 그들의 직업적 유연성은 수십 년 전 들어섰던 학교 정문에서 끝난다. 정신적 지평과 마찬가지로 수십 년 전 자신들이 절대 다른 문(門)과 바꿀 필요가 없다는 각오로 들어섰던 바로 그 교문에서 말이다.

그는 그 안에서 세상에 등을 돌린 채 아이들과 함께 칠판에 붙어 일한다. 새장 안은 너무 비좁아서 학교 담 너머의 진짜 인생과 자신을 증명하고 노력하며 자기가 한 일로 평가를 받아야 하는 현실세계의 요구가 들어설 자리가 많지 않다.

버스정류장으로 뛰어가는 학생들보다 더 빨리 교사는 자가용의 키를 돌려 시동을 건다. 오후 무렵 학교 앞에 서 있으면 누가 제일 먼저 서둘러 나오는지 볼 수 있다. 물론 아주 많은 여자들이다. 달리 어떤 직업에서 그렇게 편안히 가정과 일을 결합시킬 수 있을까? 얼마 안 되는 남자교사들도 마찬가지다. 별 큰 위험 없이 가족을 부양할 수 있는 직업은 교사밖에 없다.

이런 교사들이 학생들에게 전달하는 것은 무엇인가?

"난 수학이 싫어. 너희들도 수학이 싫지? 하지만 우리는 이 시간을 어떻게 해서든 때워야 해."

이런 식으로 그들은 직업상 수업을 해야 하지만 학생들과 마찬가지로 그럴 마음이 별로 없다는 메시지를 전달한다. 교사와 학생이 함께 땡땡이치라고 있는 장소가 학교인가?

교사들은 누구에게도 자신의 진짜 의도를 드러내고 싶어하지 않는다. 그래서 동료교사, 학생, 학부모들과의 진실한 접촉을 일부러 피한다. 별 준비 없이 들어와 마지못해서 수업하다가 그나마 7교시부터는 거드름을 피우다가 되도록 일찍 끝낸다. 그리고 도망치듯이 학교를 나온다. 그러다가도 신문에 교사직이 가장 안정적인 일자리라는 기사가 실리면 큰 소리로 개탄한다. 그리고 다른 사람의 버릇없는 자식을 돌보는 이런 끔찍한 직업을 가진 사람이 바로 자기들이라고 한탄한다.

하지만 교사는 아이들과 함께 공부하는 것이 당연하지 않은가? 그렇지 않으면 왜 이 직업을 선택한 것인가?

교사들은 학교에서 하루를 버티기 위해서는 신체적, 정신적 부담을 견디는 능력이 평균 이상 되어야 한다는 말을 즐겨 한다. 그건 충분히 고약한 일이다. 하지만 지붕 수리공은 현기증이 없어야 하고, 간호사는 피를 보고 참을 수 있어야 하며, 스튜어디스는 언제나 상냥한 표정을 지어야 하지 않는가?

하나의 직업을 갖기 위해서 우리는 어디에서나 그에 합당한 자격을 미리 갖춰야 한다. 만약 난독증 환자가 기자가 되고 싶어한다면 다급히 말려야 하지 않을까? 교사는 마땅히 아이들을 좋아하고, 기꺼이 아이들에게 다가갈 마음을 갖추어야 하며, 무엇보다도 유능해야 한다. 그런 모든 조건들이 마법의 힘을 발휘하는 것이다.

(ㄴ) 아이의 상상력에 기쁨을 느껴라

화가나 연구원처럼 정말 좋아하는 일을 하면서 돈을 벌 수 있는 유일한 직업, 이런 생각에서 교직을 택한 사람도 있겠지만, 대개는 교직이 주는 보람에 끌려 교사가 된다. 물론 당연히 그래야 한다. 가르치는 일에 지속적으로 열정을 분출시키지 못하고 아이들과 함께 있는 시간이 지겹게 느껴진다면, 그리고 다른 사람의 정신과 삶을 살찌우는 일에 성취감을 느끼지 못한다면 유능한 교사가 되기 힘들다. 그러나 많은 교사들은 아이들과 함께 보내는 시간에서 즐거움을 느끼기 때문에 교직을 고수한다. 결국 가르치는 일은 다양한 종류의 기쁨을 줄 수 있어야 하며, 일이면서 동시에 놀이여야 한다. 또한 교실은 진지하게 공부하는 장소일 뿐 아니라 교사와 아이들이 즐겁게 소

통하는 장소여야 한다. 지식과 욕구가 결부되는 곳이자 가뭄에 단비처럼 배움에 대한 열정이 충족되는 곳이어야 한다.

교실에서 느끼는 즐거움은 상호작용이다. 교사는 아이들에게 즐거움을 주면서 보람을 느끼고, 아이들은 그 즐거움을 받은 뒤 다시 교사를 기쁘게 해줌으로써 즐거움을 되돌려준다. 그러나 교사의 가장 큰 즐거움은 뭐니 뭐니 해도 아이의 학습 성취에서 나온다. 이를테면 아이가 몹시 어려워했던 수학문제를 해결했거나, 독특하고 참신한 창조적 발상을 내놓았을 때 교사는 큰 즐거움을 느낀다. 어떤 교사는 아이가 어떤 기술을 습득했을 때 기뻐하고, 또 어떤 교사는 아이의 상상력에서 기쁨을 느낀다. 어떤 경우든 교사는 자신으로 인해 아이들이 뭔가 새로움을 성취하고, 이해의 폭을 넓히고, 배움을 얻었을 뿐만 아니라 앞으로 변화되어 성장해 나갈 때 즐거움을 느낀다.

하지만 모든 가르침과 학습이 다 흥미롭거나 재미있을 수는 없다. 지식을 전달하는 일은 분명 어렵고 힘든 일이며, 때때로 교사들을 지쳐 나가떨어지게 하기도 한다. 훌륭한 교사는 이 사실을 이미 알고 있으며, 거의 불평하지 않는다. 교사는 즐거

처음 교단에 서는 당신에게

움만 가지고는 아이들을 학습으로 유인할 수 없다. 학습은 고되고 벅찬 일이기 때문이다. 그러나 교사라면 다 알다시피 학생은 고된 학습에서 특별한 즐거움과 만족을 느끼며, 이로 인해 다시 학습에 끌리게 된다.

그렇다면 교사와 아이가 즐거움을 공유할 수 있는 방법은 무엇일까?

아이가 즐겁게 공부할 수 있는 분위기가 조성되어야 한다. 그렇다고 해서 모든 수업이 즐거워야 한다는 뜻은 아니다. 고생 끝에 얻은 지식일수록 오래 가는 법이다. 그러나 학습이 아이가 다다를 수 있는 목표와 연결되었다면, 그리고 학습의 결과로 세계에 대한 이해의 폭이 넓어졌다면, 더불어 학습을 통해 새롭고 낯선 지식의 영역을 들여다본다면 아이는 커다란 즐거움과 만족을 얻을 수 있다. 이로써 학습은 주위로 옮아가고, 학생은 학교가 즐겁다고 말하게 된다.

즐거움은 아이의 유머 감각을 반짝이게 한다. 적절한 유머는 학습의 의미를 분명히 하며 마음을 편안하고 즐겁게 한다. 진지한 수업이라고 해서 분위기가 가라앉을 필요는 없다. 때로는 모두가 박장대소를 할 수도 있다. 교사는 유머를 막아야 할 이유가 없다. 웃음보를 터뜨릴 유머는 가라앉은 수업 분위기를 바꿀 수 있는 기회이자, 학습 내용을 더욱 풍부하게 이해할 자극제가 된다.

가르침에서 즐거움을 느끼는 교사는 행복하다. 물론 교사는 아이에게 전달하려는 지식을 마음껏 요리할 수 있어야 한다. 하지만 여기에 그치지 않고, 아이가 학습에 지속적인 애정을 갖도록 교사 자신의 애정을 먼저 보여주어야 한다. 공부란 때로는 쓰디쓴 고통이며 저절로 공부에 끌리는 아이는 드물기 때문이다. 사람들은 대개 자신에게 필요한 지식을 얻을 때 만족을 느끼므로 강요되는 학습이라도 단순한 지식이 아니라 세계를 이해하려는 갈증을 해소하는 지식이라면 학습 효과는 극대화된다. 따라서 교사는 지식이 자신의 삶을 풍요롭게 해준 방법을 이야기하고 자신의 가르침이 아이들의 삶을 풍요롭게 만들려는 욕구에서 나온다는 사실을 주저 없이 드러내야 한다. 그러면서 꾸준히 공부함으로써 즐거움을 얻는 모습을 몸소 보여주어야 한다.

배우는 기쁨뿐 아니라 공부하는 어려움 속에서 즐거움을 맛본다. 슬픔 뒤의 행복이 더 값지듯, 기쁨도 고통스런 노력의 강도에 비례해 더욱 배가된다. 학습에서 만족을 얻기 위해 아이는 학습에 따르는 고통과 좌절과 실망을 받아들여야 한다. 또한 지식 추구에 따르는 노력을 감내함으로써 나중에 풍부한 열매를 수확할 수 있어야 한다. 이런 어려움들을 당연한 것으로 받아들이고 이겨냈을 때 아이는 선물처럼 주어지는 즐거움을 만끽할 수 있을 뿐만 아니라 앞으로 닥쳐올 시련들에 맞설 각오

를 다질 수 있다.

즐거움은 졸업한 학생의 성공을 지켜보면서도 느낄 수 있다. 모든 가르침은 아이의 미래를 위한 일이기 때문에 가르침의 즐거움은 시간이 지난 뒤에 나타나기도 한다. 예전에 가르쳤던 학생의 성공소식을 들으면 교사는 즐거움과 보람을 느낀다. 교사라면 누구나 부모 심정을 갖기 마련이다. 아이가 지혜를 얻어 풍성한 삶을 살아가기를 바랄 뿐이다. 이런 교사는 학생이 잘 지내고 있으며, 지식과 이해를 바탕으로 풍요로운 삶을 살고 있다는 사실을 발견할 때 가장 큰 기쁨과 보람을 느낀다.

학생이 자신에게서 무언가를 배우고 있다고 확인될 때 교사는 기쁨을 느낀다. 교사가 자신이 가르친 것을 학생이 이해하길 바라거나, 학생이 교사 자신을 애정과 존경으로 바라보길 바라는 것은 얼마든지 있을 수 있는 일이다. 세상에 어떤 교사가 어린 알베르 카뮈의 스승이었던 루이 제르맹을 부러워하지 않겠는가. 카뮈는 1957년 노벨상 수상 연설을 제르맹 선생에게 바쳤다. 카뮈의 사후 출간된 자전적 소설 《최후의 사람》에는 어린 카뮈의 천재성을 알아보고 알제리의 노동자 가정에서 자라던 카뮈를 지식의 세계로 안내한 제르맹 선생에게 바치는 편지가 수록되어 있다.

"수상 소식을 들었을 때, 어머니 다음으로 생각났던 분은 바로 선생님이었습니다. 가난하고 어린 저를 선생님이 애정어린 손길로 보살펴 주시지 않았던들, 그리고 선생님의 가르침과 본보기가 없었던들 오늘 같은 영광은 결코 없었을 것입니다. 수상 자체에 큰 의미를 두고 싶지는 않습니다. 하지만 적어도 이 기회를 빌려 선생님께서 과거에 그리고 지금까지도 변함 없이 제게 베풀어 주신 은혜를 알리고, 제게 보여주신 노력과 정성과 자상한 마음이 선생님의 꼬마 제자이자, 나이는 들었어도 여전히 선생님의 훌륭한 제자로 남은 제 삶에 살아 있다는 사실을 분명히 말씀드리고자 합니다. 힘껏 선생님을 끌어안고 싶습니다."

교사에게 이보다 더 기쁜 찬사가 또 있을까? 흔치 않은 즐거움이다.

학생의 행복을 추구하는 교사의 막중한 책임과 함께, 교사와 학생의 즐거움 역시 학습의 목적이자 가르침의 수단이라는 사실을 인정해야 한다. 지루하고 딱딱한 수업, 긴장되고 엄숙한 분위기, 어두운 표정의 냉소적인 교사는 공부하고 싶은 마음을 불러일으키지 못한다. 아이들을 흥미진진한 수업의 세계로 인도하는 데는 웃음, 즐거움, 유머가 없어서는 안 될 요소들이다.

▶ 교사들이여, 먼저 긍지(자만)를 버려라

(1) 아이가 교사를 바보 취급한다면

아이가 당신의 말을 듣지 않는 것처럼 보일 때 당신은 어떻게 반응하는가? 당신은 '무시당하고 있다'는 생각에 화를 내는가? 아니면 조금이라도 불쾌감을 느끼는가? 그렇다면 긍지가 겉으로 나타났다고 보면 된다. 이때 우리의 생각은 모르는 사이에 정지하고 만다. '뭐야, 저 녀석은?' 하며 아이의 마음을 읽을 여유가 없어진다. 여기서 긍지가 지니는 나쁜 측면을 보아야 한다.

교사에게 긍지란 어쩌면 위험하고 쓸모없는 존재라고도 할 수 있다. 날마다 듣는 '선생님'이라는 호칭에는 '난 무조건적으로 훌륭한 인물'이란 착각에 빠뜨리는 힘이 있다.

긍지의 척도는 다음과 같은 장면에서 잴 수가 있다.

선생님으로서 아이의 마음을 올바로 읽는 것은 무척 중요하다. 아이는 지금 어떤 생각을 하는가? 아이가 지금 어떤 생각으로 당신의 말을 듣고 있는가? 교사를 바보 취급하고 있는가? 교사를 존경하는가? 이도 저도 아닌가? 두려운 마음을 조금이라도 갖고 있는가? 그런 생각을 하면서 아이와 이야기하며 상대하는 것은 매우 중요하다.

그러나 우리는 그렇게 하지 않는다. 마음을 읽기 전에 자존심부터 내세우기 쉽다. 우리가 보는 아이의 표면적 모습에 얽

매여 이렇게 생각한다. '저건 무슨 태도지? 나를 바보로 아나?' 바보 취급당했다든지 무시당한 것 같아 불쾌해진다면 이미 긍지가 고개를 들기 시작한 것임에 틀림없다. 그래서 다음 순간에는 위압적인 말이 튀어나온다.

(ㄹ) 아이들 마음의 움직임도 어른과 똑같다

그러나 만약 앞에 있는 아이의 마음속을 들여다볼 수 있는 '특수안경' 같은 것이 있다면 그 아이에 대해 전혀 다른 생각을 갖게 될 것이다. 아이들은 무심코 지나치는 것 같아 보여도 긴장하여 단순히 말이 나오지 않거나, 자기 자신을 표현할 방법을 모르기 때문에 잠자코 있거나 무시하는 듯한 태도를 취할 때가 많다. 또는 남이 볼 때 예의에 어긋나 보이는 모습이 아이로선 지극히 당연하게 생각될 수도 있다. 말하자면 본인이 예의에 벗어난 줄을 모르는 상황이다. 안다 해도 금세 고치지 못하는 아이도 있을 것이다. 그것은 여러분 자신이 나쁘다는 것을 알면서도 쉽게 고치지 못하는 것과 같다.

'아이들의 마음을 잘 모르겠다'는 교사가 있다. 그러나 아이 마음은 우리 자신의 마음 움직임과 별로 다르지 않다고 보면 된다. 예를 들면 아이들이 게으름을 피우려 한다고 하자. 그 나태한 마음은 우리의 마음에도 크든 작든 둥지를 틀고 있다. 그러므로 우리의 마음을 바라보면 아이들의 마음을 이해하는 열쇠를 얻을 수 있다. 아이들이 자기보다 큰 존재를 앞에 두고

두려워하거나 긴장하는 것은 우리가 교감 선생님 같은 윗사람을 대할 때와 마찬가지이다.

그런 시각을 갖기만 해도 우리는 이 '특수안경'의 일부를 가질 수가 있다. 그러나 생활환경, 타고난 성격, 사고 유형 등 그 밖의 많은 점에서 아이들이 우리와 다른 경우가 있으므로 이것만 갖고는 아이들을 제대로 파악할 수 없다.

그러면 이 '특수안경'은 어떻게 얻어질까?

먼저 부드러운 시각으로 아이들의 눈을 천천히 바라보는 데서 시작된다. 그렇게 하면 아이의 심정을 대강 추측할 수 있다. 어쩌다 알지 못할 수도 있다. 그럴 때는 기능이 향상될 때까지 기다려야 한다. 그리고 기능 향상을 위해 부모에게서 아이의 마음속을 이해할 정보를 얻어내야 한다. 틀림없이 부모는 말해 줄 것이다. "우리 아이는 이럴 때, 이런 사람에게, 이런 태도를 보인다." 이쪽에서 원한다면, 아이를 이해의 시선으로 바라볼 수 있게 해줄 여러 가지 일화를 말해 주는 부모도 있다. 또는 선배, 동료교사에게서 아이들 마음을 읽는 정보를 얻는 방법도 있다.

이런 것들은 여러분이 아이들의 마음을 읽을 때 커다란 도움이 될 것이다. 그리하여 여러분은 '특수안경'의 성능을 향상

시켜 나가는 것이다.

(3) 내 금지에 사로잡히면 상대 마음을 읽어줄 여유가 없다

최근 저출산의 영향으로 외둥이가 많다. 때문에 다른 사람과 관계를 맺는 법, 특히 또래들과 원만한 관계를 맺는 방식을 모르는 아이들이 대부분이다. 또 많은 아이들이 교사를 비롯 어른들을 제대로 대할 줄 몰라 끝내는 엉뚱한 행동을 하기도 한다.

교사는 아이의 그러한 심정과 상황을 미리 아는 능력을 갖춰야 할 필요가 있다.

가르치는 아이 가운데 표현이 미숙한 것인지, 뭔가를 겁내고 있는지, 확실히 말하기를 망설이는지…… . 늘 말이 없는 아이가 있다 하자. 그럴 때는 그 아이의 성격을 분명히 파악할 때까지 기다려야 한다. 빠릿빠릿하게 대답해 주면 일이 술술 풀리고 언뜻 효율도 좋게 보인다. 그러나 교육의 효율성은 유감스럽게도 기계적인 효율성으로 추측하고 잴 수가 없다. 조용히 기다려 주는 것이 효율적일 때도 있다. 특히 말수가 적은 아이에게 질문공세를 퍼부으면 위험하다. 인간은 기계가 아니다. 결코 합리적으로 움직여지지 않는다.

교사 여러분은 대답을 시원시원하게 하는 아이가, 사실은 말과 행동이 달라서 야무지지 못하다는 것을 경험으로 알 것이다. 이걸 보아도 아이들이 대답을 척척 하니까 뭐든지 괜찮다는 말은 쉽게 할 수 없다.

'어째서 태도가 그러냐?' '뭐야, 이 녀석은?' 이런 생각이 들 때는 긍지가 고개를 드는 것이다. 이 긍지란 녀석은 언제나 느닷없이 고개를 쳐들어 우리의 마음에 그림자를 드리울 가능성이 있다. 나의 긍지를 앞세우고, 상대의 마음을 읽어줄 여유가 없는 것이다.

긍지는 늘 우리를 여유 없는 상황으로 내몬다. 예를 들면 사소한 다툼 말이다. 어쩌면 그 원인의 대부분에 긍지의 격돌 같은 측면도 있지 않을까? 긍지는 싸움을 걸게 한다. 최악의 경우 인생을 그르칠 정도의 대사건으로 발전하기도 한다.

긍지의 효용은 기분이 좋다는 데 있다. 남에게 '선생님' 소리를 듣는 것은 싫지 않다. 만족감, 상쾌함을 형성하는 데 긍지는 크게 공헌한다. 그러나 당연하게도 우리는 자기가 자신에게 긍지를 갖고 있다고 말하는 것만으론 남들에게 평가를 받지 못한다. 타인이 우리를 평가하는 것은 어디까지나 우리의 인간성, 능력 등에 대해서이지 내용을 수반하지 않는 긍지는 기피의 대상 말고는 아무것도 아니다. '저 사람은 긍지가 대단하다'는 말은 일반적으로 칭찬의 말이 아니란 것을 보아도 알 수 있다.

(4) 나는 선생님이란 자만심을 버려라

노자의 말 가운데 '당신이 나를 두고 말이라고 한다면 나도 나를 말이라고 하겠소'라는 것이 있다. 당신이 나에게 바보라고 한다면 나는 바보요, 나를 이상한 사람이라고 한다면 나는 이상한 사람일 것이라면서 상대와 싸우지 않는 자세이다. 요컨대 그런 것은(적어도 긴 안목으로 보면) 대단한 일이 아니니 천박한 긍지는 내다버리라는 말이다. 참으로 교양 있는 사람이란 바보 취급을 당했을 때 '알았다'고 말할 수 있는 사람이다.

그런 천박한 긍지를 버리고 아이의 마음속을 헤아리려 할 때, 아이들을 다루는 솜씨가 한 발짝 더 앞으로 나아갈 수 있다. 그것만 해도 대단한 진보이다. 주위 사람들의 여러 가지 실패 사례와 그 이유를 잘 들어보면 긍지에서 벗어나지 못한 사람이 매우 많다는 것을 알 수 있다. 틀림없이 당신은 그것에 호감을 갖지 않을 것이다.

또는 주위의 신뢰할 수 있는 동료들과 의논해 보는 것도 좋다. 그런 다음 아이에게 어떻게 대해야 좋을지 생각해도 늦지 않다. 어쩌면 아이에게 곧장 "이렇게 해라" 등의 명령식 말을 하지 않기를 잘했다고 생각할 것이다.

이제 긍지를 버리자. 그리고 아이의 마음을 허심탄회하게 좇아가자. 그것이 훌륭한 선생님으로의 첫걸음이다.

▶ 우리 선생님은 마법사라는 믿음을 주어라

(1) 조각으로 나눠서 이해시켜라

여러분은 중괄호({ }) 그리는 방법을 가르친 적이 있을 것이다. 보통 괄호의 가운데 부분이 뾰족 튀어나온 모양이다.

중괄호를 잘 그리지 못하는 아이들이 꽤 있다. 아이들의 수학 숙제장 검사를 해본 교사라면 내 말을 수긍할 것이다. 그런 아이를 발견하거든 그 아이에게 그리는 요령을 간단히 가르쳐 주기 바란다.

가르쳐 주다니 어떻게? 이것저것 잘 보고 그리라는 말로 끝내지는 않는지? 그러나 잘 보고 그려도 잘 되지 않는 아이가 있다. 잘 되지 않아서 어려움을 겪는 아이에게 단지 "잘 봐라," "열심히 노력해"라고 하면 그것은 단순히 강요하는 것으로 끝나기 십상이다. 가르침은 구체적이어야 한다.

단순한 강요는 아이의 머리를 굳어지게 한다. 어떻게 해야 하는지 방향을 가리키고 방법을 제시하는 것이 아니라 단지 아이에게 정신적 압력만 가하게 되므로 아이는 그저 쩔쩔매다가 끝날지도 모른다. 아이에게 지혜를 주지 못하고 좌절감만 심어줄 뿐, 아이는 두뇌도 정신도 성장하지 않게 된다.

그런 아이에게는 구체적인 방법을 가르쳐 주고, 궁리를 하면 잘 된다는 것을 보여줄 필요가 있다. "잘 보고 써라"가 아니라 이렇게 하는 것이 잘 보는 것임을 구체적으로 보여줘야 한다.

교육지도는 '시범을 보인다', '말로 들려준다', '하게 한다', '칭찬한다'의 4단계를 거쳐 비로소 성립한다.

교육이란 때로는 매우 손이 많이 가는 작업이다. 그냥 내버려 두어도 공부를 잘하는 아이가 있기는 하다. 그러나 내버려 두면 앞으로 나아가지 못하는 아이도 있다. 이런 아이에게 어떻게 접근해야 할까? 우리는 날마다 이 문제와 격투를 벌인다.

길어서 파악하기 힘들어 보이는 것도 시작은 각 조각의 집합이듯이, 중괄호를 가르칠 때는 '조각으로 나눠서 생각하는' 방법이 효과적이다. 전체를 단숨에 이해시키려 하면 어려워하는 아이도 조각으로 나눠서 이해시키면 쉽게 알아듣는 경우가 많기 때문이다. 이것은 일반적으로도 매우 유효한 방법이다.

(ㄹ) 잘 가르치는 것은 교사의 가장 큰 무기

구체적으로 생각해 보자. 나는 중괄호를 이렇게 가르친다. 단숨에 전체를 그리게 하지 않는다. 먼저 {의 윗부분을 납작한 S자처럼 그려 보인다. 이 윗부분을 '그려보라'고 한다. 그 정도는 거의 누구나 잘한다. 그 뒤 아랫부분을 윗부분과 선대칭이 되게 그리면 된다고 말하면서 시범을 보이고 본인이 그리게 한다. 물론 '선대칭'이라는 말을 얼른 이해하지 못하는 아이에게는 쉽게 표현할 필요가 있다. 아이가 이해할 수 있는 말로 해주는 것이 중요하다. 이와 같이 조각으로 나누는 방법은 응용범위가 매우 넓으므로 설명하기가 힘들 때는 한번 시도하기 바

란다. 여러분의 궁리도 물론 좀 더 필요하다.

잘 가르친다는 것은 교사의 가장 큰 무기이다. 그 가르치는 방법을 우리는 열정을 가지고 추구해야 할 것이다. 왜냐하면 그것의 축적이 교사가 아이의 신뢰를 얻어가는 과정이기 때문이다. 우리 선생님의 설명은 알아듣기 쉽다, 머리에 쏙쏙 들어온다, 이런 생각을 몇 번 하다 보면 아이들은 실제로 선생님이 만능이 아님에도 그 선생님의 말이면 뭐든지 믿는다. 우리 선생님은 마법사라는 믿음을 갖게 되는 것이다.

예를 들어 중괄호를 못 그려서 고민하는 아이가 있다. 중괄호를 그리기 싫다고 말한다. 그러다 중괄호를 잘 그리게 되면 이번엔 전혀 다른 반응을 보인다. 계산식을 쓸 때, 중괄호가 나올 때마다 '에이 싫어'라고 생각하는 것과 '나는 잘할 수 있어'라고 생각하는 것은 큰 차이가 있다. 어쩌면 그것은 계산식 자체, 나아가서는 수학 전체에 영향을 끼칠 수도 있다. 아주 작은 차이가 큰 차이로 자라기도 하는 것이다.

공부를 잘하는 아이와 못하는 아이는 적어도 본디의 차이는 그리 크지 않다. 그 차이는 부모와 교사에게 달려 있다.

운동경기의 세계를 생각해 보자. 약한 팀이 감독을 바꾸었을 뿐인데 크게 변모하는 모습을 자주 본다. 팀의 선수를 아이, 감독을 교사라고 생각하면 내 말이 이해가 갈 것이다. '양이 이끄는 늑대보다 늑대가 이끄는 양이 훨씬 강하다'는 표현도 그것을 비유한 것이다.

교사가 아이들에게 미치는 영향력의 크기는 도저히 가늠할 수가 없다. 유능한 교사는 마법을 부린다. 아이들 가슴속에 믿음이라는 마법의 씨앗을 심으면서 전폭적인 지지를 얻어낸다. 당신도 지금부터 아이의 마음을 사로잡는 마법사가 되지 않겠는가.

(3) 믿음이 당신을 구한다

아이와 학부모의 믿음을 사지 못하는 교사는 모든 일에 불신을 받는다. 엉뚱한 일에 휘말리거나 쓸데없는 잡무를 늘리는 결과를 낳기 십상이다. 때문에 마음고생도 이만저만이 아니다.

그러므로 아이에게 선생님 말을 따르면 언제나 공부가 술술 풀린다는 생각이 들게 해야 한다. 악순환을 초래하는 것도, 선순환을 초래하는 것도 결국 교사 자신에게 달려 있다. 따라서 여러 상황에서 아이와 학부모에게 우리 선생님은 신뢰할 수 있다고 생각하게 만들어야 한다. 그것이 여차한 순간에 당신을 살려준다. 당신의 마음고생과 잡무를 덜어줄 것이다.

(4) 이해하는 아이, 이해 못하는 아이

당신은 머리가 좋은 교사인가, 아니면?

이렇게 묻는 것은 머리가 좋은 교사의 위험성을 항상 느끼기 때문이다. 분명 여러분은 머리가 좋은 사람들이다. 그러나 머리가 좋다는 것은 교사에게는 커다란 약점일지도 모른다.

명석한 두뇌가 약점이라니 이 무슨 얼토당토않은 이야기인가. 그렇다. 이만큼 역설적인 표현도 없겠지만, 그런데도 진실인 측면이 있다.

여러분은 학교 수업이 이해되지 않아 곤혹스러웠던 기억이 거의 없을 것이다. 그러나 정말로 이해를 못하는 아이가 있다. 그것은 그 아이의 머리가 결코 나쁘다는 것을 의미하지는 않는다. 말하자면 이해방식이 다른 아이와 다른 것이다. 하지만 겉으로는 머리가 나쁜 아이로 보일지도 모른다.

실제로 아무리 보아도 나와는 두뇌구조가 다른 것 같은 아이가 있다. 뭔가를 이해하는 데 이상하리만큼 시간이 오래 걸린다든지 하면, '무슨 생각을 하는 걸까?' 궁금해진다. 어쨌든 긴 시간을 들여 아이는 마침내 이해한다. 그 뒤로는 일사천리이다. 엄청난 속도로 푸는 것이다. 신기할 정도이다.

먼저 없애야 하는 것은 우리처럼 학교수업을 아무 어려움 없이 이해할 수 있었던 사람의 편견이다. 좋은 머리를 가진 교사로서는 그들처럼 느린 이해는 거의 불가능하다. 즉 그들의 두뇌를 잘 이해하지 못하기 쉬운 것이다. 때문에 교육에 임하는 명석한 두뇌의 교사에게는 그것이 약점이다.

컴퓨터로 말하자면 입력 시간이 매우 오래 걸리는 아이들인 것이다. 1시간도 좋고, 2시간도 좋다. 반면에 출력하는 능력은 대단히 높다. 보통아이들에게 하는 설명을 그런 아이들은 이해하지 못한다. 그러나 한 번 이해하면 아주 오래 남는다. 또 단 한 번의 설명으론 이해하지 못하기도 한다. 그렇다면 혹시 교사의 설명을 전혀 듣지 않는 게 아닐까? 천만에 오히려 죽을힘을 다해 듣는 아이가 많다.

그래서 "만약 당신이 머리가 좋은 교사라면 상상력을 발휘해야 한다"는 말이 나오는 것이다. 너무나 천천히 생각하기 때문에 학교의 페이스를 따라가지 못하는 아이일수록 획득된 개념의 정착률이 높기 때문에 이해력도 높다. 일단 마스터한 것은 절대로 잊지 않는 아이도 있다. '머리가 나쁜 상황'에서 '천재'로 단숨에 뛰어오른다. 경험상 이런 아이는 한 학급에 한 명 정도는 꼭 있다.

그런 아이는, 다른 아이와 페이스가 다르더라도 천천히 대해주는 것이 중요하다. 학교에서는 한계가 있을지 모르지만, 부모의 협력이 있으면 아이가 성장할 가능성은 충분하다. 그런 아이일수록 부모가 안달하고 닦달하면 엉뚱한 결과를 낳는다.

이해가 더딘 결과로 시험점수가 낮아서 실의에 빠진 아이가 있을지 모른다. 그러나 그런 아이가 정말로 이해하기 시작하면 경우에 따라서는 엄청난 힘을 발휘한다. 이것을 알아두는 것은 교사에게 무척 중요한 일이다.

(5) 두뇌에도 개성이 있다
아이들 두뇌의 개성은 성격의 개성만큼이나 다양하다.

이런 아이가 있다. 수학공식을 그냥 공식만으로는 절대 외우지 못한다. 공식의 성립부터 알아야지 머릿속에 들어간다.

예를 들어 삼각형의 면적을 내는 공식은 보통아이라면 '밑변×높이÷2'라고 통째 외운다. 확실히 그러면 머릿속에 들어간다. 그러나 이 아이는 평행사변형의 면적을 구하는 공식부터 생각하고, 거기서 삼각형을 구하는 공식을 유도해 낸다. 아마 이런 논리적인 방법으로 공식을 기억하는 아이는 별로 없을 것이다. 이것이 수학의 여러 공식에 해당되므로 참 딱하다는 동정도 받지만 본인에게는 별일 아닌 것 같다. 그렇게 하는 것이 머리에 잘 들어가고, 그렇게 하지 않으면 머리에 들어가지 않는다고 한다. 우리와 머리의 구조가 다르다고 생각할 수밖에 없다.

에디슨과 아인슈타인도 어린 시절엔 열등생이었음을 기억하자. 이와 같이 두뇌구조가 다른 아이는 부모에게 결코 지능이 낮아서가 아니라는 정보를 주고, 가족의 협력을 얻어야 한다.

교사의 마법은 아이들이 자기가 지닌 능력을 어떻게 발휘하게 할 것인가 하는 길안내에 있다.

　교육선진국인 핀란드는 '어떤 아이도 소홀히 할 수 없다'는 교육철학 아래, 학생들이 저마다의 속도로 공부할 수 있는 권리를 인정한다. 핀란드에서는 '모든 학생이 수업시간에 동일한 학습 과제를 동시에 수행하면서 같은 속도로 배우고, 특정 시점에 치러진 평가에서 모두 좋은 성과를 얻을 수 있어야 한다'는 교육적 가정을 부정한다. 따라서 모든 학생이 똑같은 내용을 똑같은 속도로 학습할 것을 강요하지 않는다. 그 대신 핀란드의 교육은, 모든 학생은 가정환경이나 경험의 차이에 따라서 학습 속도가 다를 수 있고, 같은 나이일지라도 관심과 흥미를 느끼는 분야가 다를 수 있다는 점을 인정하는 데서 출발한다.

　교육은, 나라의 장래를 생각할 때 무척 중요한, 어쩌면 가장 중요한 정책이기도 하다. 저출산의 현상 속에서 어떤 아이도 소홀히 하지 않고 알차게 교육해 나가야 국력을 유지하고, 나아가 증대시킬 수 있다. 우리 교사들의 할 일이다.

처음 교단에 서는 당신에게

2장 마법수업의 기술을 갈고닦는다

▶ 놀이를 통해 교육한다

(1) 젊은 교사들이여, 많이 놀아라

젊다는 것은 체력이 있다는 것이고 어린이에게 가깝다는 뜻이다. 그러므로 체력적으로나 정신적으로도 놀 수 있는 이때 아이들과 함께 충분히 노는 것이 중요하다. 물론 체력에 자신이 없는 교사도 있을 테고, 놀아본 경험이 없는 교사도 있을 것이다. 하지만 아이들은 놀고 싶어한다. 그러므로 함께 운동장으로 나가 마법의 놀이를 생각해 내고 함께 즐기자.

20, 30대의 교사는 아이들과 함께 운동장에 나가서 놀자. 특히 20대의 교사는 아이들보다 먼저 운동장으로 나가는 정력을 보이자. 40, 50대의 교사는 "놀러 나가자!"라고 외친 다음 아이들을 운동장으로 데리고 나가서 그때부터는 목소리만으로 참가하여 아이들을 놀게 만들자. 체력은 떨어져도 목소리는 여전히 쓸 만하니까.

이런 식으로 언제까지나 아이들과 함께 노는 교사가 되기를 바란다. 교사임용시험 면접관이 "어린 시절에 얼마나 놀았나?"라든가, "자신이 해본 재미있었던 놀이 경험을 말해 보라"는 질문을 한다면 정말 좋겠다.

어린 시절 놀아본 경험이 있는 사람은 인간으로서의 즐거움과 괴로움, 그리고 아름다움을 알기 때문이다.

(ㄹ) 쉬는 시간에는 맨 먼저 운동장으로 나간다

"딩동댕동" 수업이 끝나는 종이 울렸는데도 여전히 수업을 계속해선 안 된다. 종이 울리면 아이들은 선생님의 말 따위는 귀에 들어오지도 않는다.

교사로선 수업을 조금만 더 해서 정리를 하고 싶은 마음이 굴뚝같겠지만, 그것은 교사의 입장일 뿐이다. 수업이 끝나는 시간은 정확히 지키지 않으면 안 된다. 아이들은 한시라도 빨리 운동장으로 나가고 싶은 것이다.

전엔 고학년에게 운동장을 빼앗기고 분해서 씩씩거리는 아이들이 숱하게 많았다. 학부모회의 의제가 되기도 했었다. 그러나 요즘 아이들은 그렇게까지 악착같이 운동장에 나가려 하지 않는 것 같다. 지금은 운동장을 놓고 자리다툼을 하는 일도 적어진 것 같다.

이런 상황을 어떻게 받아들여야 할까. 이것은 위기적 상황이다. 아이들은 '놀이 선수'가 되어야 한다. 아이들 몸속에는 '밖에서 놀고 싶다'는 마법의 DNA가 있었다. 지금은 '밖에서 놀면 피곤하다', '집에서 게임을 하는 게 재미있다', '옷이 더러워지면 꾸중을 듣는다' 등등의 DNA에 침범당하고 있다. 이래선 아이들의 몸과 마음에 좋을 턱이 없다.

　그러면 어떻게 하면 좋을까. 그것은 교사가 맨 먼저 운동장
으로 나서는 것이다. 아이들에게 교사와 함께 노는 것이 얼마
나 즐거운지, 몸을 움직이는 것이 얼마나 상쾌한지를 맛보게
하는 것이다.

　이제 학교 전체에서 맨 먼저 운동장으로 나서 보자. 이보다
더 기분 좋은 일은 없다. 수업이 끝나는 종소리와 함께 운동장
으로 뛰쳐나가자. 놀라운 마법의 힘이 당신에게로 아이들을 끌
어당겨 줄 것이다.

(3) 단순히 놀아주는 유형과 전문 선생님의 차이

　아이들은 선생님과 노는 것을 매우 좋아한다. 그러므로 대
부분의 아이들이 선생님을 따라서 함께 운동장으로 나가려 한
다. 마치 연예인 주위에 기자와 팬들이 에워싸는 것처럼 교사
는 아이들에게 둘러싸여 운동장에 나가게 된다. 이런 광경은
교사로서 대단히 기쁜 순간이며 흐뭇한 시간이 아닐 수 없다.

　그러나 여기서 단순히 놀아주는 유형과 전문 선생님의 차이
를 살펴보아야 한다. 교사는 교실에 누가 남아 있는지, 누가

놀이에 나서려 하지 않는지를 꼼꼼히 확인해 둔다. 그리고 당장은 그대로 운동장으로 나간다.

하지만 다음 쉬는 시간에는 그 아이에게 맨 먼저 다가가서, "함께 나가자" 말하며 손을 잡고 운동장으로 함께 나가는 것이다. 그리고 그 아이를 다른 아이들의 놀이에 참여시킨다.

이런 점을 세심히 배려하는 교사가 바로 전문 선생님이다.

(4) 놀이 속에 본마음이 들어 있다

놀 때는 아이들의 본마음이 고스란히 드러난다. 교실에서는 무척 얌전하던 아이가 놀 때는 씩씩하고 적극적이며, 표정이 달라지기도 한다. 마음이 해방되어서일 것이다. 그런 아이들과 함께 놀면 그들의 새로운 점들을 발견할 수 있다. 아이들과 놀지 않는 교사는 아이들의 마음을 여간해선 읽지 못한다.

운동장에서 돌아올 때 아이들과 함께 걸으면서 이렇게 묻는다. "요즘 아빠와 대화를 하니?" 그러면 이런 대답이 돌아오는 경우가 있다. "요즘 아빠가 집에 안 오세요." 교실에서 물어볼 때는 그냥 "네"라고 대답하던 아이가 쉬는 시간을 마치고 돌아오는 길에 불쑥 마음을 열기도 한다.

도덕 시간에는 "친구들과 사이좋게 지내야 합니다"라고 하던 아이도 쉬는 시간에는 "넌 못하니까 빠져"라든가 "야, 공을 나한테 보내"라는 말을 하기도 한다. 또 수업시간에는 아무 말도 않던 아이가 따돌림당하는 아이를 보호해 주는 광경도 볼 수 있다. 물론 쉬는 시간 중에도 교사가 있을 때와 없을 때 태도를 달리하는 아이도 있지만, 아이들과 함께 놀기 때문에 변화가 감지될 수 있는 것이다.

이런 일도 있을 수 있다. 자기 마음대로 피구시합을 주도하던 한 힘센 아이가 선생님과 함께 하면서부터 규칙을 지키고, 친구들을 돕기도 한다. "그것은 교사가 있을 때뿐이다"라고 반론할 수도 있겠지만, 그런 아이들은 일단 바람직한 경험을 하면 제멋대로 하던 때보다 흥미를 느끼고 몰입하곤 한다.

그렇게 되면 그 아이는 반드시 달라진다. 도덕이나 인권은 다 함께 즐기는 이런 놀이 속에서 배운다는 것을 가슴에 새겨야 한다.

(5) 함께 놀았던 경험은 그 아이 평생의 보물

자녀교육에서 중요한 사항의 하나로 '부모는 자녀와 함께 논다'는 것이 있다. 어린아이에게 엄마와 아빠가 함께 놀아주는 시간은 부모의 사랑을 만끽하는 행복한 시간이다. '함께 논다'는 기쁨을 맛보면서 자란 아이들은 애정이 넘치는 아이로 성장한다. 미래에 남을 배려할 줄 아는 사람이 될 수 있다. 반대로 그런 기쁨을 느끼지 못한 채 자라난 아이는 남에게 부드럽고 상냥한 행동을 좀처럼 하지 못한다. '놀아주었다'는 애정의 샤워는 아이들에게는 매우 중요한 일인 것이다.

초등학교 시절도 마찬가지이다. 이 무렵엔 선생님이 '놀아준다'는 샤워가 아직 필요하다. '놀아준다'는 마법의 샤워를 듬뿍 받음으로써 아름다운 마음이 자라난다. 함께 놀았다는 경험은 그 아이 평생의 보물이 된다.

(6) 고민거리가 있을 때는 무조건 놀고 보자

'아이들과 잘 되어가지 않는다', '아이들이 말을 듣지 않는다', '수업이 원만하게 흐르지 않는다', '교사로서의 자신감을 잃었다' 등의 고민은 누구에게나 있을 수 있다.

그럴 때는 일단 놀고 보자.

'고민이 있으면 논다' 이것은 실천해 본 사람만이 안다. 놀아보면 신기하게도 아이들과의 거리가 좁아지고, 마음의 소통도 원활해진다. 움직이면 변한다. 땀을 흘리면서 뛰어다니면 속이 후련해진다. 이것을 기분전환이라든가 발산이라고도 한다. 아이들은 특히 이러한 기능이 발달해 있으므로 놀면서 즉각 기운을 회복하고 교사에게도 마음을 기울여 준다.

자, 이제 해보자. 고민거리가 있을 때는 "무조건 놀자!" 여기서부터 시작하자.

처음엔 좀처럼 시작하기가 어렵지만 "얘들아, 함께 놀러 가자꾸나!" 외쳐보라.

- 아이들끼리 싸웠을 때
- 아이들이 침울해 있을 때
- 교사가 우울한 기분이 들 때
- 아이들을 꾸중한 뒤
- 수업이 순조롭게 진행되지 않을 때
- 학교가 즐겁지 않다고 느껴지기 시작할 때

이럴 때 아이들과 함께 마음껏 놀자. 열심히 뛰어놀자. 땀이 나고 숨이 가쁠 때까지 놀자. 반드시 바뀐다.

속는 셈치고 일단 해보기 바란다. "고민거리가 있을 때는 무조건 놀고 보자!" 정말 교사의 걱정을 해소시켜 주는 신선한 법칙이다.

(ㄱ) 선생님이 함께하면 아이들도 따라온다

무더운 계절에는 운동장에 나가지 않고 시원한 교실에 남으려는 아이들이 늘어난다. 이래선 몸도 마음도 약해진다. 집 안에서 컴퓨터게임을 하는 것이 재미있다고 생각하는 아이들에게 여름이든 겨울이든 밖에 나가서 마음껏 몸을 움직이는 것이 얼마나 기분 좋은 일인지를 느끼게 해주어야 한다.

무더운 계절에 바깥에서 놀다가 교실로 돌아온 아이들의 이마와 몸에서는 땀이 줄줄 흐른다. 아이들은 책받침을 부채삼아서 열심히 부채질을 한다. 그때 교사가 이렇게 주의를 준다.

"이제 수업을 시작하겠어요. 부채질은 그만 해요."

그런다고 수업에 집중할 수 있을까? 아니, 불가능하다. 교사는 쉬는 시간에 에어컨이 잘 나오는 교무실에 있었으면서 교실에 들어온 순간, "부채질 그만해!"라고 외치는 것은 끔찍하지 않은가? 아이들에게는 쉬는 시간은 노는 시간이다. 선생님의 휴식시간과는 다르다. 그것을 부디 이해하기 바란다. 물론 일년 내내 그런 것은 아니다. 더운 계절에만 해당하므로 5분 정도만 기다리는 여유가 교사에게도 필요할 것이다.

또 그 5분을 가만히 기다려 줄 수 있는 요량이라면 아이들과 함께 그런 기분을 느끼는 것이 교사의 역할이 아닐까? 그렇다. 함께 땀을 흘리는 것이다. 함께 부채질을 하며 아이들에게 말하라. "아, 덥구나! 하지만 수업도 해야 하니까 부채질은 앞으로 3분 동안만이다." 아이들도 그것을 지키고 3분 뒤 교사의 말에 일제히 부채질을 그만둘 것이다. 함께하고 있으면 아이들도 이해를 한다.

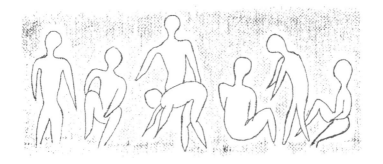

▶ 아이들과 사이가 좋아지는 교사의 기술

(1) 사랑의 인사부터 시작하자

원만한 인간관계는 사이좋게 나누는 인사에서부터 출발한다. "안녕하세요?", "여러분, 안녕", "잘 가거라" 등등 밝고 꾸밈없는 인사를 하자. 아이들에게 강요해서는 곤란하다. 어른도 그런 인사를 받으면 기분이 좋은데 아이들은 더 말할 나위도 없다.

실수를 했다면 사과하자. "미안하구나", "사과할게"는 아이들만 쓰는 말이 아니다. 어른도 경우에 따라서는 말하는 모습을 보여주자. 아이들은 순수하기 때문에 "괜찮아요"라고 대답한다.

(2) 네가 좀 가르쳐 주렴

앞에서도 얘기했지만, 아이들은 함께 놀아주는 선생님을 매우 좋아한다. "선생님은 체육을 무척 좋아한단다. 함께 운동하러 가자"라는 말을 자주 하자. 그러면 저학년, 고학년을 막론하

고 다들 좋아한다. "선생님, 축구할 수 있어요?" "철봉도 할 수 있어요?"라며 테스트하는 말도 한다. 그런 아이에게는 이렇게 가볍게 받아넘긴다. "그럼, 할 수 있지. 지금까지 얼마나 많이 했는데. 그래도 혹시 모르는 게 있으면 네가 가르쳐 주렴."

(3) 아이들마다 하루에 세 번은 말을 걸어주자

귀가할 시간이 되어 '오늘 저 아이와 이야기를 했던가' 되돌아보게 하는 아이가 몇 명 있다. 그런 아이는 얌전해서 선생님에게 별로 다가오지 않는 아이이거나, 아니면 교사를 거부하는 아이일지도 모른다. 내성적이고 소극적인 아이는 교사를 번거롭게 하는 경우가 적기 때문에 마음을 놓기 쉽다. 하지만 그래서는 안 된다. 그것은 교사의 핑계이다. 아이들은 선생님과 무척 이야기하고 싶어한다.

언제나 말썽을 피우는 아이에게만 매달려 있어선 안 된다. 학급 분위기를 좋게 만들고 싶다면 얌전한 아이일수록 가볍고 명랑한 목소리로 말을 걸자. 선생님을 거부하는 아이에게도 외면하지 말고 밝게 인사 정도는 하자.

누군가 착한 일을 했다면 즉시 "고맙구나" 말하자. 그렇게 말할 수 있다는 것은 아이들 한 명 한 명을 깊이 관찰하고 있다는 증거이다. 그렇게 하면 아이들에게서 '편애를 한다' 같은 불평은 절대로 들을 일이 없을 것이다. 아주 사소하지만 놓칠 수 없는 교사 습관이다.

(4) 아이들에게 눈높이를 맞추자

교실에서는 많은 아이들이 한꺼번에 교사의 주위로 몰려들어 저마다 이야기를 할 때가 있다. 그럴 때는 한 사람씩 얼굴을 보고 이야기하자. 이야기할 때에도 그 아이의 눈을 부드럽게 응시하도록 하자. 그 아이하고만 이야기하는 순간을 만들어야 한다.

아이들에게서 비밀 이야기를 들었을 때는 다른 아이에게 절대로 말하지 않는 것도 중요하다. 부득이 모두에게 말해야만 할 경우에는 사전에 그 아이에게 양해를 구한 다음에 말하도록 한다.

'선생님이 나를 소중하게 생각해 주셨다'는 느낌이 선생님에 대한 믿음을 낳는다. 믿음은 매일의 성실한 대응에서 생겨난다.

(5) 아이들의 호소는 성실하게 들어주자

건강상의 문제, 친구와의 다툼, 숙제를 하지 않은 이유, 단순히 엄마의 말을 전달하는 것 등 아이들의 호소는 종류별로 구분할 필요가 있다. 말을 조리 있게 잘 하지 못하는 아이에게는, 그 아이가 하려는 말을 교사의 감성으로 추측하여 간결한 말로 정리해 주자. "네가 하고 싶은 말은, 그러니까 ……로구나?"와 같이.

아이들의 호소는 성실하게 귀기울여 듣자. 아이가 선생님에게서 무시당했다고 느끼거나 바보 취급을 받았다고 느끼는 것은 성실하게 대응하지 않은 데서 생겨난다.

바빠서 아이의 이야기를 들을 수 없을 때는 "잠깐, 기다려라. 5분 뒤에 이야기하자꾸나"라고 하여 아이가 충분히 이해를 하고 기다리게 한다. 아이들은 이해를 하면 말을 잘 듣는다.

(6) 아이들과 함께 청소하자

교실이 지저분한 학급은 질서가 없다고 생각하면 틀림없다. 항상 정리정돈을 명심하자. 교사의 책상과 책장이 어지러우면 아이들에게 본보기가 되지 않는다. 깔끔히 정리정돈되어 있으면 기분이 좋다는 것을 알게 하자.

아이들의 청소는 구석구석까지 손이 미치지 않는 것이 보통이다. 화만 내지 말고 함께 걸레질을 해보자. 그렇게 하면 얼마나 힘든 일인지 알게 되어 아이들을 꾸중하는 일도 없어진다. 교실도 깨끗해져서 좋고, 아이들은 선생님이 함께 청소해 주었다며 기뻐하므로 일석삼조 이상의 효과를 거둘 수 있다.

(7) 급식은 화기애애한 분위기에서

밥을 먹을 때만큼 마음이 편안해지는 순간은 없다. 그런데 급식은 준비하기도 힘들고, 식사 중에도 교사는 쉴 틈이 없다. 대충 먹고 뒤치다꺼리에 매달려야 한다. 덕분에 교사의 식사시간은 매우 짧아진다. 이것은 좋은 일이 아니다.

그러므로 아이의 생일이라든지, 조금이라도 기념할 만한 좋은 일을 찾아내어 우유로 건배를 하는 것도 좋다. "○○야, 생일 축하해. 건배!" 이런 축하의 말 뒤에 식사를 하면 신기하게도 분위기가 화기애애해진다.

▶ 훌륭한 교사는 결코 물러서지 않는다

(1) 너는 선생님을 싫어할지 모르지만, 나는 너를 싫어하지 않아

말을 잘 듣지 않는 아이에게 "어째서 말을 듣지 않는 거지?" 추궁한다고 대답이 돌아올 리 만무하다. 그럴 때는 방법을 바꾸어 개인적으로 이야기하도록 한다. 따로 조용히 물어보아도

아이는 "아니에요. 그렇지 않아요" 부정하거나 냉정하게 대꾸할지 모른다. 그렇지만 교사에게 많은 불만을 갖고 있다는 점은 틀림없다.

반항하는 아이에게 이렇게 해보자. "너는 선생님을 싫어할지 모르지만 나는 너를 싫어하지 않아. 선생님은 너희들의 선생님이기 때문에 해서는 안 되는 것에 대해서 나무라지만, 까닭도 모른 채 화낼 생각은 없단다. 네가 언제 선생님이 싫어졌는지 기억을 떠올려서 말해 주면 선생님도 고치기가 쉬울 텐데." 이렇게 말하면 반항하던 태도가 한층 누그러져서 많은 불만을 털어놓을 것이다. 오해한 점은 바로잡고 서로 고칠 것은 고치겠다 약속하고, 대화를 마치자.

(ㄹ) 이모저모로 아이들을 바라보자

'저 아이는 그러니까 저렇지'라든가 '난폭하기만 하고 어쩔 수가 없어.' 또는 '이 아이는 착한 아이니까 괜찮아' 등등 일방적으로 믿는 것보다 무서운 것은 없다. 인간이란 그런 식으로 생각해도 될 만큼 단순히 이해할 수 있는 존재가 아니다. 교사가

처음 교단에 서는 당신에게

보는 눈과 친구가 보는 눈은 전혀 다른 경우가 많다. 지레짐작
하지 말고 다방면에서 바라보도록 하자.

(3) 눈에 띄는 아이들 모습을 메모해 두자

방과 후에 잠깐 시간을 내어, 무엇을 어떻게 가르쳤더니 어
떤 반응이 있었다라든가, 눈에 띄는 아이의 모습 등을 짤막하
게 적어두자. 긴 문장으로 빠짐없이 적으려고 하면 귀찮아진
다. 또 전후 관계를 쓰려고 하면 쓰기 싫어지므로 메모하는 정
도로 가볍게 써놓자. 그렇게 해놓고 나중에 읽어보면 신기할
정도로 당시의 광경이 떠오른다.

아무것도 써놓지 않으면 떠올리는 데 시간이 걸리거나 전혀
생각나지 않기도 한다. 기록은 간단하게, 그것도 짧은 시간에
쓰는 습관을 들이자. 기지가 넘치는 메모장이 뜻밖에도 당신을
전문 선생님으로 끌어올려 줄 것이다.

(4) 아이들을 즐겁게 하자

어떤 남자 선생님은 마술을 보여주었다. 아이들은 좋아서 어
쩔 줄을 모른다. 어떤 여자 선생님은 책을 날마다 읽어주었다.
헤어질 시간이 되면 이렇게 말한다. "다음 부분은 내일 읽어줄
게." 그러면 아이들은 다음 날 들으려고 잔뜩 기대를 한다.

자신이 할 수 있는 특기로 아이들을 즐겁게 해주자. 즐겁다
는 것은 행복하다는 것이다. 아이들이 행복하다고 느끼면 부모

에게도 그 마음이 전해져서 훌륭한 선생님이 맡아주셨다고 흐뭇해할 것이다.

아이들이 떠들거나 소란을 피울 때 조용하게 하는 방법은 간단한 놀이나 재미난 이야기를 해주는 것이다. "시끄러. 조용히 해!" 이렇게 화내며 소리치는 것보다 훨씬 효과가 있다. 그것도 짧은 시간에 해치우면 집중을 잘한다. "그다음은 내일 해줄게. 조용해지면." 이렇게 말하면 아이들은 다시 하려면 조용해져야 한다는 것을 기억하기 시작한다. 그런 다음 본격적인 수업에 들어가면 된다.

(5) 공부하는 즐거움을 느끼게 하자

교실에는 다양한 아이들이 있다. 교사의 임무는 그 다양한 아이들의 학습능력에 대한 차이를 드러내 놓는 것이 아니다. 아이들 모두에게 공부하는 즐거움을 느끼게 해야 한다. 중요한 것은 아이들 나름의 학습능력을 각각 키워 나가는 것이다. 낮은 아이는 낮은 대로, 높은 아이는 높은 대로 그 아이에 맞게 발전시킨다.

아이에 따라 출발점이 다르고 도착점도 다양하다. 아이들끼리 비교하거나 하나의 기준에 비춰서 "저걸 못해, 이것도 못해" 등등 한숨을 쉬는 것은 결코 도움이 되지 않는다. 느긋하게 한 사람 한 사람의 성장을 기뻐한다는 당연한 위치에 서서 지도하는 것이 중요하다.

(6) 공부에 앞서 인간성을 닦는다

사회에 나가면 인간성이 모든 것을 말한다. 즉 인간성이 살아가는 힘이다. 고학력인 사람이 많아도 회사는 망하기도 하고, 높은 학력을 범죄에 이용하는 경우도 있다.

반대로 이른바 학습능력은 그리 높지 않지만 평범하게 삶을 영위하면서 가정을 지키고 행복하게 살아가는 사람도 많다.

사회에 나가면 학창시절처럼 학업성적이라는 단 하나의 잣대로 평가받는 게 아니므로, 학습능력 따윈 그리 큰 문제가 되지 않는다. 공부를 잘하지 못했다면 다른 분야를 열심히 하면 된다. 이러한 다양한 척도가 있으므로 하나에 매달리지 않아도 다른 것에 도전할 기회를 얼마든지 찾을 수 있다.

어느 중년 주부가 말했다. "이제 와서 공부하고 싶어졌어요. 신기하죠? 학교 때는 그토록 공부하기가 싫었는데 말이에요. 이제는 내가 좋아하는 것을 진지하게 배우고 싶어요."

이 주부의 말처럼 배우는 것은 본디 즐거운 일이고 인생에 도움이 되는 일이다. 이런 배움의 즐거움을 학교 안에서도 느끼면 얼마나 좋겠는가. 그것은 하기에 따라서 얼마든지 가능하다. 공부 자체가 즐겁다는 생각이 들 만한 단원구성을 하면 된다. 즐거워서 집중하여 뛰어들 수 있는 학습경험을 많이 갖게 하면 된다. 의욕적으로 집중한 학습경험이 많으면 공부 자체가 즐겁다는 것이 마음에 남는다. 즐겁게 열심히 공부하고 집중하는 쾌감을 느끼게 해야 한다. 그러한 집중의 빈도가 많은 아이일수록 공부의 즐거움을 깨닫고 혼자서 공부하는 계기를 만들어 나간다.

(7) 진정한 남녀평등이 성적 올린다

전세계적으로 거센 여풍이 불고 있다. 여자들이 사회에 진출하는 기회가 늘어난 탓인데, 그래도 여전히 기대에 못 미치는 부분이 더욱 많다. 불평등한 사회 환경에 영향을 받은 교사와 부모는 아이들에게도 무의식중에 비슷한 생각을 불어넣을 수밖에 없다.

미국 빌라노바 연구팀이 미국심리학회보에 발표한 연구결과에 따르면, 69개국 청소년 49만여 명을 조사한 결과 남녀평등이 많이 진행된 나라일수록 수학 실력 차이가 적었다.

이것은 미국 시카고대 심리학과 연구팀의 연구결과에서도 알 수 있다. 초등학교 1, 2학년 학생들을 조사한 이 연구팀은 '수학에 자신 없다'고 답한 여교사 밑에서 공부한 여학생들의 수학성적이 많이 오르지 않았음을 발견했다. 반면 남학생들은 별 영향이 없었다.

그 이유는 여교사들 스스로가 '여자는 남자보다 수학에 약하다'는 생각을 갖고 있기 때문인데, 이러한 생각은 사회의 구조적인 불평등과 그에 따른 사람들의 인식에서 기인한다.

당신이 아이들의 수학 성적을 끌어내리는 선생님이 되고 싶지 않다면, 일단은 수학 공부에 더 신경 써야 한다. 하지만 가

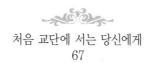

장 중요한 것은 남학생과 여학생 사이에 구분을 두지 않고 긍정적인 태도로 수업에 임하는 것이다.

물론 지금 당장 사회구조 자체를 바꿀 수는 없다. 사회구조와 사람들의 사고체계를 바꾸는 것은 오랜 기간이 걸린다. 그러나 한 사람 한 사람이 남녀평등을 실천하며 아이들에게 그 씨앗을 뿌리다 보면 언젠가는 활짝 피어난 평등의 꽃을 만날 수 있을 것이다.

▶ 아이들의 미래를 걱정하는 교사가 돼라

(1) 꼭 아이들에게 설명해 주어야 한다

긍정적인 사고방식을 지닌 교사들은 세상이 아름답다고 믿는다. 안정된 생활기반만 있으면, 여유로운 삶을 살아갈 수 있다고 생각한다. 사실 학교만큼 안정된 직장도 드물다. 하지만 현실에는 엄연히 회피할 수 없는 많은 문제가 존재한다.

쇼펜하우어는 말했다.

"진정으로 세상의 고통과 마주치면 누구나 실망하게 된다."

교사는 아이들에게 태양이 있으면 늘 그늘진 곳이 있게 마련이란 사실을 가르쳐 줄 수 있어야 한다. 아이들의 마음을 어둡게 만들기 위해서가 아니라 용감하게 세상의 추함을 바라보게 하기 위해서이다.

여기서부터는 칼 비테의 이야기이다.

어린 비테는 착해서 다른 사람을 보살필 줄 알았고, 부모님이 자신을 키우기 위해서 얼마나 노력하는지 이해했다. 또한 스스로 할 수 있는 일은 무엇이든지 혼자 힘으로 하려고 애썼다.

어린 비테는 아버지가 준 용돈을 모아서 사고 싶은 학용품을 샀다. 평소 절약하는 습관이 몸에 배어 있어서 남은 돈은 모두 저축하는 아이였다.

그런데 어느 날 아버지가 보니 용돈을 준 지 얼마 되지 않았는데 비테의 지갑 속엔 동전 몇 닢만이 들어 있을 뿐이었다.

아버지가 물었다.

"칼, 새 학용품을 샀니?"

"아니요."

아버지는 비테를 잘 알고 있었다. 장난을 곧잘 쳤지만, 절대 거짓말은 하지 않는다는 것을. 한편으로 아버지는 이제 비테도 자신의 재산을 자유롭게 행사할 권리가 있다고 생각해서 더 이상 묻지 않았다. 그런데 저녁식사를 마친 뒤, 비테가 용돈의 사용처에 대한 얘기를 꺼내기 시작했다.

알고 보니 비테는 용돈을 코랜드라는 남자아이에게 빌려줬다. 코랜드는 집안이 가난해서 늘 생활비 때문에 고민이 많다고 한다. 그래서 비테는 좋은 뜻에서 자신의 용돈으로 어려운 처지에 놓인 코랜드를 도우려고 했다. 하지만 일은 생각처럼 그렇게 간단하지 않았다.

　코랜드의 아버지는 술주정뱅이에다 게으름뱅이여서 도대체 집안 살림을 돌보지 않았다. 아버지를 그대로 빼닮은 코랜드 역시 그리 나을 것은 없었다. 코랜드는 빌린 돈으로 동생들을 챙기고 학용품을 사서 쓰기는커녕 비테에게 돈을 따면 두 배로 갚아주겠다고 말하고는 도박장에 갔다. 하지만 비테는 아버지 말을 믿지 않고 계속 코랜드를 위해서 변명했다.

　"코랜드가 도박장에 간 건 가족을 위해서예요. 돈을 따면 동생들한테 학용품과 책을 사준다고 분명히 저한테 맹세했단 말예요. 도박장에 가는 건 나쁘지만 코랜드로서는 어쩔 수 없는 일이에요."

　아버지는 비테의 잘못된 생각을 바로잡기 위해서 설명했다.

　"코랜드는 네가 빌려준 돈으로 도박을 하러 갔어. 도박이 나쁜 거란 건 너도 잘 알잖아. 코랜드가 네게 돈을 갚을 거라곤 꿈도 꾸지 마라. 왜냐하면 절대로 도박으로 돈을 딸 수가 없거든. 도박에 빠진 사람은 구할 약도 없단다. 그런 사람은 도와줄 가치가 없어."

"하지만 다른 사람을 도와야 한다고 했잖아요."

"물론 그랬지. 하지만 꼭 돈을 줘야 하는 건 아니야. 특히 도와줄 가치 없는 사람들은 더더욱 돈을 줘선 안 돼. 남을 도울 수 있는 방법은 많단다."

비테는 아버지의 말을 완전히 이해하지 못했지만, 그 후 다시는 코랜드에게 돈을 빌려주지 않았다. 비테는 몇 년 뒤 더 많은 사회경험을 쌓은 뒤에야 아버지 말을 완전히 이해하게 됐다. 훗날 비테는 아버지에게 보낸 편지에서 "남에게 돈을 빌려서도 안 되고 빌려줘서도 안 된다"는 것을 자신의 처세 원칙으로 삼겠다고 말했다.

어린 비테의 일화에서 무엇을 느낄 수 있는가. 어른들은 이해타산에 민감해서 때로 아이의 순수한 마음을 해친다고 생각하는 사람도 있겠지만, 나는 훌륭한 교사라면 아이가 어릴 때부터 사리를 이해하고 자신을 스스로 보호해서 결코 선의의 바보가 되지 않도록 설명해 주는 것을 잊지 말아야 한다고 생각한다.

(ㄹ) 헬리콥터 교사가 되지 말라

출산율 저하는 교육에도 영향을 미친다. 요즘 대부분의 가정에는 자녀가 한두 명이다. 예전의 대가족 사회에서처럼 아이가 예닐곱은 있는 가정이라면, 그 가운데 한두 명쯤 다치는 정도로는 그리 큰 소동이 벌어지지 않는다. 그런데 아이의 숫자가 적어지자 부모들은 자기 아이에게 전폭적인 애정을 쏟게 되었다.

'헬리콥터 부모'란 신조어가 생길 정도로, 부모들은 아이의 주변을 맴돌며 무슨 일이든 앞질러서 해주고 보호막을 친다. 그 결과 아이는 스스로 아무것도 하지 않는 편안함에 푹 젖은 채 살아간다. 이런 상황이 영원히 지속될 수만 있다면 그런대로 나쁘지 않은 삶이다. 하지만 부모는 언젠가 죽게 마련이고, 아이는 언젠가 부모와 헤어져서 자립을 해야만 한다.

이런 아이들이 어른이 되면 어떻게 될까? 예를 들어 직장에서 무슨 문제가 생겼을 때, 정신적으로 가장 큰 충격을 받는 사람은 이른바 엘리트 계층이다. 이들은 간혹 사소한 좌절에도 보통 사람은 생각할 수도 없는 심각한 반응을 보인다.

극단적인 예이지만, 어떤 회사에서는 이런 일이 있었다고 한다. 한 엘리트 사원이 여직원에게 커피를 좀 타달라고 했다가 "저는 커피나 타주려고 이 회사에 들어온 게 아닙니다!"란 냉정한 대답을 들었다. 자존심에 커다란 상처를 입은 그는, 다음 날부터 출근을 거부했다고 한다.

이런 사람의 가정환경을 보면 대부분 형제가 적거나 외둥이이고, 부모가 교육에 열렬한 관심을 보이는 경향이 있다. 이런 부모 밑에서 자란 아이는 자기가 다른 친구들보다 우수하고 강하다는 착각에 빠지기 쉽다. 실제로는 부모가 뒤에서 전폭적으로 지원해 주고 돌봐주었기 때문일 뿐인데도 말이다. 부모도 그 착각을 바로잡아 주려 하지는 않는다.

물론 모든 부모, 모든 아이에게 해당되는 말은 아니다. 그러나 오늘날의 교사라면 이런 상황을 꿰뚫어 보고 타산지석으로 삼아야 한다.

삶이란 근원적으로 모험인 것을 감안하면, 늘 남이 가져다주는 성공만 누린 아이들은 발을 살짝 헛디뎠을 뿐인데도 돌이킬 수 없는 낭떠러지로 치달을 수 있다. 그런 종말은 그 아이에게는 물론이요 주위 사람들에게도 위험하다. 헛된 자신감이 허무하게 무너졌을 때, 아이가 대체 어떤 반응을 보일런지는 예측할 수 없다.

교사로서 이런 아이들을 위해 해야 할 일은 무엇일까? 아이들이 스스로 성공할 수 있는, 그리고 실패할 수 있는 기회를 많이 만들어 주는 것이다. 실패도 얻기 어려운 하나의 경험이요, 나중에 무언가를 이루기 위해 꼭 필요한 체험이다.

(3) 좋은 실패를 할 기회
칼 비테는, 교육을 대단히 오해하는 한 유명 고고학 교수와

의 대화 내용을 이렇게 남겼다.

그의 두 딸은 벌써 학교에 들어갈 나이가 되었다. 내게 구체적으로 말하진 않았지만, 그 두 딸의 성적이 그의 기대에 못 미침을 알 수 있었다. 그가 말했다.

"예전에 딸들이 내 도움을 원할 때, 나는 일이 바빠 제대로 교육에 신경 쓸 겨를이 없었소. 이제라도 어린 아들을 잘 키우고 싶은데, 대체 내가 어떻게 해야 할지 모르겠소."

그는 자녀를 교육하는 방법에 대해 제대로 아는 것이 하나도 없었다. 나는 먼저 그에게 자녀 교육방식에 대해 물었다. 그런데 그 대답에 말문이 막히고 말았다. 그는 의기양양한 얼굴로 대답했다.

"요즘은 내가 일이 많지 않아 한가로운 편이오. 그래서 아이의 교육을 내가 도맡아 하지요. 아이의 자질구레한 일은 다 내가 하고 아이에게는 오로지 공부만 시키고 있소."

"아드님이 이제 여섯 살이라면서요? 그런데 자질구레한 일이

선생님도 수업전략 있어야 성공한다

라니요?"

내가 물었다.

"당신 아들은 아직 어려서 잘 모를 거요. 아이가 조금만 더 크면 내 말을 이해하게 될 거요. 이것저것 손이 참 많이도 가지요."

"그건 맞습니다만, 아무리 자질구레한 일이라도 공부에 영향을 줄 정도는 아닐 텐데요?"

그가 말했다.

"아들이 벌써 여섯 살이오. 그 나이면 주방에서 심부름을 할 수도 있고 화원에 나가 물 주는 일을 할 수도 있소. 하지만 난 그 시간을 아껴 공부하도록 하고 있소. 그래야 하루빨리 천재로 키울 수 있잖소?"

나는 그의 대답에 실망을 감출 수 없었다. 더 이상 그와 대화를 나눌 필요조차 느끼지 못했다. 나는 애써 화제를 돌렸다.

안타깝게도 그의 아들은 하루 종일 책상에 앉아 책만 보고 있었다. 옷을 입고 신발 끈을 묶는 등 최소한의 자기 할 일도

하지 않았다. 더욱 안타까운 일은 그렇게 많은 시간을 공부에 할애하는 데도 그의 아들은 천재가 될 기미가 전혀 안 보인다는 점이었다.

내가 어렸을 때 아버지에게 받은 교육은 이와 전혀 다른 것이었다. 아버지는 한 번도 내 힘으로 할 수 있는 일을 대신 해준 적이 없었다. 그렇다면 아버지가 내게 준 도움이란 무엇이었을까? 그것은 일종의 격려이자 어려운 순간에 나를 일으킨 응원의 힘이었다. 누군가는 이렇게 말할 것이다.

"당신처럼 신동으로 자란 사람은 공부도 생활도 다 순조로웠을 텐데 무슨 고비가 있었단 말이오?"

하지만 나 역시 모든 성장기 아이들이 겪는 어려움을 맛보았고, 공부하는 도중에 몇 번이고 내 능력에 회의가 든 적이 있었다. 나에게도 나만의 기쁨과 고민이 있었으며, 망설이다 놓쳐버린 일도 많았다.

내가 좌절을 겪을 때마다 아버지는 늘 이렇게 말했다.

"칼, 넌 최고야. 아빠는 언제나 네가 할 수 있다고 믿는단다. 이깟 어려움쯤은 얼마든지 이겨낼 수 있을 거야!"

사람이 어려움에 처했을 때, 물질적인 도움은 아주 미약한 것에 불과하다. 그것은 그 순간이 지나면 금세 사라지고 만다. 오직 자녀의 마음 깊은 곳까지 헤아릴 줄 아는 정신적인 격려만이 자신감을 회복시킬 수 있는 명약이다. 이것이 바로 도움의 진정한 의미이다.

　그 고고학자가 교육방식을 바꾸지 않는 한, 그의 아들은 무엇이든지 대신 해주는 헬리콥터 부모 아래서 계속 자라게 될 것이다. 이런 아이가 어른이 되어 사회에 나갔을 때 자신의 일을 스스로 어떻게 처리해 나갈 것인가.

　교사로서 아이들에게 실패의 경험을 겪게 해주는 것도 하나의 교육이다. 청소든 환경정리든, 학급회의든 의견발표든 아이들을 믿고 맡겨라. 경험은 어디까지나 아이들의 몫이다. 실패의 마당에서 마음껏 뛰노는 아이는 어떤 어려움이든 뛰어넘는다.

3장 나만의 가르치는 스타일을 정한다

▶ 구체적인 수업 진행 방법

(1) 수업 대상의 타깃 수준을 정한다

수업을 이끌 때는 그 학급에서 가장 많은 학생의 수준을 타 깃으로 하고, 거기서 크게 벗어나는 학생에 대해서는 개인 대 응을 하는 것이 좋다. 이때 맨 먼저 고려해야만 하는 것은 어 떤 수준을 타깃으로 삼을 것인가이다.

상정한 타깃이 학급의 실제 수준보다 너무 높으면 학생 가운 데 그다지 우수하지 않은 학생들이 수업에 따라오지 못하게 되 고, 분위기도 깨진다. 그것으로 그치면 그나마 괜찮지만, 그것 이 성적이 우수한 학생으로까지 파급되어 학급 전체가 느슨해 질 우려가 있다.

반대로 미리 상정했던 타깃이 실제보다 수준이 지나치게 낮 으면 성적이 우수한 일부 학생이 따분하여 수업에 참여하지 않 게 된다. 그것뿐이라면 괜찮지만, 그렇게 되면 자극이 옅어서 때로는 "그 수업을 들어봐야 도움이 되지 않는다"는 평을 듣게 된다.

그러므로 타깃을 정할 때는 신중해야 한다. 수업의 처음 1,2 회는 타깃의 수준을 정하는 기간으로 자리매김하는 것도 좋다.

물론 수준 설정에 오류가 있다면 그것을 깨달은 시점에서 수정하면 된다. 미리 상정한 것을 마지막까지 지켜야 하는 것은 아니며, 학생의 상황을 보아가며 그에 대응해 나가는 것이 바람직하다.

또한 수준의 설정에 갈피를 잡을 수 없을 때는 약간 낮은 수준으로 설정하는 편이 정확성이 높다.

수업을 진행할 때, 교사는 아무래도 자기를 중심으로 생각하게 된다. 가르치다가 어느 순간 학생의 능력이 믿을 수 없을 정도로 형편없음을 깨달은 경험은 대부분의 교사에게 여러 차례 있었으리라 생각한다. 즉 교사란 아무래도 실제보다 높게 수준을 설정하게 되는 경향이 있다.

더구나 수준을 너무 높게 설정하는 것보다 낮게 설정하는 편이 실질적인 해가 적다. 지나치게 어려우면 모르는 것이 늘어날 따름이지만, 쉬운 것을 확실하게 이해하면 다음 단계로 연결할 수가 있다. 높은 수준에 있는 학생도 기초를 탄탄히 다진다는 점에서 의미가 있다.

다만, 학생 대부분이 안간힘을 써서라도 수준을 향상시키려는 강한 욕구가 있을 때는 물론 높은 수준으로 설정해도 괜찮다. 그 경우에는 설정하고자 하는 수준에 학생이 다다르지 않았음을 스스로 깨달았을 때, 그것을 따라가기 위한 노력을 기대할 수 있기 때문이다.

(2) 수준을 알기 위해 시험부터 치른다

학생의 수준을 알기 위해 가장 좋은 방법, 그것은 맨 첫 시간에 능력판정시험을 치르게 하는 것이다.

거창한 시험일 필요는 없다. "실력을 가늠하기 위하여"라고 미리 말할 필요도 없다. 매우 간결한, 학생이 특별히 싫어하지 않을 정도의 시험이 바람직하다.

예를 들면 "앞으로의 수업에서 기대하는 것"에 대해 쓰게 하는 것도 좋다. 그것을 읽으면 학생의 문장력, 어휘력, 사고력을 대강 파악할 수 있다.

또는 수업내용에 대해 어떤 키워드를 제시하고 그것에 대하여 아는 바를 적게 하는 방법도 있다.

어쨌거나 간단한 시험으로 실력을 파악한 뒤에 타깃 수준을 정하고 수업이 이루어져야 효율적으로 진행할 수가 있다.

(3) 이해도는 학생의 표정으로 판단한다

교사 중에는 시선이 바닥을 향하고 고개를 숙인 채로 띄엄띄엄 준비해 온 강의노트만 읽는 사람이 있다. 그러나 그러면 훌륭한 교사가 될 수 없다. 무릇 교사는 학생에게 뜨거운 손짓을 할 필요가 있다.

그러려면 평소 학생의 표정을 유심히 살피는 것이 중요하다. 얼굴 표정을 보고 가르치는 내용이 학생의 머릿속에 다다르고 있지 않다고 짐작된다면 다시 한 번, 알아듣기 쉽게 되풀이한

다든지, 설명방법을 바꾸는 등의 대책이 필요하다. 학생들이 따분해할 때에는 분위기 반전을 위해 유머를 곁들여 보자.

어쨌든 학생의 얼굴 표정과 태도가 무엇보다 중요하다. 그것을 놓치지 않고 살피는 것이야말로 교사로서의 첫걸음이라고 할 수 있다.

(4) 발표를 많이 하는 학급으로 만들려면

수업을 활발하게 하려면 질문과 의견이 활발하게 나오는 그런 분위기를 만들어야 한다. 그러나 이것은 매우 어렵다. 특히 우리나라 사람은 자기 생각을 스스로 발표하려 하지 않는다. 질문도 않는다. "의견은 없습니까?" "질문 없어요?" 촉구해도 쥐 죽은 듯 고요한 경우가 많다.

그런 상황을 바로잡으려면 다음과 같은 방법이 있다.

①하찮은 의견이라도 존중한다

항상 "좋은 의견을 말해야지" "번듯한 질문을 하지 않으면 안 돼"라는 의식이 너무 강하다는 데 문제가 있다. 때문에 그런 믿음을 없애면 보다 자유롭게 의견이 나올 수 있다.

그러려면 첫 수업시간에 "아무리 하찮은 의견이라도 부끄러워할 필요는 없다. 훌륭하지 않은 의견을 내주는 것도 나쁜 예로 쓸 수가 있으므로 유익한 일이다. 따라서 잘못된 예를 내주는 것도 좋다"고 설명한다. 그리고 브레인스토밍처럼 생각난 것

을 곧장 말하도록 장려한다. 그리고 그것에 대해 "옳지 않다"는 말은 하지 않는다. 질은 따지지 말고 많은 양의 의견을 내게 하는 것이 중요하다.

②모둠 단위로 한다

혼자서는 의견을 말하지 않지만, 모둠으로 나눠서 작업하게 하면 활발해지는 경우가 있다.

하나의 모둠을 네댓 명으로 구성하고, 각 모둠별로 활동하게 하며, 모둠별로 의견을 종합하거나 조사하여 그것을 전체 앞에서 발표하는 형태를 취한다.

많은 친구들 앞에서의 발표가 서툰 학생이라도 모둠의 몇 사람 앞이라면 자유롭게 발표할 수 있는 경우가 많다. 그리고 모둠 안에서 일단 종합이 이루어지면 그것을 모둠 전체의 의견으로 발표하기가 수월해진다.

③발표를 성적에 반영한다

아이들로 하여금 활발하게 발표하도록 만드는 가장 확실한 방법이 있다. 그것은 바로 발표를 성적에 반영하는 것이다.

이를테면 한 학생이 질문이나 발표를 할 때마다 스티커를 나

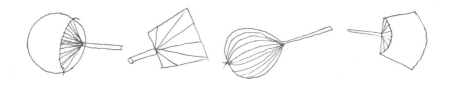

뉘 준다. 그리고 스티커를 5장 모으면 시험 점수에 1점을 플러스한다. 그것을 1년 동안 계속한다.

그러면 활발하게 발표하는 학생은 연간 10점에서 20점이 더해진다. 그것을 바라고 일부 학생들은 앞다투어 발표하게 된다. 그것을 보고 자극받아 나머지 학생들도 차츰 발표를 당연시하게 될 것이다.

④분위기메이커를 이용한다

분위기메이커가 의욕적으로 자기 의견을 발표하려는 경우, 그것을 계기로 보다 많은 의견을 말하도록 촉구하는 것이 좋다. 흔히 그렇듯 분위기메이커는 유달리 날카로운 의견을 말하는 유형이 아닌 경우가 많다. 그런 사람의 의견은 보다 많은 의견을 수집하는 데 도움이 된다. 지나치게 날카로운 의견이 나오면 거기서 끝나버리므로 학급의 전체 수업 분위기가 활발해지지 않는다. 활발해지게 하려면 지나치게 과녁을 벗어나지 않은, 100점 만점은 아닌 의견이 많이 나오는 것이 바람직하다.

분위기메이커의 의견을 부정하는 것이 아니라 "매우 재미난 의견이지만 좀 더 다른 의견은 없니?"라고 하여 다른 의견을 촉구하면 좋다. 약간의 암시를 주고 "좀 더 ……한 측면에서 생각하면 재미난 시각이 생겨날 것도 같은데" 말하는 것도 좋다.

⑤얌전한 학생을 지명한다

자주적인 발표만 기다리다 보면 아무래도 특정 학생에게로 쏠린다. 활발한 몇몇 학생만 늘 발표를 하고, 얌전한 학생은 완전히 모기장 바깥에 있게 되기 쉽다.

그것을 피하려면 교사가 억지로라도 얌전한 학생을 지명하는 수밖에 없다. 얌전한 학생들은 그것을 싫어한다기보다 스스로 발표할 용기가 없어서 오히려 지명되기만을 기다리는 경우도 많다. 그러므로 지명을 망설일 필요는 없다.

다만 지명할 때는 되도록 칭찬을 해야 한다. "왜 이런 의견을 진작 말하지 않고 지명할 때까지 기다렸니? 말을 하지 않으면 전달되지 않는단다" 하는 느낌을 덧붙이면 학생의 자신감으로 이어진다.

(5) 판서에도 신경을 쓴다

노트 필기가 늘 효과적이고 바람직한 것만은 아니다. 노트에 깨끗하게 필기하는 데 너무 신경을 쓰다 보면 정작 중요한 것을 놓치기도 한다.

그렇지만 노트에 쓰는 것도 중요하다. 필기를 하는 것도 하나의 작업이다. 그것을 함으로써 수업에 참가할 수가 있다. 노트 필기를 하지 않고 듣기만 하면 개중에는 잠귀신에 사로잡히

는 학생도 있다.

그러므로 교사는 학생이 노트에 필기를 제대로 하면서 수업에 참여할 수 있도록 칠판(현재는 화이트보드인 경우가 많지만 편의상 칠판이라고 한다)에 수업 내용을 쓸 필요가 있다.

다만 칠판에 모든 것을 쓸 필요는 없다. 이해를 돕기 위해 중요한 것을 칠판에 그림으로 그려서 제시만 하고, 그것을 보고 학생 스스로 메모해 나가게 하는 것이 좋다.

(6) 지명도 전략적으로 한다

수업은 교사가 일방적으로 설명하는 것보다 학생에게 발표하게 하는 것이 훨씬 효과적이다. 그러려면 자주 학생을 지명할 필요가 있다. 특정 학생을 지목하여 발표하게 하는 것이다.

그 경우에 지명을 요령껏 해내지 않으면 전체 계획이 무너지게 된다.

가장 일반적인 것은 처음엔 어쨌든 활발하게 발표하는 학생을 지명하고, 서서히 다양한 유형의 학생으로 확장하다가 그래도 원하는 답이 나오지 않을 때는 최종적으로 우수한 학생을 지명하는 방법이다. 처음부터 우수한 학생을 지명하면 즉각 정답이 나와버려 너무 일찍 상황이 종료된다. 시간이 없을 때는 그래도 괜찮지만 일반적으로는 먼저 다양한 의견을 내게 하고, 다 함께 생각하게 하는 것이 좋다.

다만 이런 방식이 학생에게 너무 노골적으로 드러나면 학생

은 자기의 평가가 어떤 수준인지를 알게 되어 의욕이 없어질 우려가 있다. 우연을 가장하고 위에서 설명한 방법을 써보거나, 때로는 다른 방법을 쓸 필요가 있다.

(7) 어떤 잡담을 섞는 것이 효과적인가

학생이 따분해할 때, 가르치는 내용에서 벗어나 잡담을 잠깐 하는 것도 중요한 하나의 수업 기술이다.

자신이 학생이던 시절을 떠올려 본다. 선생님에게서 배운 교과 내용 이상으로 선생님의 체험담, 실패담, 자랑 등을 또렷하게 기억하고 있지 않은지. 자신이 응원하는 팀이 이기면 신이 나서 야구 이야기를 하던 선생님, 소싯적 연애담을 아련한 눈빛으로 말하던 선생님, 그런 선생님들의 이야기를 기억할 것이다. 당시에는 "또 그 이야기야?" 하면서 싫어한 적도 있을 테지만 그로부터 세월이 흐른 지금 무슨 까닭인지 그것은 또렷하게 기억에 남아 있다.

물론 잡담만 해서는 안 된다. 그곳에 교사의 인간다움이 있어야 하고, 교과에 대한 친근감을 늘려야 한다. 그리고 학생의 눈을 다시 반짝이게 하고, 기분을 전환시켜야 한다.

잡담은 무엇이든 괜찮다. 교사 자신이 관심을 갖고 있는 것, 하고 싶은 이야기를 하면 된다. 다만 조건이 하나 있다. 그것은 어떤 형태로든 재미가 있어야만 한다. 학생이 흥미를 느끼는 것이 아니면 안 된다. 하지만 사실은 그것이 가장 어렵다.

아울러 잡담은 길어야 5분을 넘겨선 안 된다. 그것을 넘으면 시간 허비가 된다. 듣는 사람도 따분하다.

다음의 점을 고려하여 잡담의 내용을 생각하기 바란다.

①학생이 모르는 정보

학생이 모르는 새로운 정보가 포함되어 있으면 그것은 재미있는 잡담이다. 연예계 이야기, 운동경기 이야기도 좋다.

②학생에게는 없는 체험

엄청난 일을 겪은 사람의 이야기에는 누구나 흥미를 갖는다. 강도를 만난 적이 있다, 지하철에서 떨어진 사람을 구하는 장면을 본 적이 있다, UFO를 목격한 적이 있다 등의 체험담이 바람직하다. 다만 그리 큰 사건이 아니라도 사소한 부부싸움, 동네에서 본 신기한 풍경 등도 충분히 재미난 이야기가 된다.

③학생들과는 다른 의견

학생들과 전혀 다른 의견을 말하는 것도 신선한 잡담이 된다. "신문에선 이렇게 말하던데 나는 의견이 다르다" "나의 생각으론 이렇다"는 등의 이야기를 한다. 때로는 "너희에겐 그 가수가 인기가 있는 모양이지만 그보다 옛날 가수가 좋았다"는 의견도 좋다.

물론 그 의견이 참신하고 독창적일 필요는 있다. 스포츠신문을 보고 누구나 아는 내용을 되풀이하면 그것은 진부한 잡담이 된다.

④깊은 인생관

뼛속 깊이 사무치는 인생관을 말하는 것도 잡담으로선 높은 수준이다. 자신이 발견한 어떤 인생관에 대해 말하는 것이다. 다만 교사와 학생 사이의 나이 차가 어느 정도 있어야 한다. 학생과 나이 차이가 별로 나지 않는 경우에는 오히려 김이 새게 만든다.

⑤웃게 만든다

이상적인 잡담은 학생 모두가 웃는 것이다. 40~50분 동안에 뭔가를 가르친다면 그동안에 적어도 다섯 번 정도의 웃음이 있어야 한다. 수업계획을 짰으면 그때, 어디에서 무슨 이야기로 웃길 것인지도 반드시 생각해야 한다.

그러나 사실 사람을 웃게 만들기는 어렵다. 얼마나 어려운지는 개그맨이라도 별로 웃기지 않고, 또 그것 때문에 인기를 얻지 못하는 사람들이 엄청나게 많다는 것만 생각해도 금세 알 수 있다.

그렇지만 누구나 어느 정도 남을 웃길 수 있는 것이 한 가지쯤은 있다. 그것은 실패담이다. 인간이라면 누구나 한두 번쯤은 터무니없는 실수를 한 적이 있을 것이다. 그것을 재밌고 웃기게 이야기해 보자.

다만 이것엔 '감각'이라고밖엔 말할 수 없는 측면이 있다. 텔레비전에서 개그맨의 화술을 유심히 보고 그것을 조금 흉내내어 보는 것도 괜찮다.

(8) 화난 목소리로 짧게 설교한다

아무리 애를 써도 학생에게 활기가 없고, 언제까지나 의욕을 보이지 않는 경우가 있다. 시험을 치러도 대부분의 학생이 기대와는 한참 동떨어진 성적을 낼 때도 있다. 지금까지 살펴본 기술을 이용하여 새로운 구상을 해보지만 아무래도 잘 되지 않는다. 그런 경우도 있다.

그럴 때, 최후의 수단으로 얼마쯤 화난 목소리로 분발을 촉구하는 설교 방법이 있다.

다만 설교는 길게 끌어선 안 된다. 길어야 5분, 가능하면 3분 이내로 끝내야 한다.

(9) 질문을 잘 받아준다

많은 학생에게 신뢰를 얻고, 더구나 한 사람 한 사람과 깊은 의사소통을 취하는 방법으로 질문시간이 있다. 전체를 상대로 하는 수업이 끝났으면 반드시 질문시간을 둘 필요가 있다. 그래야 교사로서의 신뢰를 얻을 수 있다.

가장 바람직한 것은 학생의 질문에 대하여 그 자리에서 정확한 답을 보이는 것이다. 학습상의 어려운 질문일수록 학생에게서 신뢰를 얻을 수 있다. 그렇지만 그것이 매우 어렵다. 익숙해지고 나면 대개는 비슷비슷한 질문을 하므로 즉각 대답할 수 있게 되지만, 처음엔 예상치 못했던 질문에 당황하는 경우가 많을 것이다.

그럴 때는 두 가지 방법을 생각할 수 있다. 하나는 이미 배운 것과 지론으로 갖고 있는 것을 연관시켜서 대답하는 것이다. "아까 말한 것처럼 ……이다. 그러므로 이 경우도 같은 예라 할 수 있다" 대답하면 된다.

그것이 불가능할 때는 일찌감치 포기하고 "그것에 대해서는 생각해 본 적이 없다" "그것에 대해서는 모른다"고 솔직하게 인정하는 편이 낫다. 그런 다음에 "끝나고 찾아보겠다" "생각해 보겠다"고 약속한다.

물론 약속을 했으면 그것을 빠짐없이 실행해야 하는 것은 말할 필요도 없다.

살아 움직이는 전략수업

만일 아이들이 당신을 사랑한다면,
만일 당신과 아이들의 마음이 맞아떨어진다면
그때에 당신은 어떻게 인기를 관리할 것인가.

1장 선생님과 학생이 함께 즐기는 수업

▶ 첫 만남을 시각적으로

어떻게 하면 교사는 아이들과의 인상적인 첫 만남을 이루어
낼까. 아이들 마음을 사로잡는 시각적인(visual) 첫 만남을 연
출해 보자. 다음과 같이 한번 해보라.

도화지 양면에 그림을 그리고 나무젓가락 등으로 손잡이를
붙인다.

학급의 규칙을 전달할 때 천천히 꺼내어 다음과 같이 말한다.

"선생님은 거의 화를 내지 않아요. 지금 모두들, 특히 ○○처

럼 바른 자세로 선생님의 말을 듣고 있기 때문에 언제나 이렇게 (웃는 그림을 보여주면서) 웃어요. 그렇지만 선생님의 얼굴이 이렇게 (화난 표정의 그림을 보여주면서) 화가 날 때도 있어요. 그건 바로 이런 때예요.

첫째, 여러분이 위험한 놀이를 하거나 나쁜 행동을 할 때.

둘째, 친구를 괴롭히거나 놀리거나 차별할 때.

셋째, 같은 행동을 계속 지적해도 고치지 않을 때랍니다."

화난 표정의 그림을 보여주면, 아이들에게 약간 긴장감이 흐른다. 그럴 때 재빨리 이렇게 말한다.

"지금 여러분은 아주 열심히 선생님의 말을 듣고 있어서 매우 훌륭해요. 선생님의 표정은 밝게 웃습니다." (웃는 표정으로 홱 뒤집어 보여준다) 그와 동시에 아이들에게 미소를 짓는다.

그림의 웃는 표정과 선생님의 미소를 보고 아이들의 얼굴도 밝아진다. 마지막으로 교사는 이렇게 말한다. "선생님과 함께 우리 모두 멋진 학급을 만들기로 해요."

얼마나 멋지고 감각 있는 선생님인가.

▶ 선생님도 때때로 변신해서 등장한다

관객의 시선을 끌기 위해서 마술사는 때로 변신을 하기도 한다. 의표를 찌르는 차림으로 무대에 등장해서 관객의 눈을 사

로잡는 것이다. 교사도 마찬가지이다. 예를 들어 어느 선생님이
드라큘라 가면을 쓰고 교실로 들어섰더니 아이들이 까르르 웃
으며 좋아하더라는 것이다.

교사가 이렇게 나오면 주의가 산만한 아이들도 바짝 정신을
차린다. 정말 간단한 방법이다. 단순히 독특한 가면과 옷차림
으로 아이들의 시선을 끄는 것이다.

이런 개성적인 변장, 아이들을 주목시키는 방법으로 어떤
가?

▶ 가위바위보 놀이를 한다

희극 공연을 보러 가면, 개그맨들이 나와 공연장 분위기를
점점 띄워 간다. 이때 관객이 박수를 보내면 개그맨들의 분위
기는 한층 더 고조된다.

아낌없이 박수를 보내는 것은 교실에서도 실천할 수 있는 훌
륭한 방법이다. 만일 발표시간에 조금 망설이는 아이가 있으면
교사가 먼저 박수를 보내자.

그러면 머뭇거리던 아이도 선뜻 앞에 나서게 되고 반 전체에
도 적극적인 분위기가 형성된다.

이것을 한 단계 향상시켜 간단한 가위바위보 놀이를 하면,
더욱 확실하게 아이들을 주목시킬 수 있다. 교사는 아이들과

함께 '가위바위보'를 높이 외치며 내기를 한다.

같은 것을 내는 것은 비교적 쉽지만, 다른 것을 내는 규칙에선 작은 실수가 발생한다. 몇 번이고 실수가 발생하면, 그것이 마법의 웃음 핵심이 된다.

▶ 이런 학생은 어떻게 출발시킬까

자기 의견을 발표하거나 정답을 대답해야만 하는 경우, 지명을 받은 학생이 전연 대답하지 못한 채 오랜 침묵이 이어질 때가 있다. 그럴 때면 교실 전체가 무겁고 고통스런 분위기에 휩싸인다.

그럴 가능성이 있는 학생에게는 먼저 교과서나 자료를 읽게 한다. 그것도 느닷없이 "그럼, 읽어라"가 아니라, 몇 번째인가 그 학생에게 순서가 돌아오도록(가능하면 그에게 어느 부분을 읽게 될지 짐작할 수 있도록) 지명하는 순서를 고려한다.

▶ '책 읽어주기' 코너를 학급에 만든다

(1) 책을 읽어주어 책을 좋아하는 아이로
저학년 아동이 책을 좋아하게 만들려면 '읽어주기'가 가장 효과적이다. 효과는 절대적이다. 방법은 다음과 같다.

①날마다 조회시간에 10분 정도 책을 읽어준다.

책 읽어주기는 꾸준함이 무엇보다 중요하므로 교사가 계속할 수 있는 시간을 정하면 좋다. 행사 등으로 읽어주지 못할 때도 있지만 생활 주기 속에 '책 읽어주기'가 뿌리내리면 무리 없이 계속할 수 있다.

책 읽어주기가 학급에 정착되면 아이들은 이 시간을 기다리기 시작한다. 아이들의 이런 기대감에 교사도 힘이 나서 책을 선정하는 데에도 공을 들이게 된다.

또 아이들은 자연스럽게 자기 마음에 드는 책을 읽어달라고 학교로 가져오게 된다.

②아이들을 교사의 반경 2미터 이내에 반원으로 모이게 한다.

교실 한쪽에 아이들을 모이게 하고 바닥에 앉힌다. 교사는 의자에 앉아서 책을 읽어준다. 교사 주위에 저학년 아이들을 모으는 일은 매우 힘들지만 집중하여 듣게 하기 위한 핵심이다.

③책의 선정은 도서실에서

읽어줄 책은 기본적으로 도서실에서 고른다. 아이들은 선생님이 읽어준 책을 혼자서 다시 한 번 읽고 싶어하기 마련이다.

도서실에 그 책이 있음을 알면 아이들은 도서실로 가서 그 책을 찾아서 읽는다.

④책을 읽어주면 모든 아이들이 좋아한다.
책에 흥미가 없는 아동도 다른 사람이 읽어주는 것은 좋아한다. 그리고 여러 차례 듣는 동안 자연스럽게 책에 흥미를 보이기 시작한다.

(ㄹ) 아동의 손이 닿는 곳에 책을

책 읽어주기와 병행하여 아이들 가까이에 책을 놓아두는 것이 중요하다. 저학년은 주위 환경에 자극을 받아 흥미를 갖는 경우도 많으므로 독서를 할 수 있는 환경 만들기도 중요하다.

규모가 작더라도 학급문고를 만들어 쉬는 시간은 물론 자습시간, 점심시간 등 틈이 날 때마다 언제든지 책을 읽을 수 있게 하는 것이다.

또한 아이들에게 집에서 자기가 읽고 싶은 책을 가져와도 좋다고 말한다.

(ㅋ) 《해리포터》를 읽고 같이 이야기하면 어떨까

똑같은 책을 교사와 아이들이 함께 읽고 책 내용에 대해 서로 이야기를 나누어 보자. 최근 인기를 끌고 있는 《해리포터》는 함께 읽기에 매우 적절한 책이다. 책 읽는 습관은 속 깊은

아이를 만든다. 아이와 더불어 같은 책을 읽고 느낀 바를 이야기하다 보면 마음과 마음이 서로 이어진다. 아이가 고학년이 되면, 《세계문학전집》이나 국내외 근대 단편소설 등 깊이 있는 책도 함께 읽기를 권한다.

특히 교사가 학창시절 감명 받으며 읽은 책을 추천해 주면, 아이들은 기쁨과 보람을 가지고 독서하게 된다. 평소에는 느끼지 못하던 선생님의 철학이나 가치관을 알게 되는 것이다. 그러면 아이와 더욱 깊이 있는 대화를 나눌 수도 있다.

교사가 따로 시간을 내지 않는 한 일상생활을 하는 가운데 교사의 가치관이나 인생관에 대해 아이에게 말할 기회는 거의 없다. 하지만 책을 통해서라면 간접적으로 교사의 마음을 전달할 수가 있다. 그 결과 아이가 교사에게 공감하는 부분이 생겨날 것이다. 특히 교사는 자신의 인생관을 어떤 방법으로든 아이에게 전달할 필요가 있다. 그런 점에서 책은 어마어마한 부가가치를 창출한다.

▶ 아이들이 짓궂은 장난을 걸어오면

한 교사가 어떤 강연회에서 다음과 같이 이야기했다.

"저는 자주 아이들에게서 이런 평가를 듣습니다. '선생님 옷이 너무 촌스러워요' '선생님, 그 얼굴로 살아가기 괜찮으세요?'

처음엔 기분이 그리 썩 좋지만은 않았는데 달리 생각해 보니, 바로 그것은 교사와 사이좋게 지내고 싶다는 아이들의 메시지가 아니겠어요? '마음껏 선생님 놀리기', 이것이 요즘 아이들의 선생님과의 교제 기술입니다. 물론 이럴 때 교사는 분별력을 최대한 발휘해야 합니다.

초등학교 교사인 친구가 칠판에 글자를 잘못 써서 아이들에게 지적당한 일을 이야기해 주었습니다. 아이들이 먼저 말했답니다. '선생님, 그 글자 잘못 썼어요.' 친구는 글씨 쓰던 손을 딱 멈추었지요. 손에는 분필이 들려 있었고, 몸은 칠판 쪽을 향한 채였습니다. 몇 초 동안 이 자세로 있다가, '선생님, 왜 그러세요?' 하고 아이들이 물으면, 칠판의 글자를 태연히 지우며 산뜻하게 말하는 겁니다. '무슨 일 있었니?' 그야말로 교사의 감각이 발휘되는 전형입니다.

다른 친구 교사 하나는 자신의 생각대로 아이들이 움직여 주지 않을 때, 눈물을 훔치는 시늉을 하며 침울해하는 모습을 보인다고 했습니다. '교과서 55쪽을 펴세요. 누구 읽어줄 사람?' 하고 말해도 손을 드는 아이가 하나도 없습니다. 이럴 때,

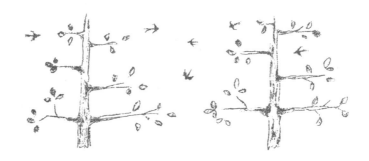

교사는 바지주머니에서 손수건을 꺼내 눈물 훔치는 시늉을 하며 말합니다. '한 사람도 없어요? 선생님이 이렇게 부탁하는데도……' 이것을 보고, 두세 명이 손을 듭니다. 다시 한 번 손수건으로 눈을 지그시 누르며 아까보다 더 과장되게 말합니다. '겨우 이것뿐이에요? 선생님은 슬퍼요.'

이제 대부분의 아이들이 손을 듭니다. 그러면 교사는 갑자기 웃는 얼굴이 되지요."

이렇듯 아이들이 짓궂은 장난을 하면 운이 좋다고 생각하며 재치 있는 유머로 반격하는 기술을 구사해 보자. 선생님의 발랄한 하이코미디가 발휘되는 절호의 기회이다.

▶ 교사가 저지르기 쉬운 실수

어느 졸업생이 학교에 놀러 와서 이런 말을 했다.

"학창시절 영어시간에 상처를 많이 받았어요. 언젠가 자리에 앉은 순서대로 시켰는데 저는 엄청 긴장했었지요. 그렇지만 선

생님은 저를 건너뛰고 다음 아이를 시켰어요. 아무리 제가 영어를 못한다고 하지만 저를 빼고 넘어가선 안 되잖아요. 하긴 저에게 시켰어도 대답을 하지 못했겠지만요."

그 선생님은 나름대로 학생을 배려한 것이지만 그에게는 평생 잊지 못할 상처가 되었다.

학급에는 아주 과묵하여 거의 아무런 의사표시도 하지 않는 학생이 있다. 그렇다고 해서 자리에 앉은 순서대로 시키다가 그 학생 하나만 빼는 것은 절대로 해서는 안 되는 일이다. 그럴 때 다른 학생을 지명하면서 머릿속으로 착착 계산해 두는 것이 교사의 할 일이다.

자리에 앉은 순서대로 시킬 때는 미리 그 학생에게 할 질문이 "예" 또는 "아니오"의 단순한 대답이 될 수 있도록 계산해 두어야 한다.

2장 지루하지 않은 즐거운 수업

▶강의식 수업이여 안녕

초등학교 교실에선 강의식 수업이 어렵다. 특히 정직한 저학년생들은 조금이라도 수업이 지루해지면 금세 주의가 흐트러지고 떠들기 시작한다. 아이들의 관심과 흥미를 끌기 위해 애쓰지 않으면 교실은 순식간에 벌집을 쑤셔놓은 것처럼 시끄러워진다.

중학교 교실은 어떤가. 중학교에서는 대부분의 교사가 강의식 수업을 한다. 그런데도 아이들의 인내심이 강해선지 어지간히 어려운 내용이 아닌 이상은 그럭저럭 수업이 진행된다.

그러나 시대는 변하고 있다. 많은 학생이 따분한 수업에는 초등학교 저학년 아이처럼 민감하게 '몸'으로 반응한다. 그럼에도 여전히 해묵은 수업 방식을 고집하는 이유는 무엇인가.

현대의 수업론은 '강의식 수업을 어떻게 극복할 것인가' 하는 문제의식을 바탕으로 발전해 왔다고 할 수 있다. 거기서 문답법이라든지 문제해결 학습 같은 다양한 지도법이 개발되어 왔다. 그런 성과를 도입하면서 이제 강의식 수업은 떠나보내자. 강의식 수업을 계속하는 한 수업은 점점 황폐해지고 아이의 학습부진은 점점 심각해진다. 잘 가르치는 선생님도 활기를 잃게 될 것이다.

그러면 강의식 수업을 극복하기 위해 어떤 수업을 만들면 좋을까?

▶ 아이들이 바라는 '즐거운 수업'이란

아이들이 바라는 즐거움은 물론 교사가 떠올리는 즐거움과는 차원이 다르다. 교사는 '아는 즐거움'을 만들려 하지만, 아이들은 그 이전의 감각적인 즐거움을 원한다.

그렇다면 지금까지의 상식에 얽매이지 말고 감각적인 즐거움을 수업에 도입하면 된다. 수업의 효율이 나빠지거나 품격이 약간 떨어지더라도 아이들이 듣지 않는 수업보다는 낫다.

그렇다면 아이들이 바라는 '즐거운 수업'이란 무엇일까?

요약하면 다음과 같다.

①웃음과 유머가 있는 수업
②화술이 뛰어나 질리지 않는 수업
③퍼포먼스가 있는 수업
④때때로 딴 길로 빠지는 수업
⑤긴장과 이완, 변화가 있는 수업
⑥흥미와 관심을 끄는 수업

이들 요건이 충족될 때 즐거운 수업은 이루어진다. 언뜻 보기엔 지나친 주문 같지만 자세히 검토하면 꼭 그렇지만도 않다. 자신의 경험에 비추어 보라. 그럴 법한 주문이라고 고개가 절로 끄덕여지지 않는가?

나는 예전에 선생님이 꼭 한 가지씩은 재미난 여행 이야기를 들려주는 사회 시간이 그렇게 좋을 수 없었다. 아이들에게 즐거운 수업이란 이렇게 슬쩍 딴 길로 빠지는 수업이다. 위의 여섯 항목은 당연한 요구이며, 특별히 건방지지도 저속하지도 않다. 품위 있고 격식을 갖춘 웃음보다 가벼운 웃음을 바란다는 것만 기억하면 된다. 수준을 낮춰서 그 세계를 공유하고, 거기서 수업을 출발시키면 되는 것이다.

그렇다고 여섯 가지를 모두 충족시킬 필요는 없다. 이 여섯 가지는 뿌리가 같다. 예를 들어 재미난 이야기를 하면 다른 항목도 자연히 충족된다. 흥미와 관심을 끄는 이야기를 통해 즐거운 마음으로 수업을 하면, 웃음과 유머가 담긴 변화 있는 멋진 수업이 된다.

▶ 유능한 교사는 용감하게 틀을 깨뜨린다

(1) 틀에 얽매이면 실패한다
재미난 수업을 하려면 지금까지의 틀을 부숴라.

예전에는 모든 학생의 주의를 한곳으로 집중시킨 다음 수업으로 들어가는 것이 보통이었다.

이 전통적인 틀에 따르면 교사는 교실 앞문으로 들어와서 교탁 앞에 선다. 학생들은 반장의 '차렷' 구령에 맞추어 하던 행동을 멈추고 자세를 가다듬으며 교사에게 주목한다. '경례' 소리에 교사는 아이들 전체가 인사를 하는지 확인한 다음에 인사를 한다. 이로써 수업이 시작된다. 이 틀은 지금도 대부분의 교실에서 그대로 볼 수 있다.

선생님들은 수업을 시작하기 위해선 모든 학생이 교사에게 집중해야만 하며, 그것이 배우는 자의 예의라고 믿는다. 그러나 모든 아이들을 빠짐없이 집중시키는 데 연연하면, 쓸데없이 시간을 빼앗겨 수업을 기다리는 아이마저 불만스럽게 만들 수 있다. 이것으로 학급 전체가 무너진다.

잡담을 하거나 조는 아이는 일단 제쳐두자. 그리고 수업을 받으려는 귀한 아이들을 상대로 먼저 재미난 이야기를 하여 웃게 한다. 그러면 잡담을 하던 아이도 '뭘까?' 궁금해져 교사에

게 주목한다. 졸던 아이도 벌떡 일어난다. 이렇게 수업을 진행하다 보면 이윽고 모든 아이들이 선생님에게 집중하지 않을까.

(ㄹ) 틀을 깨는 두 가지 예

수업 초반에 아이들의 주의를 집중시키려는 까닭은, 그 시작 시간이 수업 성립의 열쇠를 쥐고 있기 때문이다. 시작부터 흐트러지면 수업 전체가 흔들린다.

지금까지는 지난 시간의 복습으로 수업을 시작하는 것이 정통이었다. 그러나 그 틀에 얽매이면 실패할 수 있다.

어느 기술가정 시간이었다. 교사가 들어오자마자 "자리에 앉아라" 말하면서 느닷없이 칠판에 전기 증폭회로를 그리기 시작했다. 아이들은 "뭐야? 저게." "뭐지?"라며 웅성대기 시작했다. 재빨리 그리기를 마친 교사는 "이게 뭔지 알겠나? 오늘 공부를 하면 이 그림이 뭔지 알 수 있다. 그러면 교과서 00쪽을 펴라." 이렇게 어리둥절해하는 아이들에게 결말부터 제시했다. 이번 시간의 학습목표를 확실히 한 것이다.

또 수업계획도 없이 되는 대로 상황에 맡기는 사회 교사도 있다. 산만한 교실에서는, 무엇을 가르칠지 미리 정하고 들어가면 아이들과 엇갈릴 수 있기 때문이다.

즉 그때그때 아이들의 기분을 포착하고, 그것에 채널을 맞춰 점점 교사가 원하는 수업 내용으로 이끌어 가는 것이다. 물론 유능한 교사에게만 가능한 일이다. 하지만 케케묵은 틀에서 벗어난 새로운 수업이야말로 희망이 있다.

▶ 좋아하는 교사의 수업은 재미있다

(1) 교사를 좋아하면 실력도 오른다

학창시절 나는 역사 과목을 유난히 좋아했다. 역사 선생님을 좋아했기 때문이다. 고려시대에 대한 숙제를 한 적이 있는데, 그때 칭찬을 받은 것이 계기였다. 숙제라고는 하지만 단지 참고서를 베낀 수준. 선생님이 그것을 모를 리 없었는데 "조사를 잘해 왔구나. 시가문학까지 조사를 했네. 굉장한걸" 하고 칭찬하셨다. 그렇다고 나 혼자만 칭찬을 받은 것은 아니다. 모든 아이들에게 "잘했다" "좋아, 좋아. 열심히 했구나"라고 온화하게 한 마디씩 하셨다.

너그럽게 보아도 이 선생님의 가르치는 방식이 능숙하다고는 할 수 없었다. 하지만 나에겐 매력 있는 수업이었다. 학년이 올라 역사 선생님이 바뀐 뒤에도 이 과목은 계속해서 좋았다.

너무도 당연한 이야기지만, 아이들은 좋아하는 선생님의 수업이라면 열심히 참여하고 그 과목에도 흥미를 더 갖게 된다. 이것이 진리이다. 아이들에게 흥미로운 수업이란 좋아하는 선생님의 수업이기도 한 것이다.

(ㄹ) 아이들이 싫어하는 수업

좋아하는 선생님의 수업과 싫어하는 선생님의 수업은 반드시 좋아하는 과목, 싫어하는 과목과 일치하지는 않는다. 본디 좋아하는 과목이었지만 선생님이 싫어져서 그 과목을 싫어하게 된 예도 있다. 반대로 싫어하는 과목이었는데 좋은 선생님한테 배우면서 그 과목을 좋아하게 되는 예도 있다.

아이들이 과목을 좋아하고 싫어하는 것은 교사의 인격과 관련이 깊다. 아이들이 좋아하고 신뢰하는 교사가 되기 위해서는 무엇보다 먼저 재미있는 수업이 중요한 과제이다. 좋아하는 선생님이라면 서툰 익살도 재미있지만, 싫어하는 교사라면 정말 웃긴 익살도 분위기만 썰렁하게 만든다.

어떻게 해야 아이들이 좋아하고 신뢰하는 교사가 될 수 있을까? 성실하게 수업한다고 반드시 아이들이 따르는 것은 아니다.

싫어하는 수업의 공통된 유형, 아이들의 의견을 모아보자.

①공부 잘하는 아이만을 상대로 수업한다.

②불쾌감을 주는 말투와 비아냥이 많다.

③재치와 유머가 없다.

④이유 없이 화낸다.

⑤맺고 끊음이 없다.

⑥자신에겐 너그럽고, 아이들에겐 엄격하다.

⑦설명이 장황하다.

⑧목소리가 작다.

⑨표정이 어둡다.

⑩ 자기 자랑을 한다.

이 점에 대해선 설명이 필요 없을 것이다.

(3) 아이들이 좋아하는 수업

좋아하는 수업은 싫어하는 수업의 반대로서 이를 정리하면 다음과 같다.

①공부를 못하거나 이해하지 못하는 점을 살펴가면서 수업을 진행한다.

②사소하더라도 아이들의 좋은 점을 찾아내고 칭찬하면서 수업을 진행한다.

③웃음과 유머가 있는 수업을 한다.

④덮어놓고 나무라지 않는다. 혼을 낼 때는 먼저 합당한 이유를 든다. 어떤 일에 혼을 내는지 미리 아이들과 합의해 두면 좋다. 예를 들면 '남을 무시하는 말이나 행동을 했을 때 나무란다'는 식으로.

⑤수업은 시작종이 울리면 시작하고, 끝종이 울리면 바로 끝낸다.

⑥자신에겐 엄격하고 아이들에게는 너그럽다. 그렇다고 자기가 못하는 일을 아이들에게도 요구하지 않는 것은 금물. "선생님도 안 될 때가 있으니까 우리 같이 다시 해보자" 말하면서 아이들과 함께 노력해 나간다.

⑦설명은 짧고 쉽게 한다.

⑧시원한 목소리와 억양, 긴장감 있고 밝은 톤의 목소리로 말한다.

⑨늘 명랑한 표정과 미소를 잃지 않는다. 아이들의 마음을 누그러뜨리고, 안정시키고, 친밀한 학습 분위기를 조성한다.

⑩ 자기의 실패 경험을 말하고 이를 바탕으로 사람은 실패로부터 성장함을 알려준다.

이로써 알 수 있듯이, 수업은 전인격적인 작업이다. 단지 지식을 전달하기만 하는 과정이 아닌 것이다. 아이들이 좋아하는 수업을 하는 교사는 자신의 인격으로도 가르치고 있음을

기억하라.

▶ 즐겁게 공부하도록 유도하라

진정한 배움이란 놀이하는 것처럼 즐거워야 한다. 또한 학생에게 배움이란 자신을 기쁘게 하는 일이자 인생을 향유하는 방식 가운데 하나여야 한다.

칼 비테의 아버지는 아들에게 이렇게 말했다.

"배움이란 즐겁고 다채로운 취미와도 같단다. 때문에 학생은 배움으로 인해 스트레스를 받거나 압박감에 짓눌려서는 안 돼."

비테가 어렸을 때, 비테의 아버지는 단 한 번도 공부를 강요하지 않았다. 마치 무슨 의무처럼 날마다 몇 시간씩 책을 읽으라는 말조차도 하지 않았다. 단지 즐거운 놀이와 오락 속에서 어린 비테가 원하는 지식을 얻게 할 뿐이었다.

어린 비테는 날마다 즐거운 마음으로 아버지와 함께 놀이를 했을 뿐인데, 어느 순간 자신의 내부를 보니 수많은 책과 지식

이 쌓여 있었다.

이유는 매우 간단하다.

비테의 아버지는 어린 비테에게 책 읽는 취미를 길들여 준 것이다. 누가 책을 읽으라고 억지로 강요하지 않아도 스스로 알아서 책을 고르고 책을 손에서 떼지 않은 것이다.

혹시 지금 이 순간도 아이들에게 책을 읽어라, 공부를 열심히 해라, 강요하는 교사들이 있진 않은가.

나는 요즘 아이들이 공부하기 싫어하는 이유를 때때로 생각해 보곤 한다. 누구든지 자신이 좋아하거나 맘에 드는 일을 할 때면 다른 일을 할 때에 비해 피로를 덜 느낀다. 그와는 반대로 아무런 흥미도 관심도 없는 일을 할 때에는 쉽게 지루해지고 피로해진다.

요즈음 아이들은 공부에 지쳐가고 있다. 부모님과 선생님으로부터 공부하라는 소리를 지나치게 많이 듣는다.

인간은 언제나 자유를 갈망한다. 그래서 하기 싫은 일을 해야만 할 때는 구속감을 느끼며 답답해한다. 물론 아이들도 마찬가지다. 이러한 아이들의 심리를 교사는 교육적으로 활용할 필요가 있다.

교사는 자신의 제자들을 행복한 아이로 만들 의무가 있다. 어려운 문제도 마치 재미있는 놀이처럼 아이들 스스로 먼저 흥미를 느끼게끔 도와주어야 한다. 공부하는 일이 당연히 즐거운 일이 되도록 해야 한다. 언제나 가벼운 마음으로 책장 넘기듯 쉽게 할 수 있는 것이 바로 공부가 되어야 한다.

어린 비테는 늘 스스로 원해서 공부를 했다. 공부하면서 한 번도 하기 싫은 것을 억지로 한다는 느낌을 받은 적도, 아버지로부터 공부 안 한다고 야단을 맞은 적도 없었다.

괴테는 어린 시절 여느 아이들처럼 공부하기를 매우 싫어했고 매일 빈둥거리며 시간을 보냈다. 하지만 몇 년 뒤, 그는 웬만한 지식인에 버금가는 학식을 쌓아 영향력 있는 인물이 되었다. 대체 어찌 된 일일까.

어느 날 괴테의 아버지는 조금씩 교육방식을 달리하기 시작했다. 아버지는 자신의 행동부터 바꾸었다. 공부하라는 잔소리 대신에 위인전을 괴테의 손에 들려주었다. 아버지와 아들은 배움에 최선을 다했다. 시간이 흐를수록 어린 괴테의 마음에는 위인들의 일대기가 새겨지고, 마침내 배움에 대한 태도도 달라지기 시작했다.

한번은 남루한 옷차림을 하고 지독한 냄새를 풍기는 한 부랑자가 와서 구걸을 했다. 아버지는 괴테에게 단호하게 말했다.

"공부하기 싫어하는 사람들은 공부를 하지 않아도 잘 먹고 잘살 수 있다고 생각한단다. 그러나 그건 크게 잘못된 생각이야. 일하지도 공부하지도 않고 매일 빈둥빈둥 놀기만 한다면, 나중엔 분명히 빈털터리가 되어 거리로 내쫓기는 신세가 되고 만단다. 비굴하게 남들에게 구걸을 하며 일생을 살게 될 거야. 뒤늦게 후회해 봐도 소용없단다."

그 순간 어린 괴테의 마음속엔 동요가 일어났다.

"나는 커서 어떤 인생을 살게 될까? 위대한 인생? 아니면 저렇게 비참한 인생?"

그날 괴테는 위대한 인생을 선택했다. 그리고 다음 날 아침 일찍 일어나 아버지에게 공부를 시켜달라고 졸라댔다. 그날 이후로 그는 배움의 재미에 푹 빠져들었다.

괴테는 훗날 자신의 꿈을 이룬 위대한 인생의 주인공이 되었다. 그가 태어날 때부터 위대한 인물로 선택받은 것이 아니다. 다른 아이들도 노력만 한다면 얼마든지 그처럼 될 수 있다.

아이들이 공부하는 습관에 젖는 것은 부모와 교사의 영향력이 절대적이다. 어린 비테와 괴테가 깨달은 것처럼 당신의 아이들에게 깨달음을 심어주어야 한다.

훌륭한 교사는 이렇게 가르친다. 즉 그들은 아이들이 즐겁게 배우도록 가르친다. 공부하는 즐거움을 터득하는 것이야말로 인생의 첫 번째 성공전략이라고 가르친다.

▶ 아이들에게 사랑과 용기를 주는 이야기

(1) 역경을 헤쳐 나가는 튤립

가을이면 튤립 알뿌리를 심게 된다. 화분이나 화단에 심는데 그럴 때 강력 추천하는 이야기이다.

이런 퀴즈를 내보자.

"튤립 알뿌리는 화분의 어느 위치에 심으면 좋을까요?"

(화분 그림을 그려서 설명하자.)

①화분의 한가운데

②화분의 위쪽

③화분의 밑바닥

아이들은 틀림없이 유치원에서 심어본 적이 있기 때문에 ①에 손을 들 것이다. "그렇구나"라고 일단 대답해 두자.

그런 다음 튤립 알뿌리를 들어서 모두에게 보여준다.

"이것이 튤립의 알뿌리예요. 튤립의 싹은 여기 뾰족 튀어나온 곳에서 나온답니다. 그럼 튤립의 알뿌리는 여기 튀어나온 쪽을 어느 방향으로 심어야 할까요?"

①위를 향하게

②옆을 향하게

③아래로 향하게

칠판에 그림을 그리고 물어보자. 아이들은 분명 "위로 향하게 해야 돼요"라고 대답할 것이다.

자, 이제부터 아이들에게 이야기를 들려주자.

"보통은 알뿌리를 위로 향하게 심는답니다. 하지만 튤립의 알뿌리는 옆으로 향하게 심어도, 또 아래로 향하게 심어도 싹이 나고 줄기가 뻗어 나와 꽃이 피지요. 옆으로 향하게 하거나 아래로 향하게 하면 꽃대의 키가 약간 작아져요. 피기까지 시간이 좀 걸리지만 분명 자라서 예쁘게 꽃을 피우지요."

수선화나 히야신스는 이렇게 해선 안 된다.

튤립의 알뿌리는 역경이 있어도 굴하지 않는다. 위를 향하게 심지 않아도 '어느 쪽이 위일까' 하면서 흙 위를 향해 자라나는, 포기할 줄 모르는 알뿌리이다.

(ㄹ) 강인한 생명력을 지닌 민들레

요즈음 아이들은 조금만 어려워도 쉽게 포기하는 경향이 있다. 외둥이인 아이들이 많고, 부모의 지극한 관심과 과보호 속에서 자라나 힘든 일을 하기 싫어하는 까닭이다.

숙제를 내줘도 어려우면 금방 딴청을 피운다고 부모는 교사에게 하소연한다. 어떻게 하면 아이들에게 강인한 마음을 심어 줄 수 있을까.

어느 날 교사가 민들레 그림을 갖고 교실로 들어왔다. (교사가 직접 그린 그림도 좋고, 사진을 확대하여 복사한 것도 괜찮다.)

"여러분, 이것은 무슨 꽃이지요?"

아이들은 민들레인 줄 금세 알 것이다.

"해마다 봄이 오면, 산과 들에 노란색 예쁜 꽃을 피우는 바로 민들레꽃이에요."

아이들은 눈을 동그랗게 뜨고 그 노란색 예쁜 민들레꽃 그림을 바라본다.

"선생님, 우리 집 앞 길가에도 민들레가 많이 피어요."

"선생님, 지난번엔 엄마 아빠와 함께 공원으로 놀러 갔었는데, 거기에 민들레꽃이 많이 피어 있었어요."

교사는 미소지으며 설명한다.

"민들레는 우리나라 곳곳에 많이 피는 꽃이에요. 갈퀴 같은 이파리 모양이 참 독특하죠. 그리고 생명력이 강하고 억척스러운 꽃이기도 해요. 얼마나 강한지 사람이 밟고 지나가도 끄떡 않고 다시 살아나곤 하지요."

그러자 한 아이가 손을 번쩍 들고 말한다.

"맞아요. 형하고 함께 강가에 갔다가 모래톱 가장자리에 민들레가 드문드문 피어 있는 걸 보았어요. 사람들이 아무렇지도 않게 밟고 지나갔어요. 제가 걱정을 했더니, 엄마가 말씀하셨어요. 다시 살아날 거라고요."

이때 선생님은 비장의 카드를 내놓는다.

"맞아요. 민들레는 강한 식물이랍니다. 꽃도 예쁘지만, 모든 아픔과 어려움을 이겨내는 강인한 의지도 지니고 있는 거예요. 여러분은 혹시 숙제가 어렵다고 쉽게 포기하진 않나요? 이제 민들레를 닮도록 해요. 모진 고난 속에서도 꿋꿋하게 살아가는 민들레의 참을성을 배우도록 해요."

교사는 한 걸음 더 나아가 민들레 나물 이야기도 곁들인다.

"여러분, 이른 봄철에 냉잇국을 먹어보았지요? 엄마와 함께 민들레 나물도 만들어 보세요. 민들레 나물이 얼마나 맛있는지는 그때 가서 또 이야기하기로 해요. 여러분, 민들레 꽃잎이 지고 나면 그 자리에 뭐가 생기죠? 그래요, 동그랗게 하얀 솜털이 나지요. 살랑살랑 바람이 불면 솜털은 이리저리 날아가지요. 솜털 하나하나에는 민들레 씨앗이 매달려 있어요. 그래서 이듬해 봄이면 그 씨앗이 떨어진 자리에서 민들레가 나오고 또 예쁜 꽃을 피우지요."

이처럼 매우 씩씩한 민들레의 생태를 배우면서 아이들은 몹시 즐거워한다. 아이들은 마음이 벅차오른다. 해마다 봄이 되면 꽃이 피고, 몽실몽실한 솜털들이 날리는 민들레꽃이 머릿속에 그려진다.

마지막으로 교사는 이렇게 마무리함으로써 민들레 효과를 배가시킨다.

"어렵다고 금방 포기하지 말고 여러분도 끝까지 솜털을 날리는 민들레처럼 인내심을 키워보는 거예요."

(3) 인내와 노력의 과일 사과

다음은 달고 맛있는 상큼한 사과의 일대기이다. 한 번 읽어

보고 아이들에게 들려주도록 하자.

　복숭아나 살구꽃이라면 본 적이 있는 사람도 많을 테지만 사과나무 꽃을 아는 사람은 별로 없다.

　색깔은 희고 짧은 가지 끝에 5송이의 꽃을 피운다. 그러나 5개의 열매를 한꺼번에 키울 수는 없기 때문에 그 가운데서 가장 튼튼한 것을 하나 남기고 나머지 꽃 4개를 잘라낸다. 1만 개의 꽃을 남기려면 4만 개의 꽃을 잘라내야 하는 것이다. 이 작업은 사람의 손으로 일일이 할 수밖에 없다. 또한 열매가 되어 자랄 때에도 긴 가지에 많이 달려 있을 때는 또다시 잘라줘야 한다. 남은 열매를 알차게 가꿔야 하기 때문이다.

　달고 맛있는 사과를 만드는 요령은 햇빛을 듬뿍 받게 하는 것이다. 그러나 맛있는 사과는 벌레들도 매우 좋아한다. 그냥 놔두면 벌레가 다 먹어버리기 때문에 열매가 채 자라지 않았을 때, 봉지를 씌워서 벌레가 슬지 않도록 해야 한다.

　그렇지만 이 방법으로는 예쁜 사과는 얻을 수 있지만 중요한 햇빛을 받을 수가 없다. 봉지를 씌우지 않으면서도 벌레가 먹

지 않게 하려면 농약을 여러 번(5차례 정도) 주어야 한다. 하지만 농약을 사용하는 것은 농사를 짓는 사람에게나, 사과를 먹는 사람에게나 또 환경에도 좋지 않다. 요즘은 특별한 물을 사용하여 벌레가 먹지 않게 하기도 하고, 농약을 많이 쓰지 않아도 되는, 안전한 사과를 만들려는 노력을 하고 있다.

이렇게 애지중지 기른 사과도 수확할 때가 되어 갑작스럽게 우박이라도 내리면 구멍이 나기도 하고, 태풍에 떨어져 버리기도 하여 우리 앞에까지 오지 못하는 것도 많다.

이처럼 수많은 역경을 이겨내고 마침내 맛있는 사과가 되었다. 그런데 이때가 되면 이번엔 하늘에서 새들이 노리기 시작한다. 나무의 높은 곳일수록 햇빛을 많이 받기 때문에 높은 곳의 맛있는 사과가 새들의 목표가 된다. 그러므로 새가 싫어하는 소리, 예를 들면 딱총 소리를 내게 해서 새를 쫓기도 한다.

농가 사람들도 높은 곳의 사과를 따려면 매우 힘이 든다. 요즘은 키가 많이 자라지 않는 나무를 심거나, 나무의 키를 작게 해서 따기 쉽게 하고 있다. 그리고 햇빛이 많이 닿도록 나무 밑에 햇빛을 반사하는 시트를 깔기도 한다.

마지막으로 아이들에게 맛있는 사과 고르는 방법을 가르쳐 주자. 대체로 빨갛고 아래쪽이 노란 사과가 맛있게 잘 익은 사과이다.

선생님의 사과 이야기는 아이들에게 많은 의미를 선사할 것이다. 달고 맛있는 사과 1개가 식탁에 오르기까지 거쳐야 하는 인내와 노력의 과정을 알려주는 것이다.

(4) 오늘은 선생님의 중요한 날

자녀를 둔 '엄마 선생님'이라면 누구나 할 수 있는 이야기이다. 자기 자녀의 생일날 엄마의 관점에서 아이를 기르는 일화를 소개하도록 한다. 허락된 시간에 따라서 소개하는 일화의 길이를 조절하기 바란다.

부모가 자녀의 탄생을 어떻게 기뻐하는지, 기를 때 어떤 수고를 하는지 알 기회는 의외로 적다. 학급 아이들에게는 생일의 의미를 생각하고, 자기가 얼마나 소중한 존재인지를 깨닫는 기회가 된다. 교사가 부모라는 관점에서 학급 아이들에게 이야기해 주는 의의는 크다. 다만, 엄마가 없는 아이가 있을 때에는 이야기 방식에 세심한 배려가 있기를 바란다.

저학년을 위한 이야기이지만 학년에 따라 이야기 방식을 바꾸면 어느 학년에나 할 수 있다.

"오늘은 선생님의 중요한 날이에요. 무슨 날일까요?"

웃는 얼굴로 천천히 이야기를 시작한다. 아이들은 대체 무슨 날일까 궁금해하기 시작한다. 선생님의 생일, 결혼기념일 등등 저마다 대답이 나온다. 약간 시간을 두었다가 오늘이 무슨 날인지 이야기를 꺼낸다.

"생일, 좋은 날이지요. 하지만 선생님 생일이 아니라 선생님의 아기가 태어난 날이에요."

아이들은 뜻밖이라는 표정을 짓는다.

"오늘은 선생님의 아기가 이 세상에 태어난 날이랍니다."

태어날 때의 일화를 말한다.

"내가 낳은 아기의 얼굴을 처음 보고는 너무 기뻐서 눈물이 멈추지 않았답니다. 하느님께 '감사합니다'라고 인사를 다 했을 정도였지요."

이번엔 아이를 기를 때 힘들었던 일을 소개한다.

"아기는 처음엔 밤과 낮을 몰라요. 그래서 밤중이든 언제든 배가 고프면 울지요. 오줌을 싸서 기분이 나빠도 울어요. 그래서 선생님은 졸린데도 꾹 참고 젖을 주거나, 기저귀를 갈아주거나 잘 자라고 토닥여 주었어요. 어떤 때는 너무나 졸려서 꾸벅꾸벅 졸면서 젖을 주기도 했어요."

몸으로 흉내를 내면서 이야기한다.

"맞아요, 제 동생도 밤에 자다가 울어요."

집에 어린 동생이 있는 아이들이 맞장구쳐 주어 이야기가 확대된다.

아기가 아프면 아기가 아픈 것 이상으로 엄마가 걱정하는 일

화도 말해 준다.

"선생님의 아기가 아직 갓난아기였을 때 '백일해'라는, 기침을 아주 많이 하는 병에 걸렸었어요. 작은 몸으로 계속해서 기침을 하는 거예요. 선생님은 무척 괴로웠어요. 할 수 있다면 선생님이 대신 아팠으면 싶었지요. 여러분도 아파서 엄마 아빠가 걱정한 적이 있지요?"

아이들은 가족에게서 들은 경험을 이야기한다.

"저도 세 살 때, 폐렴으로 입원해서 엄마가 무척 걱정하셨대요."

"저는 밤에 자주 열이 나서 놀란 엄마 아빠가 등에 업고 응급실에 가곤 했대요."

"맞아요. 어머니도 분명 매우 걱정하셨을 거예요. 그리고 어머니도 선생님과 마찬가지로 여러분의 생일이 특별한 날인 거예요. 엄마의 생일보다도 더 중요한 날이라고 생각한답니다. 왜냐하면 여러분이 이 세상에 태어난 날이니까요."

아이들은 기쁜 표정을 짓는다. 게시판에 생일을 적은 게시물을 돌아보는 아이도 있다. 분위기가 촉촉하고 따뜻해진다.

이 이야기는 자녀에게도 해주기를 권한다. 앞에 앉혀놓고 이야기를 해주면 좋겠다.

3장 가르치는 기술 단련법

▶ 미국 공교육에 부는 새 바람

'Rhee-Form'. 미국 워싱턴DC 한국계 교육감 미셸 리
(Michelle Rhee·이양희)의 공교육 개혁을 지칭하는 말이다.
'개혁'이란 의미의 'reform'을 변형한 것으로 '리의 개혁'이란 뜻
을 가지고 있다.

리 교육감은 20대 초반에 메릴랜드 주 볼티모어의 빈민지
역 초등학교 2, 3학년을 맡아 3년 동안 가르쳤다. 시간이 흐르
자 교과목마다 '능숙' 평가를 받은 학생 비율이 평균 13%에서
90%까지 크게 올라갔다. 이로 인해 리 교육감은 '모든 것이 선
생님에게 달려 있다'는 확신을 갖게 되었다.

훌륭한 선생님을 위한 교육 가이드라인

리 교육감이 만든 교육 가이드라인은 '교육계획 세우기→가르
치기→교육 효과 높이기'의 순환구조를 가지고 있다.

계획을 세우는 단계에서 선생님들은 학생 개개인에 따른 연
간 성취목표를 정해야 한다. 그리고 목표가 무엇이며 어떻게
이룰 수 있는지, 목표 달성 여부는 어떻게 측정할 것인지 학생
들과의 대화를 통해 이해시킨다. 리 교육감은 성취목표가 '야

심적이되 실현 가능한' 것이어야 한다고 말한다. 야심적인 목표
란 '학생에게서 예상할 수 있는 것보다 더 높은 것'이다.

리 교육감은 교육효과를 평가하는 것도 중요하다고 말한다.
효과를 정확히 알아야 다음 계획을 세울 수 있기 때문이다.

그녀가 제시한 좋은 교수법의 내용은 다음과 같다.

①교과목의 주제에 집중할 수 있게 하라

훌륭한 선생님은 수업을 시작하면 이렇게 말해 학생들을 주
목하게 한다. "우리는 오늘 ……를 배울 거예요. 이건 ……하기
때문에 중요합니다. ……에 대해서 여러분이 이미 알고 있는 것
을 이야기해 보세요. 여러분이 오늘 ……를 배우면 ……를 할
수 있게 될 거예요."

수업을 마무리할 때는 이렇게 말하여 학생들의 지식습득 정
도를 점검하고 평가해 본다. "여러분은 오늘 뭘 배웠나요? 오늘
의 배움으로 여러분이 도움을 받을 수 있는 건 ……입니다."

②교과 내용을 명료하게 전달하라

훌륭한 선생님은 교실에서 열정적으로 행동하며 수업 내용
을 잘 이해할 수 있도록 조직화된 방식으로 전달한다. 몸짓,
말의 높낮이, 어조 등에 신경을 쓰고 자신감 있는 태도로 가르
치며, 학생의 나이에 알맞은 언어를 사용해야 한다. 잘 조직화
된 방식이란 그래픽을 이용해 어떤 문제의 원인과 결과를 설명

하는 것이다.

③가르치는 시간을 극대화하라

한 선생님이 가르치는 시간을 하루 15분만 늘려도 학생은 1년에 45시간을 더 배우게 된다. 이러한 시간은 일상 업무와 수업을 효율적으로 하여 마련한다. 훌륭한 선생님은 학생들이 지루하지 않게 잘 가르치면서 속도를 낼 수 있어야 하고, 학생들의 일탈행동 등으로 수업시간을 축내지 않아야 한다.

④학생들을 긍정적이고 존중하는 태도로 대하라

좋은 선생님은 학생들에게 관심을 보여준다. 학생들이 교실에 들어오면 반갑게 인사하는 것이다. 학생이 성취하면 격려와 축하를 주저하지 않는다. 학생들과 긍정적 관계를 맺으려면 상호 신뢰 표시, 학생의 좋고 싫음과 감정 이해, 학문적 도전 장려, 친밀한 행동과 눈맞춤 유지, 수업시간에 학생의 성공 격려, 상호 간 개인 정보 공유 등이 중요하다.

⑤학생들의 이해도를 평가하고 그 결과에 반응하라

훌륭한 선생님은 학생들이 무엇을 배웠는지 점검하고 피드백을 통해 학생의 이해를 높인다. 수업내용 이해 정도를 평가하려면 학생들에게 다양한 질문을 던지거나, 배운 걸 요약하게 하거나, 역할 연기를 하게 하고, 토론을 시키는 등의 방법을 쓴

다. 학생이 잘못 알고 있을 땐 가르친 내용을 세분화해서 묻는
방식으로 이해도를 높인다. 학생들이 질문에 옳은 대답을 할
때 '왜' '어떻게' 등의 추가 물음을 하도록 한다. 성취 정도를 평
가할 때는 다지선다형이나 OX형 테스트, 수필 써보기, 프로젝
트, 프레젠테이션 등을 활용해도 좋다.

▶ 학생의 동기화를 지속시키려면

공부를 오래 지속할 수 있는지 여부는 동기화, 즉 학습의욕
유발에 달려 있다. 동기화가 지속되면 공부를 계속할 수 있고,
실력이 향상된다. 그렇지 않으면 이내 중단해 버린다. 가르치는
사람에게도 책임이 없다고는 할 수 없다. 동기화를 높이는 것
도 교사의 임무이기 때문이다.

알아듣기 쉽게 가르치기만 하는 것이 교사의 조건은 아니다.
의욕을 갖게 하고, 그것을 유지하게 하며, 학생이 스스로 자기

의 능력을 신장시키기 위해 향상심을 갖게 하는 것도 그 이상으로 중요한 교사의 조건이다. 오히려 이해하기 쉽게 가르치는 것은 학습의욕을 갖게 하기 위한 하나의 방법이라고 해도 과언이 아니다.

동기화를 높이기 위한 방법에 대해 알아보자.

(1) '실력향상'을 피부로 느끼게 하는 방법

학습의욕을 높이기 위한 가장 큰 핵심은 '실력향상'을 실감하게 하는 것이다. 그래야 자신의 향상을 확신하고, 보다 성장하고자 하는 의욕이 생긴다. 아이들은 아무리 공부해도 나아지지 않는다고 느끼면 지금까지의 노력이 헛수고라 생각하고 내팽개치고 싶은 심정이 든다.

또는 다른 아이들은 실력이 느는데 자기는 언제까지나 그 자리에 있으면 열등감을 느껴 자기 능력에 의문을 품고 포기하는 경우도 있다. 아이가 그렇게 되지 않도록 교사는 어떻게든 실력향상을 실감하게 할 좋은 대책을 세워야 한다.

'실력향상'을 실감하게 하려면 다음과 같은 방법이 있다.

①실감할 기회를 만든다

실력향상을 실감하게 하려면 배운 것을 써보고 도움이 되는 경험을 하게 하는 것이 가장 좋다. 영어를 가르치는 경우에 영어가 외국인에게 통하면 자신이 붙는다.

또한 단기목표를 세우고 성취감을 맛보게 하는 것도 중요하다.

예를 들면 글쓰기를 지도할 때, 학생들에게 나아진 실력을 실감하게 하기 위해 학급신문이나 학교신문의 독자란에 투고하도록 권하는 방법이 있다. 뭔가 하고 싶은 말이 있으면 글을 써서 보내는 것이다. 신문에 자기 의견이 실리면 글쓰기에 대한 자신감으로 연결된다.

가르치는 내용에 따라 기회는 다르겠지만, 어떤 형태로든 실제적인 연습의 장을 설정하는 것이 바람직하다.

②시험 점수에 머리를 짜낸다

소규모 시험을 치르는 경우, 많은 학생에게 점수는 실력향상의 잣대가 된다. 점수가 올라가면 향상을 실감한다. 그렇지 않으면 향상을 실감하지 못한다.

그러나 시험은 어느 정도의 향상을 전제로 하여 상정한 수준에 도달했는지 여부가 점수로 나타난다. 때문에 학습하기 전보다 지식이 압도적으로 증가했다 해도 그것이 점수에 반영되지 않는 경우가 많다. 그러므로 실력이 늘어난 것에 의문을 품는 학생이 적지 않다.

그러므로 추이를 보아가며 채점을 느슨하게 하거나 부분점수를 주는 방법도 있고, 기본적인 문제를 넣어서 점수가 올라가게 고안해 내는 것도 좋다.

시험의 성격상 그것이 불가능할 때는 "시험문제의 수준을 차츰 어렵게 내고 있으므로 실력향상이 점수에 반영되지 않을 수도 있다. 하지만 실력은 향상되고 있다"고 전달할 필요가 있다.

③학습 전의 기록을 남겨놓는다

예컨대 글쓰기를 지도할 때, 처음 쓴 문장을 보관하도록 권하는 것이다. 이어 어느 정도 나아졌으면 과거에 쓴 자기의 문장과 비교해 보게 한다. 보관하지 않는 학생을 위해 답안을 제출하게 하는 방법도 있다. 실력향상을 피부로 느끼지 못해 고민하는 학생도 과거의 문장을 보여주면 압도적인 향상을 실감하게 된다.

가르치는 내용에 따라 다르지만 처음 상황을 문장이나 영상으로 남겨놓았다가 학습 후와 비교하게 하는 것도 좋은 방법이다.

④구체적으로 칭찬한다

보다 간단한 것은 말로 칭찬하는 것이다. "이야, 무척 향상되었구나" "굉장한걸. 그런 것도 할 수 있게 되었네" 칭찬하면 아

이들은 자신을 갖는다. 그리고 나아진 것을 스스로 느낀다.

칭찬을 받으면 자신감이 생긴다. 더욱 열심히 할 의욕을 갖고 향상심을 갖는다. 칭찬받는 것이 에너지가 된다. 때문에 칭찬해야 할 때는 제대로 칭찬하는 것이 중요하다. 특히 이것은 학생이 어릴수록 효과 만점이다.

아울러 칭찬할 때는 막연하게 "잘했어요"라고 할 것이 아니라 어느 부분의 어느 점이 우수한지 분명하고 구체적으로, 그리고 진심을 담아서 전달하는 것이 원칙이다. 그렇게 해야 학생도 자기의 잘한 점을 인식할 수가 있다. 막연히 칭찬하면 자기가 뭘 잘했는지 몰라서 고민하는 경우도 있다.

(ㄹ) 자존심에 상처를 주지 않으면서 야단을 친다

칭찬은 동기화를 높이기 위한 바람직한 방법이다. 그러나 섣불리 칭찬하면 우쭐하는 마음만 기르는 결과를 초래한다. 성장을 실감하게 하면 그것에 만족하여 더 이상 노력하지 않게 된다. 그렇게 되지 않도록 조절할 필요가 있다.

야단을 치는 것은 학생에 대한 중요한 수단이지만 꾸중법에 서툰 교사도 있다. 능숙한 꾸중법은 학생과의 훌륭한 의사소통이므로 그것을 제대로 마스터해야 한다.

①학생의 잠재력을 부정하지 않는다

혼낼 때, "어처구니가 없을 정도로 못한다" "넌 바보냐" 등의 말은 절대로 써서는 안 된다. 그것은 학생이 지닌 잠재력의 부정으로 이어진다. 어쩌다 감정적이 되어 "그것도 못하는데 앞으로 뭘 하겠느냐" "이것도 못하면 인간도 아니다" 등의 말이 튀어나올 수도 있다. 물론 단 한 번이라도 그런 말을 해서는 안 된다. 무턱대고 학생의 능력을 부정하면 학생 본인도 자신감을 잃고 의욕을 상실한다. 교사로선 분발을 촉구할 마음으로 그리했을지 모르지만 그렇게 받아들이는 아이는 거의 없다.

"이 정도는 너라면 반드시 해낼 수 있다" "당황하지 말고 곰곰이 생각하면 모를 리 없다" "여기는 실수하기 쉬운 곳이므로 깊이 생각하지 않으면 풀리지 않는다" 등 학생의 잠재능력을 인정한 다음에 야단을 칠 필요가 있다. 그렇게 해야 자존심에 상처를 주지 않고 혼낼 수가 있다.

②구체적인 사실에 대해 야단친다

꾸중을 하다 보면 점점 범위가 확대되어 학생의 생활태도, 다른 장면에서의 행동 등에 대해서도 미주알고주알 캐내어 야단치기 쉽다. "애당초 너의 생각 자체가 잘못되어 있어" "전부터 너의 태도가 마음에 들지 않았어" 등의 식으로 혼내는 교사가 있어서는 결코 안 되겠다.

야단을 칠 때는 학생의 한 가지 결과에 대해 혼내는 것이 원칙이다. 해야 할 일을 하지 않았거나, 습득해야 할 것을 하지 못한 점에 대해 노력부족, 해이한 마음가짐 등을 혼낸다. 그렇

게 하면 장황하게 설교하는 일도 없어진다. 야단맞은 것을 치유하기도 쉽다.

③어떤 상황에서도 감정적으로 혼내지 않는다

어떤 이유가 있어도 감정적으로 야단을 쳐서는 안 된다. 소리를 치는 것은 괜찮다. 혹독하게 야단치는 것도 괜찮다. 하지만 감정적이 되어선 안 된다. 개인적인 분노를 표출해서도 안 된다. 감정적이 되면 앞뒤 가리지 않고 해서는 안 될 말까지 할 우려가 있다.

자기 자녀를 가르칠 때는 얼마쯤 감정을 폭발시켜도 일상적으로 신뢰관계가 성립해 있으므로 회복이 가능하다. 그렇지만 생판 남이 감정적이 되면 관계를 되돌릴 수 없는 경우가 있다. 그런 위험을 무릅써서는 안 된다.

④다른 사람과 비교하여 혼내서는 안 된다

"이런 정도는 초등학생도 한다" "○○은 이 정도는 완벽하게 해낸다" 등의 말을 하고 싶을 때가 있다. 하지만 다른 사람과 비교하여 혼내는 것은 학생에게 마음의 상처를 줄 뿐만 아니라

의욕을 꺾기 쉽다. '어차피 나 같은 것은 해보았자 다른 사람보다 뒤떨어진다'는 생각을 갖게 된다.

물론 다른 사람과 비교하여 칭찬하는 것은 괜찮다. "너는 동생보다 훨씬 잘하는구나" 말하는 것은 의욕을 샘솟게 한다. 또는 "내가 너만할 때는 너희 수준에 훨씬 미치지 못했다"는 말도 괜찮다. "지금은 너희가 부족한 상태지만 몇 달 뒤에는 틀림없이 잘할 수 있게 될 것이다"라고, 미래와 비교하여 현재를 말하는 것도 좋다. 거듭 말하지만 타인과 비교하여 부정적으로 야단을 쳐서는 안 된다.

⑤스스로 생각하게 한다

모든 것을 돌봐주는 것이 훌륭한 교사는 아니다. 어느 정도 가르쳤으면 나머지는 학생 스스로 생각하게 놔두는 것이 오히려 유능한 교사다.

되풀이 말하지만 가르친다는 것은 홀로서기를 돕는 것이다. 언제까지나 가르치고 이끌면 홀로서기는 불가능하다. 아이가 홀로 서기 위해서는 스스로 생각하고 혼자서 할 수 있도록 아이를 촉구하는 수밖에 없다.

살아 움직이는 전략수업

그러므로 아이가 혼자서 할 수 있을 만한 힘을 길렀으면 과제를 주고, "나머진 혼자서 해보아라" 내버려두는 것이 바람직하다. 그런 다음 학생이 질문할 때 도움말을 주는 선에서 그친다. 그리고 과제를 완성하도록 촉구한다.

▶ 재미있게 설명하는 요령이 있다

교사는 이해하기 쉽게 설명을 해야 한다. 하지만 재미가 없으면 아이들은 설명을 듣지 않는다. 결과적으로 가르쳐도 소용이 없다.

가르치는 내용을 재미있게 만드는 요령이 있다.

먼저 가르치려 하는 것이 얼마만큼 중요한 것인지를 확실하게 인식시킬 필요가 있다. 아무래도 상관없는 것이거나 대단한 의미가 없는 것이면 배울 마음을 갖지 않는다.

(1) 득이 된다는 것을 강조한다

득이 된다고 강조하여 가르치는 것을 싫어하는 교사가 많다. "이것을 할 수 있으면 이득을 보니까 잘해야 한다"고 하는 것을 비굴하게 느끼는 것 같다. 하지만 인간이란 재미가 있거나 아니면 이득이 되거나 둘 중 어딘가에 속해야만 자기 것으로 삼으려 한다. 배운다는 것은 기본적으로 그리 재미난 것이 못된다. 적어도 누구나 즐겁다고 느끼지는 않는다. 이득이 된다는 것을 강조해야 관심 있게 듣고, 재미있게 느낀다.

따라서 '이것을 알아두면 득이 된다' '이것을 머릿속에 넣어두면 출세로 이어진다'는 것을 이따금, 솔직히 인정하는 것도 나쁘지 않은 방법이다.

물론 배움은 이득이 되기만 해서는 충분치 않다. 직접적으로는 득이 되지 않더라도 배워야 하는 것이 있다. 착실한 노고가 없으면 실력이 붙지 않는다. 하지만 흥미를 갖게 하기 위해서도 '득'을 강조하는 것은 가르치는 기법으로서 무시해선 안 된다.

(2) 배워놓지 못하면 낭패를 본다고 강조한다

배우면 득이 된다는 것을 강조하는 것만큼 배워놓지 않으면 낭패를 보게 된다고 위기감을 조성하는 것도 꽤 효과적이다. 약간 과장되게 말하면 조금쯤 위협하는 것이다.

"이것을 모르면 장차 살아갈 수가 없다" "앞으로는 이것을 알아야 창피를 겪지 않는다" "이제부턴 그걸 모르는 사람은 세상에 없을 것이다" 말한다. 경우에 따라서는 배우지 않은 탓에 큰 고초를 겪은 지인의 이야기를 해주는 것도 좋다.

(3) 비법임을 강조한다

뭔가를 가르칠 때 그것을 되도록 '비법'이라고 하면서 가르치는 방법이 있다. 너무나 당연한 기술이라 해도 그것이 마치 대

단한 '비법'인 양 말한다. "이 방법을 알아두면 힘들이지 않아도 점수가 오른다" "이 요령을 알고 있으면 실력이 부족한 걸 살짝 덮어줄 수 있다"고 가르치는 것이다. 그렇게 말하면 지금까지 따분해하던 학생들이 갑자기 눈을 빛내면서 귀를 기울이게 된다.

외국어 수업의 경우에는, "이 발음을 정확하게 할 수 있으면 원어민이 말하는 것처럼 들린다" "이 문법을 쓰면 외국인이 쓴 것으로 보지 않는다"는 말에 매력을 느끼고, 그것이 계기가 되어 열심히 하는 학생이 있다.

"이제부터 비법을 가르쳐 주겠다. 여러분이 배운 방법하고는 다르지만 이것을 알아두면 뛰어난 실력을 갖추게 된다. 그러므로 반드시 알아두어야 한다"고 암시한다. 그렇게 하면 그 비법을 배우고 싶어서 수업에 적극 참여한다.

(4) 인기를 얻게 된다고 강조한다

이성에게 인기가 있다는 것은 뭔가를 배우기 위한 중요한 요소이다. 그것을 가볍게 보아선 안 된다. 다른 사람보다 운동을 잘하는 사람의 대부분은 자기의 멋진 모습을 남에게 보여주고 싶어서 노력한 경험이 반드시 있다. 공부하는 것도 어떤 형태로든 이성에게 인기를 얻기 위한 것으로 의식하고 있는 경우가 많다.

때문에 "이것을 할 수 있는 사람을 멋있다고 생각하는 사람이 많다" "이것을 잘하게 되면 인기가 오른다"는 것을 강조하는 것은 좋은 방법이다.

(5) 교사의 개인적인 체험을 나눈다

교사의 체험담을 가지고 학생에게 마치 눈에 보이는 것처럼 설명하는 방법이다. 특히 실패담 등을 들려주면 학생은 쉽게 이해함과 동시에 재미를 느낀다.

"이 공식에는 이와 같은 암묵적 규칙이 있다"고 담담하게 설명하기보다는 "나는 학생시절에 그것을 몰라서 크게 낭패를 당한 적이 있다" "내 친구가 그것을 몰라서 굉장한 고생을 했다"는 체험을 말하면 현실감을 더해 준다.

기본적으로 교사와 학생은 개인적인 교류를 해서는 안 되지만 그렇다고 해서 교사의 인간미마저 숨길 필요는 없다. 교단에선 인간미를 보여야 친해진다. 교단을 벗어난 곳에서 개인적으로 교제하는 것이 아니라 배움의 현장에서 인간다움을 보일 방법을 찾아야 한다.

(6) 과장된 예고를 한다

학생에게 흥미를 갖게 하기 위한 가장 효과적인 방법은 시작할 때, 약간 과장된 예고를 하는 것이다. "오늘은 아무도 모르는 비밀을 가르쳐 주겠다" "오늘 수업 내용을 잘 알아두면 내일부터 세상이 달라져 보인다" 말하면 학생은 흥미를 갖는다.

영어를 가르칠 때, "오늘은 세련되게 사랑고백을 하는 데 필요한 표현을 배워보자" "오늘 배운 것을 기억해 두면 연애할 때 반드시 도움이 된다"고 하는 것도 좋다.

물론 시작은 그렇게 거창하게 해놓고 결국 따분하고 쓸데없는 내용으로 끝나버리면 도리어 신뢰를 잃게 될 우려가 있다. 그러므로 충실한 수업을 만들기 위한 고민이 필요하다. 하지만 어느 정도 과장된 표현은 해도 된다.

(ㄱ) 유머를 섞는다

한 사람이 일방적으로 이야기를 하는 경우에는 어지간히 심각한 상황인 때를 제외하고 어떤 웃음의 요소가 필요하다. 그래야 분위기가 누그러지고, 즐거워지며, 학습에도 힘이 들어간다.

그러므로 학생을 웃게 할 방법을 연구해야 한다. 적어도 10분에 한 번쯤은 학생이 웃도록 궁리하는 것이 좋다.

가장 간단한 웃음은 실패담을 펼치는 것이다. "나는 전에 이것을 몰라서 이런 실수를 했단다" 하면서 재미난 이야기를 들려주면 반드시 흥미를 끌 수가 있다. 누구나 실패담 한둘쯤은 생각이 날 것이다. 만약 자기에게 그런 실패담이 없다면 지인의 실패를 떠올려 그것을 자기 실패처럼 이야기해도 괜찮다.

물론 웃게 만들기는 어렵다. 하루아침에 되지도 않을 것이다. 그렇지만 웃게 하겠다는 목표로 연습할 것을 권한다.

(ㅂ) 연예인, 운동경기 이야기를 섞는다

가르치는 내용 속에 유머를 섞는 것이 이상적이지만 웃음의 감각에 자신 없는 사람이 많을 것이다. 그런 사람이 간편하게 흥미를 끄는 방법으로서 연예인 이야기나 운동경기 이야기가 있다.

"가수 ○○이 새로운 앨범을 냈던데……" "지난번 월드컵에서도 그러했지만……" 하고 말하면 듣는 사람은 반드시 귀를 쫑긋한다. 지금까지 졸던 사람도 틀림없이 흥미를 보인다. 그럴 때 그것과 가르치는 내용을 섞어서 본디 이야기로 돌아간다.

이따금 연예인과 운동경기 이야기를 섞음으로써 쉽게 친근해질 수도 있다. 다만, 그 화제가 오래되어 이제는 통용되지 않는 것일 경우에는 시대에 뒤처졌음을 드러낼 뿐, 학생의 흥미가 가시게 할 수 있다. 그러므로 학생이 쉽게 알 수 있는 화제여야 한다.

(바) 질문을 한다

교사가 아무리 올바르고 적중 가능성이 높은 수업을 해도 교사 혼자만 일방적으로 이야기를 하고, 학생이 그것에 관심을 갖지 않으면 아무 소용이 없다. 그렇게 되지 않게 하려면 학생에게 이따금 질문을 하자.

먼저 "이것에 대해 지금까지 어떻게 생각했는가?" "오늘은 무슨 목적으로 왔는가?" 등의 질문을 하는 것도 좋다. 그렇게 함으로써 아이들을 수동적인 위치에서 건져낼 수가 있다.

또 이야기하는 도중에 "어떻게 될 것 같아?" "이런 경험을 한 적이 있니?" 질문하는 것도 좋다. 질문이 너무 많으면 학생

은 차분하게 수업을 듣지 못하게 되지만 이따금 질문을 섞음으로써 흥미를 끌 수가 있다. 느닷없이 질문을 하는 교사의 수업 시간에 학생들은 마음 놓고 졸지 못한다.

4장 발표력을 높이는 신나는 수업

▶ 빗나간 발표라도 적극 수용하는 수업

(1) 실수와 실패를 두려워하는 아이들

"우리 반 아이들은 별로 발표를 하지 않아요." 교사들은 자주 이런 말을 한다. 사실 학년이 올라감에 따라서 점점 발표가 적어지는 현상이 일반적이다.

쉬는 시간에는 그토록 활발하게 환성을 지르며 놀고, 친구들과 활기차게 이야기를 나누던 아이가 왜 수업시간엔 입을 꼭 다물까? 아이들이 스스로 손을 들고 발표하는 일은 거의 없다. 나서서 발표를 하는 것은 기껏해야 수학 계산 결과처럼 답이 맞는다고 확신할 때뿐이다. 국어처럼 나름대로의 생각을 정리해야 하는 수업 또는 사회나 과학처럼 다양한 예상이나 사고가 가능한 수업에서는 발언이 눈에 띄게 줄어든다.

왜일까? 그것은 아이들이 실수나 실패를 두려워하기 때문이다.

어떤 아이는 수업 중에 틀린 의견을 말했다가 반 친구들에게서 놀림을 당한 경험이 있다. 또 어떤 아이는 교사에게서 '이런 것도 모르느냐?'는 질책을 받은 기억이 있다. 비록 그런 경험을 직접 하지 않았더라도 친구들의 그런 장면을 보고 자신도 창피를 당하지 않으려 하는 아이도 분명히 있다. 그러려면 되도록 침묵을 지키는 것이 상책일 것이다. 말하지 않으면 수업 중에 실수나 실패는 일어나지 않으니까.

아이들이 실수나 실패를 두려워하는 이유는 무엇일까? 이는 부모나 교사의 자세와 밀접한 관계가 있다. 부모는 현실이 현실인만큼 입시를 의식할 수밖에 없다. 아이가 시험에서 나쁜 점수를 받으면 걱정이 된다. 그래서 잔소리하고 혼내기도 한다. 비록 말로 하지 않더라도 아이들은 부모의 심정을 표정에서 느낀다.

한편, 교사도 모든 아이의 기초를 잡아주려고 안간힘을 써지도한다. 열성을 다하는 만큼 이런 생각이 들지도 모른다.

'내가 이렇게나 열과 성을 다해서 가르치는데 이 아이는 왜 이런 것도 못하지? 전혀 나아지질 않네.'

말로 표현하지 않아도 교사의 속마음은 아이들에게 민감하게 전달된다. 이런 일이 거듭되면 '틀리면 안 된다'는 관념이 아이들에게 단단히 뿌리내리게 된다.

부모나 교사가 아이들이 그동안 배운 기본적인 내용을 또박또박 알고 있기를 바라는 것 자체는 당연하고도 필요한 일이다. 이것이 없으면 아이의 기초는 바로잡히지 않는다.

그러나 선의라 해도 학습의 모든 단계에서 이것을 지나치게 강조하면 아이는 중압감에 시달리게 된다.

아이들을 침묵에서 해방시키려면 교사는 먼저 자신이 아이들의 실수에 대해 어떤 태도를 보여왔는지를 생각해 보아야 한다.

(ㄹ) 당신은 잘못을 어떻게 바라보는가

잘못에 대한 교사의 대응은 크게 다음 세 유형으로 나눌 수가 있다.

첫 번째 유형은 되도록 실수나 잘못을 저지르지 않는 편이 좋다고 생각한다.

아이가 틀렸을 때 화를 낸다든지 "이런 것도 못하니?"처럼 상처 입히는 말을 하는 교사가 이 유형에 속한다. 이런 학급에서는 수업 중에 아이들이 긴장할 수밖에 없다. 마음 놓고 틀린 답 따위를 말할 수가 없는 분위기이다. 따라서 맞는다는 확신이 서지 않는 한 아이들은 발표하지 않는다. 이쯤 되면 뻔한 발표만 많아지고, 개성적이고 날카로운 발표는 기대할 수 없게 된다. 수업 전체가 형식적으로 흐를 위험이 있다.

두 번째 유형은 인간은 누구나 실수하기 마련이므로 틀렸다고 해서 그 사람을 바보 취급해서는 안 된다고 생각한다.

아마도 많은 교사들이 이 유형에 속하리라. 아이들은 자신의 실수가 너그럽게 이해된다는 생각에 마음을 놓는다. 교사가 이처럼 따스한 시선으로 아이들을 대하면 아이들 또한 틀렸거나 실수한 친구를 바보 취급하지 않게 된다.

세 번째 유형은 오류는 오히려 학습에 필연적이므로, 그것을 놓고 서로 이야기를 하다 보면 학습은 보다 깊이 있게 되고 한

층 더 흥미로워진다고 생각한다.

첫 번째와 두 번째는 대응 방법은 서로 다르지만 둘 다 가능하다면 실수를 하지 않는 편이 좋다는 유형이다.

세 번째 유형은 그것과는 크게 다르다. 학습에서 오는 오류의 적극적인 의미를 중시한다. 오히려 오류를 권장하는 것이다.

아이들이 의욕적으로 발표하고 과제와 본질을 학습해 나가려면 교사는 이러한 세 번째 유형을 실천해야 한다.

이렇게 의식적으로 몇 달을 꾸려 나가라. 학급 분위기가 확달라질 것이다. 지금까지 발표하지 않던 아이들이 하나둘 손을 들기 시작한다. 틀리는 일이 두렵지 않기 때문에 다양한 의견이 나온다. 아이들 저마다의 개성이 묻어나는 발상과 발표가넘친다.

아이들은 때로 솔직한 의문을 던지기도 한다. 그러면 그것을둘러싸고 토론이 벌어진다. 찬성의견, 반대의견이 난무한다. 아이들은 구체적인 수업을 통하여 오류가 학습에서 중요한 역할을 한다는 사실을 배우게 되는 것이다.

이렇게 수업을 1년만 계속하면 분명 아이들은 대부분 발표

를 잘할 수 있게 될 것이다. 선생님의 훌륭한 대처가 진가를 발휘하는 것이다.

물론 오류를 바라보는 견해만 달라질 뿐 수업은 바뀌지 않는다. 학습내용과 교재를 빼고는 아이들의 의욕과 관심을 논할 수 없기 때문이다. 학습내용과 교재가 배울 가치가 없다면 아이들의 의욕과 관심을 높이기란 무리이다. 활기가 가득한 수업은 반드시 적절한 학습내용과 뛰어난 교재를 바탕으로 한다.

▶ 발표할 때는 누구나 긴장한다

(1) 편안함은 '내적 긴장'을 낳는다

긴장으로 억눌린 교실에서는 진정한 학습을 바랄 수 없다. 그런 '외부로부터의 긴장'은 사고력과 상상력을 위축시키기 때문이다.

그렇다고 긴장 자체가 무의미하다는 얘기는 아니다. 오히려 깊이 있는 학습에선 알맞은 긴장이 필수적이다. '외적 긴장'과 달리 '내적 긴장'은 사물을 깊게 파악하는 데 반드시 필요하다.

그런 긴장이라면 더욱 북돋워 주라.

아이들이 어떤 일을 둘러싸고 서로 궁리한다든지 토론을 벌이면 교실에는 자연스레 긴장감이 돈다. 이러한 것이 바로 '내적 긴장'이다. '내적 긴장'은 피로를 남기기는커녕 만족감을 낳는다. 마치 운동을 한 뒤처럼 말이다. 그런 체험을 쌓아가는 것은 아이의 성장과 발달에 중요한 영향을 미친다.

'외적 긴장'이 오래 지속되면 '내적 긴장'은 자라지 않는다. 관리적 성격의 교육은 이러한 '내적 긴장'을 억제해 아이에게 해롭다.

긴장이 풀리는 자유로운 분위기는 지금 말한 '내적 긴장'의 필수적인 버팀목이다. 수업시간의 편안한 분위기는 오류와 깊은 관계가 있다. 실수가 받아들여지지 않는 교실에 편안함이 있을 리 없다.

편안함은 '내적 긴장'을 낳는 조건일 뿐 아니라 고정관념과 가치관을 깨뜨리는 사고와 상상력의 밑바탕이다.

당신이 운전면허를 따기 위해 운전학원에 다니기 시작했다고 하자. 운전 강사는 당신의 행동 하나하나를 지적한다. 아직 다닌 지 얼마 되지도 않았는데 사사건건 지적당하니 당신은 점점 주눅이 든다. 그러던 어느 날 너무 긴장한 나머지 결국 주행도로의 경계선까지 타고 넘어가 버렸다.

며칠이 지나자 다른 강사가 당신을 맡게 되었다. 그는 처음에 기본 사항을 일러주더니 그 뒤론 세세히 주의를 주는 법이 없다. 연수를 하는 동안에는 세상 돌아가는 이야기를 하며 운전을 지켜봐 준다. 이때 당신의 운전 실력은? 스스로 으쓱해질 만큼 운전이 잘된다.

이처럼 학습에선 편안함이 큰 의미가 있다.

세세한 부분까지 주의를 주는 강사는 하루빨리 운전을 익히게 하려는 선의에서 출발했지만, 결국엔 오히려 수강생을 긴장시켜 자신감을 잃게 하는 결과를 낳았다.

불필요한 긴장을 낳지 않기 위해서도 수업에는 편안함이 있어야 한다. '외적 긴장'을 강요당하면 틀려선 안 된다는 마음의 부담만 앞서기 쉽다.

아이들의 실수를 받아들여라.

사실 학교에서는 오류가 충분한 보호를 받지 못하는 것이 현실이다. 이것이 학습을 얕고 재미없게 만드는 원인이 아닐까?

(ㄹ) 편안함은 놀라운 힘을 발휘한다

긴장을 푸는 것이 얼마나 중요한지는 올림픽 경기를 보면 알 수 있다. 선수가 올림픽에서 금메달을 따는 데는 기술 이상으로 정신력도 중요하다. 기대에 부응하여 기록을 올리기 위해서는 편안히 긴장을 풀어야 한다. '실패하면 어쩌지?' '과연 잘될까?' 등 걱정과 불안이 마음을 지배하게 되면 평소 실력마저 발휘하지 못한다. 부정적인 이미지는 몸을 굳게 하기 때문이다.

반대로 편안한 마음으로 경기에 임하면 연습에선 도달한 적 없는 힘이 발휘되기도 한다. 아예 우승후보로 점쳐지지 않았던 선수가 어쩌다 금메달을 따는 이유도 그 때문이다. 마음의 여유는 신체의 근육도 유연하게 풀어준다. 운동할 수 있는 최적의 상태를 낳는 것이다.

마음을 얼마나 편안하게 풀어놓는가? 다음 올림픽까지 4년의 기간은 기술 연마뿐만 아니라 정신력과의 싸움이기도 하다.

㈔ 궁금증은 학습의 필수영양소

긴장을 풀지 못하면 사고력도 상상력도 자라지 않는다. 자연히 개성적인 발언도 기대할 수 없다. 수업은 다양한 생각들이 터져 나와야 재미있어진다. 서로 다른 생각들이 맞부딪치는 가운데서 새로운 생각이 탄생하는 법이다. 뻔한 '우등생' 같은 사고만으로는 수업이 깊어지지 않는다. 소박한 질문이 나오고, 그것이 계기가 되어 수업이 새로운 방향으로 전개된다.

날카로운 질문은 깊은 배움으로 이어진다. 요즘 아이들은 학습의 필수영양소인 '의문' 자체를 품을 수 없게 되고 말았다. 배워야 하는 양이 너무 많아서 미처 그럴 여유가 없는 것이다.

'의문'이 생겨나려면 그만한 가치가 있는 교재가 있어야 한다. 현장에서 뛰는 교사가 교재를 놓고 고민하고, 뛰어난 교재를 발굴하여 수업을 구성해 나가려고 노력하는 것은 그 때문이다.

▶ 편안한 발표 분위기 조성

(1) 지명하지 않고 발표를 기다린다

편안한 수업 분위기를 조성하는 한 가지 방법은 손을 들지 않는 아이는 지명하지 않는 것이다.

그러면 아이들은 마음이 편안해진다. 생각지도 않은 것을 갑작스레 묻는다든지, 불쑥 칠판에 써보라든지 하면 아이는 허둥지둥한다. 불안감은 깊은 생각과 개성 있는 발상에 방해가 되기 때문이다.

급할수록 돌아가야 한다. 되도록 많은 아이들이 자기 의지로 발표하게 하려면 스스로 손들기를 따뜻한 시선으로 느긋하게 지켜보아야 한다. 그러면 신기하게도 대부분의 아이들이 발표할 수 있게 된다.

(ㄹ) 자동차 엔진에 시동을 걸어라

아이들의 성장과 발달에서 갈등은 필수요소이다. 갈등은 자동차의 엔진과 같다. 엔진을 가동시키기만 하면 자동차는 저절로 달린다. 교육에서 중요한 일도 엔진, 즉 갈등을 가동시키는 것이다. 우리 아이들 마음속에서 갈등이 일어나도록 격려하고 돕는 '시동걸기'가 교사의 역할임을 잊지 말자.

'발표를 할까 말까?'

'이번 발표는 맘에 안 들어.'

아이의 마음속에서 이런 불만족이 피어올랐다면 시동이 걸렸다는 뜻이다. 두 번째 발표는 처음 발표보다 나을 테고, 자신감은 갈등을 거듭할수록 커질 것이다.

(3) 틀린 발표도 성심껏 들어주자

아이의 발표 무게를 다시 한 번 깊이 생각해 보라.

몇 달 걸려서 겨우 발표하는 아이가 있다. 의견을 말하지 못했던 아이가 발표하기 시작한다는 것은 아주 대단한 발전이다. 할까 말까 망설인다. 방황과 걱정을 벗어던지고 일어나 입을 뗀다. 처음이라 가슴은 두방망이질 친다.

앞에서 언급했던 교사의 대응에 대한 세 유형에서 보듯, 첫 번째 발표 때 교사가 어떻게 대응하는가에 따라 그 아이의 발표 자신감이 결정된다. 어렵사리 말을 꺼냈건만 무시나 비웃음을 산다든지, 바보 취급을 당한다면 발표하고 싶은 마음이 싹가시지 않겠는가? 그 아이는 발표와 영영 작별할 수도 있다.

모든 아이가 활발하게 발표하는 학급으로 만들려면 아이들 저마다의 발표를 성심껏 받아들이고 다루어라.

자신이 생각했던 것과 일치하는 의견에는 웃음으로 대응하면서, 전혀 예상치 못했던 의견이 나오면 가볍게 다루는 교사를 자주 본다. 틀린 의견에 대해서는 사실상 무시해 버리는 교사도 적지 않다.

틀린 의견은 정말로 무가치할까? 설령 허황된 의견이라도 학습에 전혀 가치가 없는 것일까? 결코 그렇지 않다. 그것이 어째서 그릇된 의견인지를 아이들은 지금까지의 경험, 논리적 사고를 통해 밝혀 나갈 수 있기 때문이다.

무엇이 옳은지 알려면 무엇이 옳지 않은지도 알아야 한다. 오류와 대비됨으로써 바른 것이 보다 확실해진다. 어떤 일이 잘못임을 아는 것과, 바름을 아는 것은 대등한 가치가 있음을 기억하자.

(4) 모든 발표는 가치가 있다

옳고 그름은 본디 조건을 빼놓고서는 말할 수 없다. 예를 들어 사과가 있는지 없는지는 추상적으로밖에 말할 수 없다. 이 책상 위에 있느냐 없느냐, 이 바구니 안에 있느냐 없느냐 한정이 되어야 비로소 구체적으로 '있다'인지 '없다'인지가 판명된다. 책상 위가 아니라도 냉장고 안에 있을 수가 있다.

초등학교 1학년 수학에서 0을 가르칠 때 접시 등을 사용하는 이유는 이 접시 위에 사과가 있는지 없는지를 한정하기 위해서이다. 조건을 명확히 하지 않으면 사과가 있는지 없는지는 판단할 수 없기 때문이다.

1학년 수학에서 16+63의 문제 만들기를 할 때의 일이다. 한 아이가 다음과 같은 문제를 만들었다.

"동물원에 갔습니다. 코끼리가 16마리 있습니다. 원숭이가 63마리 있습니다. 더하면 몇 마리일까요?"

이 문제를 놓고 토론이 벌어졌다.

"코끼리와 원숭이를 더했으니까, 그럼 코끼리원숭이가 되는 거네?"

"아니지, 코끼리원숭이란 동물은 없어."

이런 토론을 하는 가운데 아이들은 원숭이라면 원숭이끼리, 코끼리는 코끼리끼리가 아니면 합칠 수 없음을 안다.

토론이 더욱 진행되는 가운데 아이들은 코끼리도 원숭이도 동물이므로 '더하면 동물은 몇 마리일까요?'라고 고치면 종류가 다른 것도 더할 수가 있음을 알게 된다. 코끼리의 집합, 원숭이의 집합으로 생각하면 더할 수 없지만, 동물이라는 보다 넓은 집합의 조건으로 생각함으로써 덧셈이 가능해진다는 것을 알게 되는 것이다. 아이들 나름대로 집합 수준의 차이에 착안하여 모순을 해결해 나간다.

이처럼 조건을 무시하면 오류에 빠지게 되지만, 그런 오류도 새로운 발상과 창조를 낳는 중요한 기회가 될 수 있다.

즉 어떤 발표도 자유롭게 토론할 수 있는 집단 안에선 가치가 없다는 말은 할 수 없는 것이다.

모든 발표를 무조건 가치 있는 것으로 받아들이자. 그렇다고 잘못된 의견을 묵인하란 뜻은 결코 아니다. 잘못된 의견은 토론하는 가운데서 당연히 비판적으로 검토된다. 그 과정은 사물의 진정한 모습으로 다가가는 중요한 단계이기도 하다.

언뜻 활발해 보여도 단지 발표만 하게 하는 것이라면 바람직한 수업이라고 할 수 없다. 바람직한 수업은 서로의 의견을 교환하고, 보충하고, 또 서로 비판하는 가운데서 학습과제와 본질에 다가가는 것이다.

(5) '다름'을 격려한다

자유로운 분위기가 없는 곳에선 독특한 사고가 생겨나지 않는다. 개성이 자라기 힘든 것이다. 관리적 교육 속에서 자라난 사람은 조금이라도 자신이 남들과 다르면 금세 불안해진다. 자기의 생각이 있어도 솔직하게 내놓기를 망설인다.

학습에서는 '다름'이 많이 튀어나올수록 좋다. 개성적인 의견은 학습에 활기를 준다. 똑같은 발표만으로는 학습이 깊어지지 않는다. 다양한 각도에서 바라봄으로써 사물의 모습은 보다 선명해진다. 의견의 차이는 대립을 낳고 수업의 깊이와 재미를 더한다.

이러한 체험을 거듭한 아이들은 '다름'이 얼마나 중요한지를 안다. 그래서 혼자서만 의견이 달라도 불안하지 않다. 언제나 당당하게 의견을 말할 수 있는 것이다.

　　'다름'을 크게 격려하고 '다름'에 대하여 저항을 없애는 것, 이것이 살아 움직이는 수업 창조의 필수요소이다. '다름'에 대한 저항이 없어지면 아이들의 사고는 자유로워진다. 자기를 점점 더 많이 표현하고 싶게 된다. 무슨 말이든 할 수 있는 자유로운 학급 분위기를 만들려면 '다름'이 얼마나 중요한지를 스스로 체험하게 하자.

5장 시선을 맞추는 수업

▶ 메모를 들여다보면서 수업하는 교사

믿어지지 않는 이야기이지만 메모를 들여다보면서 수업하는 교사가 있다. 그것도 꽤 있다.

수업이란 교사의 시선이 아이들을 향하여 이루어져야 하는 것이다. 메모를 들여다보면서 수업하는 교사, 교탁 위에 있는 지도서나 강의노트를 들여다보면서 수업하는 교사는 아이들을 거의 바라보지 않는다.

가장 중요한 아이들을 바라보지 않고서 무엇을 한다는 말인가.

가수나 배우가 메모를 보면서 노래하거나 연기하는 모습을 본 적이 있는가?

자기가 하고 싶은 말만 일방적으로 하기 때문에 가능하다는 교사가 있을지도 모른다. 그러면 사회자는 어떤가? 능숙한 사회자일수록 청중의 반응을 잘 살리면서 진행한다. 메모 따위 보지 않는다. 가장 중요한 것이 관객임을 잘 알기 때문이다.

수업도 마찬가지이다. 지도서나 메모를 들여다보면서 수업하는 것은 가장 중요한 아이들을 보고 있지 않은 것이다.

▶ 시선을 의식하지 않는 학급에서 일어나는 일

어떤 아이가 수업 중에 몰래 옆 아이에게 쪽지를 건넨다. 그러나 교사는 그것을 알아채지 못한다. 텔레비전 드라마 같은데서 흔히 보는 장면이다.

어떻게 좁은 교실 안에서 이런 일이 가능할까? 교사가 아이들 하나하나를 보지 않기 때문이다.

또는 보는 것 같지만 초점이 정해져 있지 않아서 보이지 않기 때문이다. 수업 중에 교사의 시선이 아이들을 떠나는 것은 이럴 때이다.

- 칠판에 글씨를 오래 쓴다.
- 지도서나 강의노트를 들여다보면서 수업한다.
- 자료나 칠판을 보면서 수업한다.
- 특정 아이에게 장시간 개별지도를 한다.

이런 때에는 아이들에게 시선이 가지 않는다. 아이들의 상태를 파악하지 않고 수업을 진행하게 된다. 그것을 교사에게 지적하면 이런 대답이 즉각 돌아온다.

"교실 전체를 둘러보면 되죠."

이런다면 아이들에게 시선을 쏟는 것일까? 전혀 아니다. 나중에 어떤 아이가 무엇을 하고 있었는지 물으면 거의 대답하지

못한다. 보는 것 같지만 보이지 않는 것이다.

시선이란 단지 전체를 둘러보고 있으면 되는 것은 아니다. 순간적으로 멈추는 것이어야 한다. 10분의 1초의 속도로 정지해야만 하는 것이다. 이것은 말로는 알기가 어렵다. 여러 번 보아서 체험해야만 알 수 있다.

수업시간에 자주 시선이 붕 뜨는 교사, 아이들에게서 눈을 떼는 교사, 정면을 보면서도 무심코 천장을 바라보게 되는 교사라면 이제부터라도 시선을 의식적으로 바로잡자.

▶ 시선을 의식하면 지시대로 못하는 아이가 보인다

다음 지시를 내린다.

"교과서 24쪽의 사진을 손가락으로 짚으세요."

대부분의 교사는 그리 힘든 일이라고 생각하지 않는다. 그래서 곧장 다음 지시를 내린다.

"사진을 보고 알게 된 점, 느낀 점, 생각한 점을 공책에 쓰세요."

그러나 교실 안에는 전혀 엉뚱한 곳을 펼치거나 어떤 사진인지 찾지 못하는 아이들이 반드시 있다. 이런 아이들은 교사의 최초 지시를 지키지 않았거나 또는 교사의 지시를 이해하지 못한 것이다.

만약 교사가 맨 처음 지시를 내린 뒤에 각 아이들에게 시선을 골고루 보내어 하지 못한 아이를 발견하여 즉각 대응했다면 이런 사태는 막을 수 있었을 것이다.

이런 아이들이 교실 안에 있는 것은 교사의 책임이다.

한번 시간을 들여서 아이들을 살펴보기 바란다. 앞에서부터 차례로 확인해 간다. 생각했던 것보다 많은 아이들이 하지 못하고 있을 것이다. 지금까지 늘 놓치고 뒤떨어지던 아이들이다.

시선을 의식함으로써 알게 된 것이다. 이 작업을 의도적으로 계속한다. 그러면 점점 빨라진다. 마침내 순식간에 확인할 수 있게 된다. 그러면 앞에서부터 순서대로 훑는 것은 효율이 나쁘다는 것을 깨닫는다. 'Z'나 'X'자 모양으로 살피는 것이 빠르다. 또한 어느 주변의 아이들에게 특히 주의해야 하는지도 저절로 알게 된다.

▶ 시선으로 교실 공간을 지배해 나간다

시선을 의식하고 수업을 하면 보이는 것이 많아진다. 그러나 보기만 하면 되는 것은 아니다. 보고 난 뒤의 대응이 중요하다.

시선을 의식한다는 것은 다음의 조합으로 성립한다.

①아이들에게 시선을 향한다.

②알아낸 것을 바탕으로 대응한다.

모두 순간적으로 이루어지는 일이다.

②도 예외는 아니다. 예를 들면 지시대로 하지 못하는 아이들에 대하여 순간적으로 시선을 멈추거나 어떤 동작을 취하거나 지명하는 일 따위이다.

이렇듯 알아낸 뒤의 대응이 중요하다. "○○야, 거기가 아니란다." "△△, 옆 사람한테 가르쳐 달라고 하거라" 일일이 지적하면 수업 속도가 나지 않는다.

지시대로 하지 못하는 아이들을 발견하면 즉각 대응하는 기술을 익혀야 한다. 하지 못하는 아이들을 의식하고 교실 공간을 지배할 발판을 쌓아가는 것이다.

수학시험에서 학급평균을 한참 밑도는 아이가 있다. 20~30점밖에는 얻지 못한다. 이런 아이들에게는 공통점이 있다. 다들 일제히 뭔가를 할 때, 즉 공책에 쓰는 등의 작업을 할 때 하지 않는 것이다. 한 명의 학습부진아는 다른 아이들이 모두 문제를 읽고 있을 때 교과서를 세워놓고 있었다. 그 밑에서 장난을 치고 있었던 것이다.

자리를 바꿀 때 이런 아이는 되도록 교사의 눈길이 닿는 곳에 앉혀야 한다. 자리 배정은 학습능력의 향상을 가장 우선하여 정해야 한다.

교과서의 문제 글을 교사가 읽는다. 그 뒤 아이들 전체에게 읽게 한다. 이때 교실 전체를 둘러보면 소리내어 읽지 않는 아이가 반드시 있다. 이 단계에서 이미 수업에 참여하고 있지 않

은 것이다.

교실 전체를 둘러보고 눈길을 보낸다. 그냥 지나치는 것이 아니라 어딘가에서 반드시 멈춘다. 그러면 눈이 마주친 아이는 당황하여 교과서를 읽는다.

교사가 서 있는 위치도 중요하다. 늘 칠판 앞에만 있을 것이 아니라 이따금 아이들 사이로 들어간다. 아이들 사이로 들어가면 교실 안에 긴장감이 생겨난다. 딴짓을 하고 있는 아이는 멈칫한다. 교사의 움직임을 보고 즉각 수업에 임한다.

이런 일을 철저히 하여 교실 공간을 지배해 나가는 것이다.

▶능력 있는 교사의 눈빛은 흐릿하지 않다

교사가 시선 처리를 제대로 못하는 교실은 마치 구멍투성이 같다. 그런 학급은 수업 분위기가 흐트러지는 것은 물론이고, 교사의 관심을 받지 못해 불만스러워하는 아이까지 생겨난다.

초보 선생님들의 어수룩한 시선 처리는 다음과 같다.

○시선이 한쪽으로 치우친다.

오른쪽이나 왼쪽, 둘 중 한쪽에 있는 사람들은 보지 못한다.

○시선이 아래로 향한다.

눈앞에 앉아 있는 사람들밖에 보지 못한다.

○멍하니 바라본다.

전체를 보는 듯하지만 사실 세세한 부분은 보지 못한다.

○시선을 흘린다.

전체를 볼 때에도 시선을 멈추지 않으므로 보지 못한다.

○말썽쟁이를 자주 바라본다.

시선이 고정되므로 다른 아이들을 보지 못한다.

능력 있는 교사의 눈에는 힘이 있다. 눈빛이 흐릿하지 않다. 한 아이 한 아이에게 시선을 확실히 준다. 때로는 낮은 곳에서 아이들의 눈을 바라보며 이야기하고, 때로는 시선을 먼 곳으로 던지기도 한다. 그리고 꼭 전하고픈 말을 할 때는 한 명 한 명 에게 시선을 충분히 주면서 이야기한다.

▶ 어째서 제대로 보지 못할까

보고 있지만 보지 못하는 까닭은 무엇일까? 다음의 분석을 참고로 자신을 돌아보자.

①시선을 주는 기술

무엇보다 시선을 주는 기술이 몸에 배어 있지 않다. 그래서 잠시 동안은 시선을 의식할 수 있어도 곧 할 수 없게 되어버린다.

②교사로서의 열정

'이건 꼭 가르쳐 줘야 해' 또는 '이것만큼은 한 사람도 빠짐없이 모두에게 알려줘야지' 하는 강한 열정이 없기 때문에 그럴 수도 있다.

③자신감 부족

또 다른 이유로는 자신감 부족을 들 수 있다. 교재연구가 부족하여 문제를 낼 자신이 없을 때라든가, 연습이 부족할 때에는 그런 현상이 여실히 드러난다. 문제를 낸 뒤 '아, 이건 다들 모르겠구나' 후회하기도 한다. 또 연습이 부족하면 아무래도 당당해지질 못한다.

수업이 잘 안 된다 싶을 때나 아이들에게 뭔가를 시키는 도중에 '이건 재미없는 것 같은데' 등등 소극적인 생각을 떠올릴

때가 있다. 이런 경우에는 대개 시선이 아래로 향한다. 반대로 교재연구에 충분히 시간을 투자했을 때에는 전체를 느긋하게 바라볼 여유가 생긴다. 그만큼 자신이 있기 때문이다. 요컨대 마음의 여유가 큰 영향을 미친다.

④수업시간 부족
또 하나의 이유로는 부족한 수업시간을 꼽을 수 있다. 정해진 시간 내에 이것저것 하려다 보면 아무래도 시간이 모자라다. 그러면 모두에게 시선을 주기 힘들어진다.

▶ **어떻게 해야 똑바로 볼 수 있을까**

앞에서는 '어째서 보지 못하는가'에 대해 살펴봤다. 이번에는 능력 있는 선생님들의 시선을 모범삼아, '어떻게 하면 볼 수 있는지' 살펴보자.

①시선을 주는 기술
그저 눈길만 준다고 되는 것이 아니다. 시선을 보내는 데에도 기술이 필요하다. 시선 처리의 문제점들을 어떻게 해결할 수 있는지 생각해 보자.

○ 시선이 한쪽으로 치우친다.

이 버릇은 교실 한쪽 구석에 서서 아이들을 비스듬히 보면서 수업할 때 자주 나타난다. 교사가 향하고 있는 방향은 잘 보이지만 그 양옆은 보이지 않는다. 또 칠판에 글씨를 쓸 때도 마찬가지이다. 되도록 아이들을 보면서 글씨를 쓰려 해도 사각지대가 생기게 마련이다.

어쩔 수 없이 비스듬히 써야 할 때에는 바깥쪽 다리를 뒤로 빼자. 발의 방향을 바꿈으로써 사각지대를 최대한 줄일 수 있다. 칠판에 글씨를 쓸 때에는 가능한 한 짧게 쓴다. 다 쓴 뒤에는 의식적으로 교실 전체를 둘러보는 것이 좋다.

언제나 전체가 잘 보이는 위치에 서는 것도 중요하다. 그리고 교실 양쪽 가장자리에 앉아 있는 아이들은 교실 중앙을 향해 책상을 비스듬히 놓게 한다.

○ 시선이 아래로 향한다.

앞에 앉은 아이들은 잘 보이는데 뒤쪽 아이들은 안 보이는 경우가 있다. 이러면 뒷자리에서 딴짓을 하는 아이들이 생기기도 한다. 내버려 두면 반 전체의 분위기가 흐트러진다.

앞쪽 아이들만 보고 있다는 생각이 문득 든다면, 의식적으로 뒤쪽 학생들에게 시선을 돌려야 한다.

○멍하니 바라본다.

아이들이 각자 다른 일을 하거나 조를 짜서 활동할 때 이런 일이 생긴다. 이때는 목적의식을 가져야 한다.

"잘하고 있는 아이는 누구일까?"

"누가 애먹고 있을까?"

이렇게 의식하면서 늘 긴장을 유지하자. 그 관찰 결과를 종이에 적을 여유는 없더라도 '이런 경우에는 이 부분에 주목한다!' 하고 관점을 확실히 정해 두기만 해도 학생들을 훨씬 더 잘 볼 수 있다.

○시선을 흘린다.

자기 나름대로는 아이들을 보고 있다고 생각할 때 이런 일이 자주 발생한다. 구석구석 보고는 있지만 시선이 그냥 스쳐 지나가 버리는 것이다. 그래서 아이들은 선생님이 자기를 봐주지 않는다고 느낀다.

물론 결코 쉽지도 않고 오랜 시간 훈련해야 하지만, 아이들 한 명 한 명에게 시선을 제대로 주면 이 문제를 해결할 수 있다.

○말썽쟁이를 자주 바라본다.

아이들을 잘 볼 수 있게 되면 그만큼 딴짓이나 딴생각을 하는 아이들도 눈에 띌 것이라 생각하는 교사가 있다. 물론 그런 아이들을 내버려 두지 않고 적절히 단속하는 일도 중요하

긴 하다. 하지만 그런 일이 너무 잦아지면 수업 전체에 지장이 생긴다.

따라서 평소처럼 '보는' 태도만 취하는 것이 아니라, 때로는 교사가 직접 다가가야 한다. 그리고 수업 태도가 좋은 아이들을 적극적으로 찾아내어 바로 칭찬해 줘야 한다. 그러면 수업의 흐름이 원활해질 것이다.

②교사로서의 열정

앞에서도 밝혔듯이 강한 열정을 가지고 수업하는 것이 중요하다. 이런 의식이 있느냐 없느냐에 따라 수업에 임하는 교사의 마음가짐이 크게 달라진다.

③마음의 여유

그러려면 교재연구를 충실히 해야 한다. 미리 잘 연구하고 아이들의 반응을 예상해 두면 마음의 여유가 생긴다. 또한 '아이들이 과연 어떤 대답을 할까?' 하는 묘한 즐거움도 생겨난다.

그리고 수업도구를 사용할 때에는 사전에 충분히 연습해 둬야 한다. 예상치 못했던 사고로 수업 진행을 못하거나 시간을 허비하거나 해서 당황하는 일이 없도록 주의해야 한다.

④시간적 여유

여기서도 사전계획이 큰 비중을 지닌다. 40~50분이라는 수업시간 내에 필요한 활동을 채우되, 지나치게 많은 것을 억지로 집어넣지는 말아야 한다.

6장 리듬과 템포가 있는 수업

▶ 짧은 지시

(1) 읽기 지도의 실례

지시는 짧을수록 수업에 리듬과 템포를 주게 된다.

①최초의 지시는 2회

3월의 첫 번째 국어시간. 소리 내어 읽기를 지도하는 장면이다. 교과서의 시를 1연만 따라 읽게 한다. 그 뒤, 다음과 같은 지시를 내린다.

"한 번 읽은 사람은 앉습니다. 전체 일어서!"

반응하는 아동이 반쯤 있었다면 일어난 아동을 칭찬한다.

"선생님의 말씀을 귀담아듣고 있었구나!"

소리 내어 읽기 시작한 아동이 있다.

"잘했어요!"

다시 한 번 지시를 낸다.

"한 번 읽은 사람은 앉습니다. 전체 일어서!"

그러면 거의 모든 아동이 일어나서 읽기 시작한다. 여기까지는 리드미컬한 진행은 아니다. 왠지 어색한 느낌이 드는 것이다.

②두 번째 지시는 1회

2연을 따라 읽게 한다.

"한 번 읽은 사람은 앉습니다. 전체 일어서!"

이 지시에 90퍼센트 이상의 아동이 움직이기 시작한다.

10퍼센트의 아동은 허둥지둥 뒤따라 일어나는데 이제 두 번째 지시는 필요치 않다. 지시에 따른 아동을 칭찬해 준다.

③세 번째 지시는 말 줄이기

3연을 따라 읽게 하는 도중에 아이들은 어느새 일어날 준비를 하느라 엉덩이를 들썩이고 있다. 따라 읽은 뒤에는 일어나서 읽는 시스템이 확립된 것이다. 따라 읽은 뒤, 지시를 내리기도 전에 몇몇 아이들이 움직이기 시작한다.

"한 번입니다! 일어서!"

전체 아이들이 움직인다. 여기에 아주 편안한 리듬과 템포가 포함되어 있다. 지시가 짧을수록 수업에 리듬과 템포를 만들어 낸다.

(ㄹ) 1분 동안의 부분교재

①10분 전후의 시간으로 끝맺거나 또는 구획을 지을 수 있는 교재여야 한다.

②단순명쾌한 교재여야 한다.

③반드시 전체가 참여할 수 있는 교재여야 한다.

④수업 목표에 맞는 교재여야 한다.

이 네 가지 조건을 충족하는 교재를 수업 목표에 맞추어 효과적으로 배열한다. 전혀 어려울 것 없이 누구나 할 수 있는 보통의 수업이다.

그리고 그에 맞는 질문을 준비하기만 하면 된다. 단지 이것뿐이지만 수업에 리듬과 템포를 살릴 수가 있다.

그 결과 아이들을 끌어당기고, 아이들의 집중력을 비약적으로 높일 수 있다.

▶ 알짜만 집어넣는 짧은 판서를 하자

리듬과 템포가 있는 수업을 구성하려면 초 단위의 불필요한 요소를 생략해야 한다. 판서에서 명심해야 할 점은 짧게 하는 것이다.

교사가 장황하게 칠판에 글을 쓰면 아동의 작업시간에 차이가 발생한다. 즉각 필기작업에 돌입하여 빨리 마치는 아이와, 작업 시작이 늦어서 필기에 시간이 걸리는 아동이 생긴다. 그럴 때, 더딘 아이를 기다리면 공백의 시간이 생긴다. 템포와 리듬이 무뎌지는 것이다.

교사가 판서를 짧게 하고, 뒤돌아보면서 "여기까지 다 쓴 사람은 손을 듭니다" 등의 방법으로 점검하는 것이 좋다.

또한 공백 시간을 만들지 않기 위해 교사가 판서한 것을 공책에 옮겨 써야 하는지, 쓰지 않아도 되는지를 명확히 지시해 둘 필요가 있다.

예를 들면 "여러분도 공책에 씁니다"라든가, "이것은 공책에 쓰지 않습니다" 하는 지시가 필요하다. 판서하는 것은 아동의 이해를 돕고 생각을 촉진하는 이점이 확실히 있다. 판서한 내용을 공책에 옮겨 쓰게 한 뒤, 아동으로 하여금 그것을 어떻게 활용하게 할 것인지를 미리 계획해 두자.

최악의 수업은 교사가 칠판을 향해 판서하면서 설명하고, 아동이 그 판서를 베껴 쓰고, 그 공책은 전혀 활용되지 않는 수업이다. 템포도 리듬도 전혀 없는 밋밋하고 따분한 수업인 것이다. 중심질문을 교사가 칠판에 미리 쓰고, 그 밑에 예상과 예상한 이유를 적은 뒤에 검토과정을 거쳐서 정답을 쓰게 하는 것도 효과적이다. 이럴 때 칠판과 공책은 훌륭한 생각의 도구가 된다.

▶ 자신의 수업을 되돌아보고 '3S'를 만든다

(1) 수업목표와 리듬, 템포

수업에 리듬과 템포가 필요한지 아닌지는 각 수업의 목표에 따라 다르다. 깊이 생각하게 해야 하는 상황에서 리듬과 템포

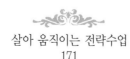

로 부채질하면 아이들은 생각회로에 혼선이 생긴다. 또한 유치원 아동이나 초등 1학년의 교육과정에서도 차분한 어조로 말하는 것이 중요하다.

(2) 엄마의 잔소리형 수업

그러면 어떤 수업에서 리듬과 템포가 중요한가? 그것은 일제지도 상황에서의 지시와 설명이다.

수업역량이 낮은 교사는 많은 말을 하기 십상이다. 특히 작업 성격의 활동이나 체험적 활동을 시키기 전에 설명이 길어진다.

지시사항이 너무 많으면 아이들은 뭐가 뭔지 모르게 된다. 교사의 의도는 거의 전달되지 않는다. 그런데도 수업은 그런대로 진행된다. 즉 장황한 설명이 없어도 수업의 원활한 진행에 큰 지장이 없다는 반증인 셈이다.

그런 지시는 놀이터에서 노는 아이를 부르는 신경질적인 엄마의 모습과 닮아 있다. 10개가 넘는 항목의 지시는 그야말로 '엄마의 잔소리'인 것이다.

(3) 수업의 '3S'

어떻게 하면 리듬과 템포가 있는 수업으로 만들 수 있을까? 다음의 세 가지가 있다.

첫째, 교사가 하는 말의 '3S'에 유의하는 것이다. '3S'란 슬림(slim), 심플(simple), 샤프(sharp)이다. 필요한 말을 엄선하여 지나치게 많은 말을 하지 않도록 간략한(슬림) 발언을 한다. 그 결과, 아이들은 이해하기 쉬운 상태, 즉 심플해진다. 그러므로 교사가 전달하고자 하는 것이 명확해지는데 이것이 곧 샤프이다.

둘째, 아동 주도의 수업이 되도록 유념하는 것이다. 제아무리 리듬과 템포에 뛰어난 수업이라도 교사 혼자만 열성을 띠고 아이들이 손님이 되어버리면 주객이 뒤바뀐 것이다.

아동이 깊이 생각하는 수업이 되게 하려면 교사는 차분하게 이야기하고, 조용하고 안정된 교실환경을 만들어야 한다. 이러한 '정(靜)'의 리듬과 템포도 때로는 필요하다.

셋째, 아동의 상황을 제대로 파악해야 한다. 교사가 하는 말의 내용에 대한 이해는 발달단계와 듣기능력 등의 차이, 교사의 학습훈련 신장방법 등에 따라 천차만별이다. 또한 교과와 학습내용, 처한 환경 등에 따라서도 차이가 있다.

이런 특징을 파악하고 아동의 상황에 맞추어 적절한 방법으로 하는 것이 중요하다. 예를 들면 체육수업 하나만 해도 풀장에서 수영지도를 할 때 5학년생 100명에게 하는 말과, 체육관의 뜀틀 주위에서 2학년생 35명에게 하는 말은 리듬도 템포도 다르다.

수영장 상황에선 목소리 전달도 어렵고 주의가 산만해지기 쉬우므로 더 이상 줄일 수 없을 정도로 간략한 지시에 그쳐야 한다. 반면에 체육관에선 어떻게 하면 쉽게 뛰어넘을 수 있을지 설명해도 된다.

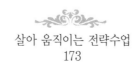

교사가 1년 동안 진행하는 다양한 교육활동에서 어떤 리듬과 템포를 사용할 것인지 교사 스스로 최적의 방법을 선택할 수 있도록 기량을 연마할 필요가 있다.

그러려면 정기적으로 자신의 수업을 녹음하거나 동영상을 찍어서 되돌아보며 성찰하는 것이 중요하다.

▶ 사소한 의식의 차이로 수업의 리듬과 템포가 생긴다

수업의 리듬과 템포는 교사가 혼자서 만들어 내는 것이 아니라 교사와 아동의 상호작용에서 생겨난다. 바람직한 리듬과 템포의 가능 여부는 다음 세 가지를 보면 쉽게 알 수 있다.

(1) 자료와 교재를 제시하는 타이밍

수업은 도입이 중요하다. 훌륭한 자료와 효과적인 교재를 사전에 주도면밀하게 준비하는 것도 물론 중요하지만 그것을 어떻게 제시하는가에 따라 수업의 리듬과 템포가 결정된다.

갑자기 제시하는 방법도 있지만, 간단한 질문부터 시작하는 등 아동의 관심을 끌 수 있도록 제시하는 수업은 원만히 진행되는 경우가 많다. 관심과 추구의 욕구가 높아지고, 아이 스스로 리듬과 템포를 만들어 내기 때문이다.

(ㄹ) 아동이 이해할 수 있는 질문과 지시

그다음의 리듬과 템포는 교사의 질문과 지시에 따라 좌우된다. 질문할 때는 아동이 어떻게 대답하면 좋은지를 명확히 해두는 것이 중요하다. 바람직한 리듬과 템포가 있는 수업은 질문을 이해하기 쉬운 것부터 시작하여 서서히 심화시켜 나간다. 예를 들면 자료나 실물을 제시하고,

①"이것은 무엇으로 보입니까?"(보고 대답할 수가 있다) → ②"이것의 특징은 어떤 점일까요?"(자세히 살펴보거나 만져본 뒤 대답할 수가 있다) → ③"그럼 이것은 무엇 때문에 있을까요?"(생각하지 않으면 대답할 수 없다) 식의 전개이다.

누구나 대답할 수 있는 질문으로 시작하여 전체 아동을 수업에 참여시킨다. 리듬과 템포가 없는 수업이라면 ①②③을 한꺼번에 대답하게 만드는 질문과 막연한 질문인 경우가 많다. 이를테면 "이것은 무엇이라고 생각합니까?" "이것을 보고 알게 된 것을 말해 봅시다" 같은 질문이다. 교사는 아동의 이해가 차츰 깊어지도록 질문을 상정해야 한다.

지시할 때는 아동이 무엇을 해야 하는지를 단적으로 전달하는 것이 중요하다. 그러나 놓치지 말아야 할 사실은 아동이 이해하고 스스로 활동할 수 있는가의 여부이다. 지시어가 짧다고 다 좋은 것은 아니다. 느닷없이 "이것을 해봅시다" 지시해 봤자 이해하는 아동과 이해하지 못하는 아동이 생기게 되고, 교사가 다시 보충설명을 해야 하는 경우가 많다. 그러나 일단 활동

이나 작업이 시작되면 아이들은 집중하느라 더 이상 듣지 않게 된다. 그러므로 교사의 목소리는 더욱 커진다. 이것이 수업의 리듬과 템포를 엉망으로 만드는 원인이다.

먼저 "○○을 하려면 무엇이 필요할까요?" 물어 다 함께 생각하고, "중요한 것은 세 가지가 있습니다" 정리하여 지시하는 등, 아이들이 이해할 수 있는 지시를 명확하게 하는 것이 중요하다.

㈒ 학습형태 등의 변화

리듬과 템포라고 하면 빠르게 진행되는 수업을 상상하기 쉬운데 교사가 일방적으로 진행하는 수업은 결코 좋은 수업이라고 하기 어렵다. 때로는 교사와 아동이 서로 골똘히 생각에 잠기는 침묵의 시간도 필요하다.

변화를 줌으로써 리듬은 더욱 좋아지는 경우가 많다. 또한 혼자서 조사하고, 이웃 친구들과 서로 의논하며, 학급 전체가 토론하는 학습형태의 변화도 중요하다. 아이들은 한 시간 수업 속에서도 변화와 움직임을 바란다. 필요성과 효과를 고려하여 학습형태를 다양하게 상정하고 변화를 주어야 한다.

학급 전체가 토론을 벌일 때는, "○○의 의견에 질문 있습니까?" "자세히 설명할 수 있는 사람?" 등의 식으로 교사가 계기와 자극을 주는 것도 중요하다. 이것을 반복하면 교사가 "연결해 보라"는 말만 해도 아이들끼리 의견과 생각을 연결하게 된다. 수업의 바람직한 리듬과 템포는 교사와 아동, 아동끼리의 상호작용으로 비로소 탄생한다.

수업에 바람직한 리듬과 템포가 있는지를 결정하는 경계는 교사가 지닌 '당연한 것에 대한 의식의 차이'에 있다.

▶ 리듬과 템포가 있는 수업과 없는 수업의 차이

리듬과 템포가 있는 수업과 없는 수업에는 어떤 차이가 있을까? 예를 들면 2박자의 리듬은 '강, 약, 강, 약', 3박자 리듬은 '강, 약, 약, 강, 약, 약'이 된다. 또한 음의 강약과 고저가 한 묶음이 되어 만들어 내는 리듬이라고도 한다.

이렇게 되면 뭐가 뭔지 알 수 없게 된다. 2박자, 3박자는 알아도 수업의 지시와 질문의 무엇을 가리켜 2박자, 3박자라고 하는지 이해하기가 어려운 것이다.

"인물의 말과 행동이 크게 달라진 장면은 어디입니까?" 질문을 했다 치자. 인물의 말과 행동을 박자에 맞춰 말하고 있다는 말일까? 아니면 질문, 지시, 설명 등을 통해서 보면 박자가 맞는다는 말일까?

속도는 빠르기이므로 어렵지 않게 감각적으로도 알 수 있다. 수업을 하다 보면, '템포가 좋지 않다'고 느낄 때가 있다.

아래의 표에서 ①은 수업에 리듬과 템포가 있으면 어떤 점이

좋은지에 대해 나와 있다. ②는 교사의 수업행위가 어떻게 되는지가 쓰여 있다. 이 표를 보면 리듬과 템포가 있는 수업과 그것이 없는 수업의 차이를 알 수 있다.

①리듬과 템포의 유무에 따른 수업의 양상

리듬과 템포가 있는 수업	없는 수업
완급이 있다, 억양이 있다	완급, 억양이 없이 밋밋하다
편안하다	따분하다
잘게 나뉘어 있다	어수선하다
전체를 휘몰아간다	휘몰아가는 느낌이 없다
변화가 있다	단조롭다
적당한 틈이 있다	틈이 너무 많이 벌어져 있거나 틈새가 없다
자연스럽다	부자연스럽다

②리듬과 템포의 유무가 생기는 원인

리듬과 템포가 있는 수업	없는 수업
말이 극히 절제되어 있다	말이 많다, 교사 혼자서 말한다
말의 속도가 수업 흐름에 즉각 대응하기에 알맞다	말의 속도가 빠르다
아동의 반응과 호흡이 맞는다	아동의 반응을 고려하지 않는다(독단적이다)

질문, 지시가 명확하다	교사의 말에 막힘이 있고 질문, 지시가 순간적으로 나오지 않는다
아동에게 늘 시선이 가 있다	아동을 보고 있지 않다

▶ 수업에 리듬과 템포를 주기 위한 조건

초등학교의 수업이든 대학의 수업이든 수업인 이상 리듬과 템포를 만드는 기본원리는 같다.

리듬과 템포가 좋다는 것은 단지 말이 빠르다는 것을 의미하지 않는데 그런 수업의 여섯 가지 조건은 다음과 같다.

①적절한 작업지시가 있어야 한다. 다시 말해 교사가 일방통행을 해선 안 된다. 전과정을 잘게 나누어 놓고 학생이 작업을 해가면서 생각할 수 있도록 학습활동을 조직해야 쾌적한 리듬과 템포가 살아난다.

②도입을 쓸데없이 길게 하지 않는다. 즉 수업에 리듬과 템포를 주려면 말을 최대한 절제하고 확정하는 것이 중요하다.

③작업을 시켰으면 확인하고, 개인적으로 평가하고 칭찬한다. 시키기만 하는 것은 곤란하다. 확인하는 작업이 필요한데 이때 어떤 의견이든 칭찬한다. 그런 다음에 좋고 나쁨을 명확히 말해 준다.

④개인작업, 2인 1조와 모둠작업을 적절하게 섞어서 구성한다.

⑤줄을 지명하는 방법을 많이 쓰고, 거수 지명은 적게 한다.

⑥학생에게 판서를 시키고, 계속해서 발표하게 한다.

이런 방법을 매 수업시간에 적용함으로써 리듬과 템포를 만들어 낼 수 있다. 초등학교 수업이든 대학교의 수업이든 다 똑같다.

▶월요일 아침에 리듬과 템포를 살리려면?

Q1: 월요일 아침에는 아이들이 피곤해하는 분위기가 역력하고, 수업에 적극적으로 참여하지 않아 분위기를 잡기가 여간 어렵지 않다.

A1: 아이들의 몸을 움직이게 하면서 억지로라도 분위기를 띄운다.

적극적으로 아이들의 몸을 움직이게 할 것을 추천한다. 속도감 있게 자잘한 활동을 잇달아 시키는 것이다. 예를 들면 대답이다.

"이제부터 소리 내어 읽습니다(교사)."

"예(아동 전원)."

"큰 소리로 힘차게 읽어주세요(교사)."

"예(아동 전원)."

평소 학급아동 전체가 대답하는 습관을 들여놓으면 좋다. 이런 주고받기 구령을 붙인다.

"준비가 되었으면(교사)."

"손은 무릎(아동 전원)."

"자세가 바를 때?(교사)."

"등은 곧게(아동 전원)."

이런 식으로 주고받는 틀을 몇 가지 정해 두면 편리하다.

Q2: 월요일 아침에 흐리멍덩하고 무거운 공기가 교실을 지배하고 있어 도무지 수업이 이루어지지 않는다.

A2: 처음 5분은 버리고 아이들에게 기운이 솟게 하자.

월요일 아침이면 분위기가 극단적으로 무거워지는 학급이 있다. 아이들은 조는지 깨어 있는지 알 수 없는 표정이다. 움직임마저 굼뜨다.

이러면 속도감 있는 수업이 가능할 턱이 없다. 이런 상태에서 억지로 수업을 이어가기보다는 처음 5분을 버리고 아이들에게 기운을 북돋아 주는 편이 낫다.

예를 들면 김삿갓삿갓, 찹쌀바게트, 호두버터롤, 초코칩머핀, 초코파이정, 장충동족발, 숯불불고기, 말하기듣기, 돌솥비빔밥, 쿵덕더덕덕, 게살샥스핀처럼 발음하기 어려운 낱말을 칠판에 쓴다.

"전체 일어서. 이 단어를 10번 말한 다음에 앉습니다."

아이들은 저마다 연습한다. 빠르게 단어를 읊조리는 소리, 틀렸을 때 퍼져 나가는 웃음소리 등등 이런 소리들이 교실의 분위기를 따뜻하게 해준다.

전원 앉았을 때, 10명을 지명하고 한 사람씩 도전하는데 이때 한 번씩 횟수를 늘려간다. 잘했을 때는 도전자에게 커다란 박수를, 틀렸을 때는 작은 박수를 쳐준다.

아이들의 웃음소리와 박수소리가 교실 전체에 더욱 생기를 돌게 한다.

아이들은 어느새 기운을 회복하여 바야흐로 속도감 있는 수업을 할 수 있게 된다.

Q3: 월요일 아침이면 웅성웅성 떠들어 도무지 차분해지지 않는다.

A3: 눈을 감게 하여 차분한 분위기를 만든다.

월요일 아침이면 시끌벅적하고 들뜨고 산만한 분위기가 지배하는 교실이 있다. 잡담이 많아 교사의 지시가 통하지 않는다.

그럴 때는 눈을 감게 하면 좋다. 눈을 감으면 아이들은 자연스럽게 입도 닫기 때문이다. 예를 들면 간단한 퀴즈를 낸다.

"다들 조용히 합니다! 잡담 금지!"

교사는 아이들을 조용히 시킨다. 그런 다음 칠판에 "①깍두기 ②깎두기" "①떡볶기 ②떡볶이" "①술레잡기 ②술래잡기"

등의 낱말을 쓴다.

"맞다고 생각하는 번호를 정했으면 책상에 엎드립니다. 엎드린 상태에서 맞다고 생각하는 번호를 손가락으로 표시하세요. 준비, 시작!"

교사의 지시에 아이들 전원이 손가락을 내놓는다. 그럴 때, 교사는 말한다.

"아직 말은 하지 않습니다. 손가락을 내민 채로 고개를 드세요."

그러면 아이들은 다른 아이가 무엇을 내놓고 있을지 궁금하여 눈을 이리저리 굴린다.

"정답은 ①깍두기입니다."

교사가 정답을 발표하면 아이들에게서 환호와 탄성이 오간다. 간단한 퀴즈지만 조용히 하고 있는 시간이 길기 때문에 교실 분위기가 차분해진다.

차분해진 뒤에는 교사가 속도감 있게 속속 지시를 내려도 아이들에게 잘 전달된다.

▶ 수업시작종이 울려도 자리에 앉지 않는다

Q1: 수업시작을 알리는 종이 울려도 좀처럼 자리에 앉지 않는다. 어떻게 하면 좋을까?

A1: 담임인 나 자신부터 수업시작종이 울리기 전에 언제나 교실에 있었는지 되돌아보아야 한다. 종이 울려도 자리에 앉지 않거나 교실에 없는 학급은 대개의 경우, 교사가 종이 울리기 전에 교실에 없다.

담임교사가 항상 늦는데 아이들만 규칙을 잘 지켜 자리에 앉아 있을 리 없다. 먼저 담임인 나부터 종이 울렸을 때 자리를 지키는 것이 중요하다.

Q2: 전원 자리에 앉은 뒤에 수업시작 인사를 하고 싶은데 시간이 너무 많이 걸려서 애를 먹는다.

A2: 수업이 시작될 때 인사를 하기 때문에 아이들이 좀처럼 자리에 앉지 않는 것이다. 초등학교의 경우, 특히 담임이 거의 모든 수업을 하므로 일일이 시작 인사를 할 필요는 없다.

수업의 달인이라는 소리를 듣는 사람은 아무도 그런 형식적인 것에 수업시간을 소비하지 않는다.

수업이 시작될 때 인사하는 것을 그만둬 보자. 그냥 느닷없이 수업에 들어가는 것이다. 아이들은 분명 깜짝 놀라서 자리에 앉을 것이다.

'이 선생님은 시작종이 울리면 즉시 수업을 시작하는구나' 하고 아이들이 생각하면 된다.

Q3: 시작종이 울리고 곧바로 수업을 시작하고 싶지만 자리

에 앉지 않은 아이가 있으면 신경이 쓰여서 나도 모르게 기다리게 된다.

A3: 자리에 앉지 않은 아이가 있는데 수업을 시작하는 것에 처음엔 저항을 느낄 수도 있다. 교사는 무의식중에 '자세가 바르고 수업할 준비가 되어 있어야 한다'고 생각하기 쉽다.

그러나 자리에 앉지 않은 아이를 기다리면, '이 선생님은 기다려 준다'고 아이들이 생각한다. 그 결과 종이 울려도 모든 아동이 자리에 앉는 경우란 영원히 없다.

기다려선 안 된다. 기다리기 때문에 리듬이 깨지는 것이다. 종이 울리거든 즉시 수업을 시작해 보자. 아이들은 분명 자리에 앉기 시작할 것이다.

Q4: 시작종이 울려도 자리에 앉지 않는 아이를 나무라게 된다. 성실하게 자리에 앉아 있는 아이들과는 구분해야 할 것 같다.

A4: 시작종이 울리기 전에 자리에 앉아 있는 아이와 차별을 두어야 한다면 곧바로 수업에 들어가는 것이 으뜸이다.

성실하게 공부하기 바라기 때문에 일찍 자리에 앉는 것이다. 야단치는 시간이 아깝다.

수업이 시작될 때의 리듬과 템포는 수업시간 내내 가장 중요한 요소이다. 시작종이 울리거든 즉시 다음과 같은 것에 돌입해 보자.

살아 움직이는 전략수업

−플래시카드(그림·글자 등이 적힌 학습용 카드)

−지명 맞추기

−학습퀴즈

특히 플래시카드는 만들기도 쉽고 응용도 할 수 있으므로 적극 권장한다. 플래시카드에는 예를 들면 구구단의 '3단'이라고 써서 보여주면 아이들은 "3×1=3, 3×2=6⋯⋯" 하고 줄줄이 왼다.

이와 같이 긴장감이 흐르는 시간을 수업의 시작부분에 넣음으로써 리듬과 속도를 만들어 갈 수 있다.

"이제부터 2교시 수학수업을 시작하겠습니다."

"자, 읽어보세요."

이런 수업시작으로는 리듬과 템포를 절대 만들어 내지 못한다.

▶ 토론 때문에 분위기가 정체된다

Q1: 토론을 심화시키고 싶지만 어느새 맥없이 끝나버리는 경우가 잦다. 토론의 내용과 주제가 중요하다고 생각되는데 어떤 것이 좋을까?

A1: 확실히 그것은 토론을 심화하는 전제조건이다. 아동에 대한 확인으로 끝나는 내용이거나, 단 한 번의 생각으로 이내 정리되는 과제라면 토론은 정체될 수밖에 없다.

반면에 아이들의 생각을 촉진하거나 여러 견해로 나누어질 수 있는 과제와 질문이면 토론할 가치가 있다.

예를 들어 사회과에서 "농약 사용에 찬성인가? 반대인가?" 하는 과제라면 찬성파와 반대파 둘로 나누어서 활발한 생각활동을 촉진할 수 있다.

Q2: 과제가 아무리 훌륭해도 아이들의 지식부족이 원인이어서 토론이 정체될 때가 있다. 이런 경우에 어떤 식으로 리듬과 템포를 만들어 나가야 할까?

A2: 지식이 부족하다면 어느 정도의 지식을 획득하는 학습활동이 필요하다. 중요한 것은 아이들이 대답하기 쉬운 지시와 질문을 작은 스텝으로 나누어 반복하는 것이다. 위의 농약 과제의 예를 들어보자.

"교과서에 농약에 관한 정보는 몇 쪽에 있습니까?"

"밑줄을 그어봅시다."

"지금까지 나오지 않았던 새로운 정보는 무엇입니까?"

"중요하다고 생각하는 정보를 발표하세요."

이와 같은 지시와 질문을 작은 스텝으로 세분하여 던진다. 반응할 수 있는 아이에게 속도감 있게 계속해서 대답하게 하여 리듬을 만들어 나간다.

아이들의 지식이 어느 정도 증가한 시점에서, "그것으로 무엇을 말할 수 있습니까?" 물어서 토론의 주도권을 넘긴다.

아이들의 생각을 심화하기 위한 정보가 늘어나고, 나아가 교사가 템포와 리듬을 일단 만들어 놓으면 토론이 활발해진다.

Q3: 리듬과 템포가 좋은 토론을 하려면 어떤 학습기능을 신장시켜야 할까?

A3: 아이들이 주제에 관한 생각을 갖고 있다 해도 발언이 일방통행이면 언젠가는 토론이 정체되고 만다.

그럴 경우에는 서로의 생각을 어우러지게 하는 발언방법을 학습기능으로서 아이들에게 지니게 할 필요가 있다.

→"저는 농약을 사용하는 것에 찬성합니다" "○○의 의견에 반대입니다" 식으로 처음에 자기의 견해를 명확히 한다.

→"○○의 생각하고 조금 비슷하기는 하지만" "○○의 생각과는 달리"와 같이 관련된 발언을 하는 방법을 지니게 한다.

→발언 뒤에, "어떻습니까, ○○" 하는 식으로 토론이 이어지도록 말한다.

→"덧붙임" "반론"처럼 손을 드는 단계에서 의사표시를 한다.

이와 같은 학습기능을 일상적으로 지도해 두면 서로의 발언이 어우러져서 리듬이 생겨난다.

토론이 정체되더라도 앞의 학습기능이 있으면, "그럼 방금 ○○의 의견과 비슷한 생각을 가진 사람?" "농약 반대파 사람들, 반론은 없습니까?"의 식으로 속도감 있게 교사가 촉진할 경우 토론은 다시 활발해진다.

Q4: 정체된 토론 분위기를 아이들 스스로 타파하고, 리듬과 템포를 만들 수는 없을까?

A4: 그렇게 되는 것이 이상적이다. 그러려면 "선생님, 찬성하는 사람끼리 이야기하고 싶습니다. 2분 동안만 시간을 주십시오" "토론내용이 주제에서 벗어나 있습니다. 농약의 장점으로 돌아가서 이야기해야 합니다" 하는 식으로 학습활동과 토론의 진행방식을 요구할 수 있다는 것을 아이들에게 적극적으로 가르친다.

가르침으로써 아이들은 자기들끼리 토론을 만들어야 한다는 것을 비로소 의식하게 된다.

▶ 잡담을 하느라 교실은 시끌벅적하다

최고의 수업체계란, 최고의 부분으로 구성되어 템포와 리듬이 있는 수업을 말한다. 훌륭한 수업에는 물이 흐르는 듯한 리듬이 있는 것이다.

리듬은 쓸데없는 말을 절제하는 데서 생겨난다. 수업의 첫머리에, "이제부터 2교시 수업을 시작하겠습니다. 경례!" 하고 아이들에게 시키기만 해선 안 된다. 시작부터 리듬이 깨진다. 잡담이 생겨나는 것도 당연하다.

그렇게 하지 말고 단숨에 수업으로 돌입하는 것이 좋다. 사

회과라면 중요한 내용을 플래시카드로 만들어서 교사가 카드를 넘기면서 먼저 읽고 아이들이 따라 읽게 한다. 다음은 아이들끼리만 읽게 한다. 이것이 기본 주기이다. 5분 정도면 끝난다. 그사이 교사가 하는 말은 칭찬뿐이다. 쓸데없는 말은 일절 하지 않는다.

물론 시작종이 울리면 즉시 수업을 시작한다. 전체가 앉아 있지 않아도 시작해야 한다. 무엇을 하고 있는지 명확하기 때문에 교실로 들어온 아이들도 자연스럽게 수업에 참여한다.

지시할 필요도 없다. 물론 야단칠 필요도 없다. 그렇게 하지 않으면 리듬이 깨지고 잡담이 생겨난다. 허둥대지 않는 흐름을 지니되, 극히 적은 늘어짐도 있어선 안 된다.

빠르기만 한 것이 좋다는 얘기는 아니다. 사소한 늘어짐이 생기면 잡담이 발생한다. 템포가 나빠지는 것이다.

수업시간에도 잡담이 생기는 경우는 있다. 이것도 기본적으로 교사의 책임이다. 리듬과 템포, 나아가 수업의 부분부분이 최고인지 여부가 중요하다.

사진을 읽는 수업을 예로 들면, '쌀농사가 시작되기 전의 모습을 그린 그림'을 보여주고 질문한다.

"이 그림을 보고 알게 된 것, 생각한 것을 써봅시다."

생각한 것이 핵심이다. 생각한 것이라면 뭐든 괜찮다. 이거라면 누구든지 쓸 수 있다. 못하는 아이가 있으면 자연스레 잡담이 생긴다. 아이가 아니라 교사가 나쁜 것이다.

그러나 이것도 쓰지 못하는 아이가 나온다. 그럴 때는 다음과 같은 예시를 한다.

"○○야. 밤나무가 있어" "이건 개일까?" 이런 것으로 충분하다. 만약 쓰지 못한다면 친구의 의견 가운데서 맞다고 생각하는 것을 베껴 쓰면 된다.

이리하여 전체가 의견을 가질 수 있다. 따라서 전원이 수업에 참가할 수 있다.

또한 쓸 수 있는 아이들에 대한 지도도 필요하다. 공백 시간이 생기면 잡담이 일어나기 때문이다.

"세 가지를 썼으면 갖고 나오세요."

공책을 들고 나오게 하여 검사한다. 자리에서 일어나게 하고, 움직이게 함으로써 수업에 리듬이 생긴다.

동그라미를 쳐주면서 과장되게 칭찬해 준다. 판서를 하게 한다든지, 자리로 돌아가서 더 쓰게 한다.

중요한 것은 잡담이 생겨날 공백 시간을 만들지 않는 것이다. 수업의 각 부분을 하나씩 다듬어 나가야 하는데, 수업의 리듬과 템포를 몸에 배게 하려면 교사의 성실한 자세가 필요하다.

▶ 아이들이 축 처져 있다

몸을 많이 움직이는 체육시간 직후 축 처져 있는 아이들을

상대로 리듬과 템포 있는 수업을 하려면 어떻게 해야 할까?

체육시간이 끝난 뒤뿐만 아니라 주말을 쉬고 난 월요일이나 연휴가 끝난 뒤, 개학 후는 말할 것도 없고, 매일 또는 매시간 아동에 대한 대응으로 지치다 보면 수업이 침체 분위기로 빠져들 수 있다. 3월 초의 긴장감이 어느새 사라지고 잘되어 있던 것들이 무너지기 시작하기 때문이다.

황금의 첫 3일과 마찬가지로 교사는 정신 바짝 차리고 임해야 한다. 중요한 것은 작은 변화를 놓치지 않는 것이다.

(1) 시간을 정확히 지켜 수업을 시작한다

'모두 자리에 앉았으니까'가 아니다. 교실에서 아직 자리에 앉지 않은 아동이 있더라도 교사는 시간에 맞추어 수업을 시작해야 한다.

수업을 시작하는 방법은 여러 가지가 있는데 이 무렵이라면, '음악을 수반하는 시작방법'이 효과적이다.

예를 들면 유명한 문장이나 시를 왼다든지, 플래시카드가 있다. 교실에서 즐거운 목소리나 소리가 들려오면 아직 수업준비가 되어 있지 않은 아이들도 서둘러 자리에 앉아서 참여하려 한다. 또 이와 같은 활동은 칭찬하기 수월하다는 장점도 있다.

"○○는 목소리를 아주 크게 냈어요!"

"남자친구들은 아주 씩씩합니다!"

"여자친구들은 자세가 아주 훌륭해요!"

이런 작은 변화를 놓치지 말고 짧고 강력하게 칭찬하면 그것을 듣는 주위 아이들도 바짝 집중한다.

(2) 개별 평가로 집중하게 한다

수학시간이라면 칠판에 간단한 문제를 쓴다. 그런 다음, "다 푼 사람은 갖고 나오세요" 지시를 내린다. 문제를 푼 아이부터, "1등, 2등, 3등……" 식으로 붙인다. 이 순서가 곧 평가가 되는 것이다.

또는 공책 필기를 검사하는 방법도 있다.

이로써 아동의 집중도를 한껏 높일 수 있다.

(3) 집중하는 분위기를 알게 한다

비록 체육시간 뒤에 아이들이 축 처져 있더라도, 집중하는 상태가 어떤 것인지 아이들에게 알게 하는 것이 중요하다.

아이들이 집중하고 교실 전체가 차분해졌을 때, "이것이 집중이 잘된 상태입니다" 이야기하여, "집중하고 있는 이런 분위기는 기분 좋다" "많은 운동을 한 뒤에도 집중하여 수업할 수 있다"는 것을 실감하게 한다.

(4) 부서활동, 당번활동으로 칭찬할 기회를 낳는다

3월에는 저마다의 할 일을 익힐 필요가 있기 때문에 모든 아이들이 바짝 긴장하고 부서활동이나 당번활동을 열심히 한다.

교사도 일일이 살피고 신경을 써서 독려하므로 조직이 제대로 기능한다.

그러나 한두 달이 지나 아이들이 자기 할 일에 익숙해지고 교사도 아이들이 하는 것이 당연하다고 여겨 느슨해지면, 조직에 허점이 생기기 시작하고 "귀찮다, 하기 싫다"는 말을 하는 아이도 나온다.

이 경우에 교사가 일을 함께 해보는 것도 좋다. 그러면 성실한 아동이 열심히 하는 모습을 볼 수 있게 되고, 이럴 때는 진심으로 그 아이를 칭찬할 수가 있다. 학급의 전체아동 앞에서 칭찬할 계기를 교사가 만들어 아이의 의욕을 향상시키는 것이다.

교사가 아이의 변화를 놓치지 않고, ①전체에게 지시하고 ②확인 ③칭찬을 되풀이함으로써 어떤 조건에서도 리듬과 템포를 만들어 낼 수가 있다.

7장 교사의 배려가 느껴지는 수업

▶ 선생님의 관심을 느끼게 하자

(1) 아이의 이름을 부른다

"야, 거기!"

아무리 주의를 주어도 요즘 아이들은 못 들은 척하는 데는 선수이다. 마음이 맞는 친구에게는 한없이 부드럽지만, 그 밖의 사람에 대해서는 설령 상대가 교사라 해도 무관심하게 지나쳐 버린다.

그러나 이것은 교사나 어른이 아이들 하나하나의 장점을 보려 하지 않고, "요즘 젊은 것들은……"이라고 혀를 차고 비난하는 데 대한 복수인지도 모른다.

그러므로 되도록 일찍, 가능하면 처음 만난 날부터 아이들에게 말을 할 때는 "거기"라든가 "너" 같은 지시대명사·인칭대명사가 아니라 고유명사로 확실하게 부르기 바란다.

"어? 선생님이 어떻게 내 이름을 알아요?"

의아하다는 듯 아이가 물어 온다면 바로 선생님의 승리이다.

"그거야, 물론 네가 유명인사니까 잘 알 수밖에 없지."

기분파인 아이가 싫지만은 않다는 표정을 짓는다.

'이 선생님은 나를 특별하게 생각하고 있구나.'

금세 교사와 아이 사이에는 친밀한 관계가 형성된다.

(2) 좌석표를 교재 노트에

그럼 어떻게 하면 커닝페이퍼를 보지 않고 학년 초부터 아이의 이름을 부를 수가 있을까?

이것은 비결이라기보다는 개인기라고 할 수 있다.

아니, 교사로서의 기본자세라고 할까?

어떤 교사는 교사수첩 뒤표지에 특제 투명 비닐을 붙여 수업별로 그곳에 각 반의 좌석표를 정리해 놓기도 한다.

그것을 보면서 아이들의 이름을 부르고 질문하는 것이다. 그러나 이것은 단순히 커닝페이퍼를 보지 않는 것은 아니다. 감추려 해도 뭔가를 보고 있음을 아이들에게 들키는 것은 바람직하지 않다. 그러므로 강의노트나 교과서에 각 반의 좌석표를 붙여놓으면 어떨까?

강의노트를 보는 척하면서 다음에 지명할 아이의 이름을 머릿속에 집어넣는, 그만한 '호흡조절'은 자연스럽게 터득할 수 있으리라 생각한다.

(3) 교실 뒤에 좌석표를

교탁에 좌석표가 붙어 있는 경우가 많이 있지만, 그것을 일일이 보려면 교사는 교탁 앞을 떠나지 못한다.

되도록 교실 전체를 사용하여 수업을 하면서, 나아가 아이의 이름을 정확히 부르는 방법이 없을까?

물론 있다. 바로 교실 뒤의 게시판에 좌석표를 큰 글씨로 써 놓는 것이다.

시시하게 보이겠지만 이것은 곧 '콜럼버스의 달걀'이다.

교사는 아이들과 줄곧 마주 보고 수업하기 때문에 교실 뒤쪽의 게시판은 항상 시야에 들어온다.

게다가 좌석표의 커다란 이점은 다른 선생님에게도 환영받는다는 점이다. 그리고 다른 누구보다 가장 기뻐하는 것은 해당 학급의 아이들이다. 귀한 인연으로 같은 반이 된 친구들의 얼굴과 이름을 어서 빨리 일치시키고 싶어하는 마음은 교사보다 아이들이 더하다.

(4) 1년 뒤에는 안 보고도 부르게 될 테니 좀 봐다오

마지막 무기는 툭 털어놓는 것이다. 이것은 아이들에게 아무쪼록 따뜻한 시선으로 보아달라고 부탁하는 것이다.

"사실은 사람의 얼굴을 기억하는 덴 젬병이다. 하지만 1년 뒤에는 어떻게든 여러분 모두의 이름을 맞힐 수 있도록 노력할 테니까 혹시 틀리거든 그 즉시 말해 주기 바란다."

교사의 솔직한 모습은 아이들의 순수한 마음을 자극하여 이해의 폭을 넓힌다.

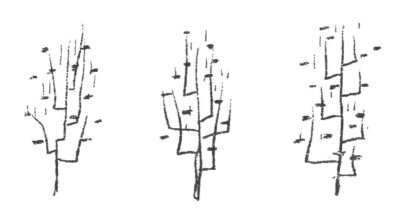

▶ 씩씩하게 인사 잘하기 1학년 대작전

입학하여 사흘이 지났다. 이젠 능숙한 인사를 의식해야 할 때가 되었다. 사흘째 되던 날 종례 시간에 아이들에게 이렇게 말한다.

"내일부터 인사 시합을 하겠어요. 여러분과 선생님이 시합을 하는 거예요. 먼저 '안녕하세요!'라고 인사하는 사람이 이기는 겁니다."

이튿날 아침은 교사가 아이들보다 일찍 와서 교실에서 기다린다. 아이들이 교실로 들어서자마자 교사가 "안녕하세요!" 쾌활하게 외치며 "이겼다, 선생님의 승리!"라며 웃는다.

"아차, 그랬었지!" 반응하는 아이들. 어제 일을 떠올리고 재빨리 인사를 하는 아이. 먼저 들어온 아이의 모습을 보고 인사를 하여 승리의 몸짓을 보이는 아이. 하교할 때는 "내일도 시합은 계속됩니다"라고 말해 둔다. 아이들은 재미있어 한다.

사흘째에는 교실에 1등으로 들어가지 않는다. 아이들이 건물 현관에 많이 들어와 있을 때, 교실로 향한다. 즉 복도에서

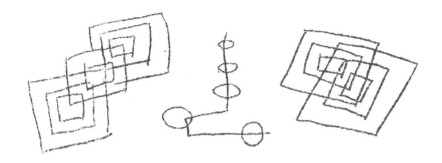

마주치는 아이들이 대부분이다. 만나자마자 "안녕하세요!" 말한다. 허를 찔린 아이들은 허둥지둥 "안녕하세요!" 대답하지만 "에이, 졌다!"라며 까르르 웃는다.

교실에 먼저 와 있던 아이가 교실 문 앞에서 기다리고 있다가 선생님의 모습이 보이자마자 복도가 쩌렁쩌렁 울리도록 큰 소리로 "안녕하세요!"를 외치고, "이겼다!"며 펄쩍펄쩍 뛴다. 그럴 땐 "안녕하세요! 우렁찬 목소리가 아주 멋져요!"라고 칭찬해 주자.

나흘째에는 맨 먼저 등교한 아이가 교정에 보이면 교실을 나선다. 이번엔 한 사람 한 사람, 각 아이와 마주칠 수가 있다. 어제의 일이 있으므로 아이들도 이제 방심하지 않는다. 반사적으로 인사를 한다. "안녕하세요! 씩씩한데." "좋은 아침! 눈을 보고 인사를 하니 더욱 멋지구나" 등의 개별 평가를 곁들인다.

그날의 종례 시간에는 이렇게 말한다.

"모두 인사를 잘하게 되었어요. 이번엔 다 함께 겨루는 거예요. 선생님과 친구들, 몇 명을 이길 수 있을까."

닷새째 아침에는 전날 이야기를 또렷이 기억하는 아이들이 친구들에게 인사를 한다. 물론 잊고 있던 아이도 있다. 몇 명

을 이겼는지 묻는다. 그리고 한마디 한다. "내일도 시합을 하도록 해요. 물론 다른 학급의 친구들이나 선생님도 괜찮아요."

엿새째 아침엔 엄청난 소동이 벌어진다. 여기저기서 1학년들이 큰 소리로 "안녕하세요!"를 외치고, "이겼다!" 중얼거리고는 빙긋 웃는다. 교실은 "안녕하세요" 소리로 들끓는다. 이제 유치원 때를 벗고 지금까지 서먹서먹하던 새로운 친구와 인사를 나누고 있다.

이날은 친구들의 인사하는 목소리 크기를 과장되게 칭찬한다. 그리고 이렇게 말한다.

"여러분의 인사 소리는 크고, 그리고 상대의 얼굴을 똑바로 보기 때문에 아주 멋져요. 언제 어디서나 먼저 인사를 합니다. 그래야 인사 잘하는 사람이지요."

1학년은 처음 시작이 중요하다. 여기서 큰 소리로 하는 것과, 먼저 나서서 인사하기에 익숙해지면 그 뒤에도 인사를 잘할 수 있다. 인사를 잘할 때마다 "멋지구나!" "대단해!" "착하구나!" 칭찬해 주면 점점 더 잘하게 된다. 때때로 인사가 잘 이루어지지 않는다고 느끼면 다시 인사하기 시합을 벌이면 된다.

▶ 역할놀이를 통해 화해를

저학년 아동은 무슨 일만 있으면 곧장 선생님에게 달려온다.

이런 일을 생각해 보자.

A가 입술이 뾰로통해져서 왔다. "아무것도 하지 않았는데 B가 모래를 던졌어요!" 둘을 불러서 이야기를 듣는다. 아마도 A가 그네를 교대하여 타기 시작한 지 얼마 되지 않았을 때 B가 와서 "나 좀 타자"고 한 모양이다. 그에 맞서서 A는 "싫어"라고 했다. 그러자 버럭 화가 난 B는 모래를 냅다 던진 것이다.

이 문제를 학급으로 가져와서, 모두에게 건설적인 의견을 구한다.

"B가 모래를 던지지 않아도 되는 방법은 없을까요?"

그러면 A와 B의 행동과 말에 대해 많은 대안이 나온다.

"A는 '지금 막 타기 시작했으니까 조금 있다가'라고 하면 돼요."

"'30번씩 타자'고 하면 돼요."

"B는 '왜 싫은데?'라고 물어봐야 해요."

"다른 놀이를 하러 가면 돼요." 등등

교사는 이렇게 제안한다.

"참 좋은 의견을 들어봤어요. 어떻게 하면 잘 해결될까요? 두 사람은 앞으로 나와서 연기를 해볼까요?"

모두의 앞에서 연기하게 한다. 연극 같아서 아이들은 재미있어 하고, 두 아이도 어느새 웃는 얼굴로 돌아와 있다. 서로의 입에서 "미안해"라는 말이 저절로 나온다.

이어 학급 친구들에게 고맙다는 인사를 한다.

살아 움직이는 전략수업

"덕분에 해결이 되었어. 고마워."

그러면 학급의 아이들도 남의 일로 여기지 않고 학급 친구들과 함께 해결했다는 의식이 싹튼다.

아이들이 틀리더라도 교사가 화를 내거나 비난을 해선 안 된다. 학급의 분위기가 어두워지고, 시켜서 하고 있다는 느낌만 남기 때문이다.

▶ 불만이 많은 아이 타이르는 요령

"왜 나한테만 그래요!"

어릴 때부터 꾸중을 듣고 자란 아이들은 수업 중에 잡담이나 휴대폰 문제로 주의를 주면 대번에 이렇게 말한다.

"나만 그러는 게 아니잖아요. 다른 애들도 다 떠드는데!"

교사가 지금은 너하고 말하는 중이다, 다른 사람은 관계가 없지 않느냐는 등 논리적으로 이야기를 해도 귓등으로도 듣지 않는다.

"선생님은 나만 보나봐!"

"나만 가지고 그래!"

이렇게 중얼거린다.

사사건건 "나만 가지고……"가 입버릇이 된 한 학생에게 주의를 주고 싶을 때 어떻게 하면 좋을까?

여기 방법이 있다. 그 아이만 혼낸다는 느낌을 주지 않으면서 주의를 주는 것이다.

즉 그 아이와 비슷한 행동을 하는 다른 아이를 먼저 지적한 다음, 꾸중하고자 하는 아이에게 주의를 준다. 그러면 그 아이는 저항감 없이 교사의 말을 받아들일 것이다.

▶ 자습 시간 떠들 때의 대책

시험 기간이 다가오고 있다. 그런데 유난히 학습 진도가 빠른 학급이 있다.

교사는 말한다. "시험이 다음 주부터이니 이번 시간은 자습을 하도록 하자." 그러나 자습하는 아이는 거의 없고 큰 소리로 떠들거나 일어서서 돌아다니기까지 한다.

그럴 때면 수업하고 있던 옆 반 교사가 항의하러 들어오곤 한다.

이럴 때는 도서관을 이용하라.

"다음 시간은 도서관에서 자습한다."

물론 도서관에서 시험공부를 하는 아이도 있지만, 좋아하는 책을 뒤적이는 아이도 있다.

이때 아이들을 하나씩 불러서 면담 형식의 점검을 해도 좋다. 평소 교실에서 보던 모습과는 다른 면을 볼 수 있을 것이

다. 뭐니 뭐니 해도 가장 큰 이점은 도서관엔 방음장치가 잘되어 있어 옆 반에서 항의가 들어올 염려가 없다는 점이다.

▶ 이동교실에서 수업할 때

시청각실이나 도서관에서 수업을 하면 새로운 기분이 들어 좋기는 하지만, 아이들이 시작종이 울려도 자리에 앉지 않고 이리저리 서서 돌아다니거나, 마음에 드는 친구끼리 똘똘 뭉쳐 있어서 성가시거나, 교실 뒤편에 모여 있어서 좀처럼 수업을 시작할 수 없을 때가 있다.

출석번호 순서로 앉으라고 지정을 해도 잘 지켜지지 않아 예정했던 비디오를 반도 보여주지 못하는 일도 생긴다. 출석번호 순서로 할 경우에는 사전에 각 책상에 개별 번호를 붙여두는 정도의 배려가 필요하다.

하지만 아이들의 몸에 가장 익숙해져 있는 것은 자기 교실에 있는 자기 자리이다. 그러므로 공간을 '교실'이라고 생각하는 것이 가장 좋은 방법이다. 교실에서의 자리가 6줄 7명이라고 한다면 특별교실에서도 6줄 7명분의 공간만 사용한다. 필요치

앉은 책상을 옆으로 밀어놓거나, 칠판에 명확히 지시해서 아이들이 각각 자리를 찾아서 앉게 한다. 아이들에게도 불공평한 느낌이 없으므로 저항 없이 받아들일 것이다.

▶ 앞쪽 자리로 아이들을 모이게 하는 비결

생물학에 바탕을 둔 초과학적인 비결이 있다.

드넓은 시청각실이나 강의실에서 학생이 뒤쪽 좌석부터 앉기 시작하여 앞이 텅텅 비는 경우가 흔하다.

"앞에서부터 채워서 앉아라." 아무리 지시를 해도 들은 척도 안 한다. 교원연수나 강연회 등에서도 자주 볼 수 있는 광경이므로 그 심정은 충분히 이해할 것이다.

그럴 때 단순한 비결이 있다.

공간 뒷부분의 전등을 켜지 않는 것이다. 앞쪽에만 불을 켜고 뒤에는 '여기는 사용하는 장소가 아니다'라는 메시지를 준다. 어느 선생님이 시청각교실에서 수업을 할 때 뒤쪽 몇 줄에 줄을 매고 '비디오 촬영석'이라는 팻말을 붙여놓고 수업하는 것을 보고 생각해 낸 비결이다. 전등을 끄기만 해도 일부 야행성

동물 말고는 앞에서부터 앉는 것을 보면 신기하기만 하다.

▶ 수업 끝종이 울렸을 때

(1) 2분만 더 시간을 주렴

"이제 오늘 배운 것을 정리하겠다. 가장 중요한 부분이니까 똑똑히 들어두도록."

교사가 마무리 단계에서 기합을 넣고 있다. 그런데 가장 중요한 순간에 끝종이 울리고 말았다. 울리는 순간 아이들은 어수선해지기 시작한다. 의자에서 엉덩이를 반쯤 일으킨 아이, 책상 위를 어느새 깨끗이 치워놓은 아이들로 웅성웅성 댄다.

"아직 수업이 끝나지 않았으니까 잘 들어라."

교사가 아무리 외쳐봐야 소용이 없다. 왜냐하면 아이들의 머릿속은 완전히 '쉬는 시간 모드'로 전환되었기 때문이다.

이럴 때 교사는 어떻게 해야 할까? 부디 아이들이 마음의 준비를 할 수 있도록 교사가 미리 손을 써라. 즉 수업이 끝나기 3분 전에 통고하라.

"미안. 앞으로 끝종이 울리더라도 2분 동안은 움직이지 말아다오. 중요한 부분이니까. 여러분이 꼭 알아야 하는 내용이다. 2분만 다오."

(ㄹ) 눈물을 머금고 끝낸다

그렇지 않을 바에야 눈물을 머금고 수업을 끝내는 편이 낫다. 아이들의 머릿속은 이미 수업에서 멀리 떠나 있다. 그럴 때는 발버둥을 쳐봐야 소용이 없다. 깨끗이 끝내고 시험 직전의 시간 같은 때에 보충을 하는 편이 머리에 쏙쏙 들어간다.

시험 전에 이렇게 말하며 보충을 하자. "아니, 이렇게 중요한 부분을 하지 않았었나? 잘됐다. 어차피 이 부분은 시험에 꼭 나올 곳이니까 지금 해야겠다. 안 하면 위험해."

학생이 선생님에게 보내는 마음의 신호

만일 아이들이 당신에게 대든다면,
만일 한 아이가 집단따돌림을 당한다면
그때에 당신은 어떤 지혜를 발휘할 것인가.

1장 칭찬은 아이를 성장시키고 꾸중은 아이 마음을 움직인다

　교육자의 사명은 아이들의 장점을 발견하고 그것을 키워주는 것이다. 또한 교육의 사명은 똑같이 획일화된 아이들을 길러내는 것이 아니다.

　어떻게 하면 아이들의 장점을 발견할 수 있을까? 그리고 어떻게 하면 그 장점을 키워줄 수 있을까? 교사의 역할을 한번 생각해 보자.

▶ 아이들을 망가뜨리는 교사

교사가 아이들을 꾸중하는 것은 그 아이가 바르게 되기를, 학교에서 친구들과 사이좋게 지내기를, 사회에 나쁜 영향을 끼치지 않기를 바라서이다. 아이들이 미워서, 혼내주고 싶어서 꾸중하는 교사는 결코 없다.

어떤 교사든지 '가능하면 아이들을 혼내지 않고 가르치고 싶다'고 생각한다. 하지만 그렇게 하고 싶어도 생활을 하다 보면 꾸중도 하게 되고, 또 꾸중을 해야만 하는 경우도 있다. 그럴 때 어떻게 하면 아이들에게 마음의 상처를 주지 않으면서 능숙하게 나무랄 수 있을까, 그것이 중요하다.

그것을 알아보기 전에 먼저 교사의 자기진단부터 해보자. 다음 항목을 체크해 보고 뭔가 짚이는 데가 있다면 그 교사는 훌륭한 교사가 될 자질을 갖추고 있는 것이다. 자기도 모르는 사이에 아이들의 마음에 상처를 입히고, 아이들을 망가뜨리고 있음을 깨달을 것이기 때문이다.

〈교사의 자기진단〉
① 무심코, 나도 모르게 꾸중하는 교사
▢ 까닭을 묻지 않고 덮어놓고 꾸중할 때가 있다.

□ 아이들의 질문이 귀찮거나 바쁠 때 무심코 "직접 알아보아라" 말할 때가 있다.

□ 다른 아이들 앞에서 대답하기 까다로운 질문을 받으면 "그런 걸 왜 묻니?" "그런 질문은 하지 마라!" 말한다.

□ "시끄러워" "적당히 해라" "안 돼!" 등 짧은 말로 꾸중할 때가 많다.

□ 평소에는 나무라지 않을 일이지만 바쁘거나 피곤할 때는 자칫 꾸중하기가 쉽다.

② 아동에게 강제하는 경우가 많은 교사

□ 교사의 의견만 내세우고, 아이들의 해명을 듣지 않는다.

□ 교사의 말에 순순히 따르는 아동이 착한 아이라고 믿는다.

□ 아이들의 처지는 생각하지 않고, 교사가 결정한 계획대로 시켜야 직성이 풀린다.

③ 주위를 지나치게 의식하는 열혈교사

□ '저 반은 참 잘해' '이런 걸 하고 있더군' 이런 정보를 얻으면 아이들의 흥미나 관심, 능력 등을 무시하고 대뜸 받아들이려 한다.

□ 다른 학급 아이들이 하고 있는 것은 어떤 것이든 시키고 싶어한다.

□ 아이들이 교과서대로 되지 않으면 불안해서 견딜 수가 없다.

□ 좋은 학교에 진학시키는 것만이 아이들의 행복으로 이어진다고 믿는다.

□ 사람의 가치는 학력·지위·재산으로 판단된다고 생각한다.

□ 자기 학급을 다른 학급과 늘 비교한다.

□ 반에서 못하는 것이 있으면, "어차피 너희는……" 이렇게 비하발언을 한다.

④ 교사의 본분을 소홀히 하는 교사

□ 교사 자신의 본분은 소홀히 하고 아이들에게 바라는 것은 많다.

□ 교사가 잘못했지만 아동에게는 절대로 사과하지 않는다.

□ 아이들의 도움을 받았을 때 당연하게 생각하고 '고맙다'는 말을 하지 않는다.

□ "안녕!" "잘 가라!" 인사하지 않는다.

□ 청소도구 정리는 아이들에게 시킨다.

□ 날마다 일이 너무 많아서 좋아하는 일을 하지 못한다고 느낀다.

□ 수업은 교사가 다루기 편한 것만 다루고 나머지는 제쳐둔다.

□ 시간관념이 없어 제출서류를 늦게 내거나 약속시간에 늦는다.

⑤ 어떤 일에나 한마디 덧붙이는 교사

□ 뭐든지 아이들 탓, 남의 탓, 학교 탓으로 돌린다.

□ 다른 직원에 대한 불만을 아이들에게 털어놓는다.

□ 아이들 앞에서 다른 교사나 친구, 학부모의 소문이나 험담을 한다.

□ 아이들 있는 곳에서 어떤 아이의 결점이나 약점을 남에게 말한다.

⑥ 아동의 응석을 들어주는 교사

□ 아이들의 요구를 모두 받아주는 것이 교육이라고 믿는다.

□ 아이들의 행동을 이끌어 내는 수단으로 상벌을 이용한다.

□ 아이들이 급식을 가려 먹고 싫어하는 것은 남겨도 그냥 놔둔다.

⑦ 뭐든지 방임하는 교사

□ 길을 갈 때 아이들이 산만하고 소란스러워도 그냥 둔다.

□ 아이들의 연필이나 지우개를 말없이 가져다 쓴다.

□ 교실에 귀중품이나 개인물품이 많다.

□ 의미 없이 비디오나 인터넷 화면을 보여주어 조용하게 한다.

□ 수업은 프린트 학습으로 할 때가 많고 숙제도 많다.

▶ 칭찬은 '가속기', 꾸중은 '제동장치'

칭찬과 꾸중은 모두 필요하다. 이 두 가지를 자동차의 운전에 비유하면 알기 쉽다.

칭찬은 가속기이며, 꾸중은 제동장치이다.

칭찬은 아이들에게 추진력이 된다. 어쩌다 잠깐 칭찬해서는 앞으로 나아가지 않는다. 꾸준한 칭찬이 필요하다. 자동차도 가속기를 계속 밟지 않으면 앞으로 나아가지 않는 것과 마찬가지이다.

꾸중은 아이들에게 자제력을 길러준다. 마냥 가속기만 밟고 있으면 자동차는 어디론가 가버려 사고가 일어난다. 마찬가지로 아이들을 올바른 방향으로 가게 하려면 때로 꾸중이 필요하다.

아이를 기르려면 손이 매우 많이 간다. 늘 시범을 보이고, 말을 들려주고, 행동을 하게 하고, 칭찬해 주지 않으면 움직이지 않는다. 그것은 어느 시대에나 마찬가지이다.

아이들은 사회적으로 약자의 위치에 있다. 앞으로 살아 나가려면 지식과 기능만으론 부족하다.

▶ 칭찬이 부리는 마법

(1) 칭찬의 이점

칭찬을 하면 아이들을 주의 깊게 관찰하게 된다. 아이들을 칭찬하는 것은 교사의 능력을 높이고 새로운 발상을 하게 해준다. 훌륭한 교사는 평소 아이들을 칭찬한다. "칭찬할 데가 어디 없을까?" 하는 눈으로 살펴본다. 또 딱 들어맞는 칭찬의 말을 하려면 아동의 언행을 꼼꼼하게 관찰해야 한다.

칭찬은 꾸중에 비해 훨씬 하기 어렵다. 단점은 굳이 보려고 하지 않아도 보이기 마련이지만, 장점은 의식하지 않으면 보이지 않기 때문이다. 칭찬과 꾸중은 시점이 정반대이다. 따라서 꾸중을 칭찬으로 바꾸려면 사고방식의 전환이 필요하다.

훌륭한 교사의 칭찬법에는 다양한 관점이 있다.

언어 구사법, 행동으로 보이는 방법, 타이밍 포착 방법, 표정으로 나타내는 방법 등이다. 칭찬을 잘할 수 있게 되면 인간관계도 좋아진다.

(2) 칭찬의 다섯 가지 장면

칭찬하는 데도 몇 가지 단계가 있다. 인사말에서 구체적인 칭찬의 말까지 그 상황은 전혀 다르다.

아이들에게 관심을 갖고, 그것을 말이나 행동으로 전달하는 것 자체가 이미 칭찬의 요소를 담고 있다. '고맙다'는 말 한 마디도 칭찬의 말이다.

훌륭한 교사는 이렇게 말한다. "네가 쓰레기를 주워서 다른 사람들이 기분 좋게 생활할 수 있게 되었구나. 고마워." 아이가 한 행동을 말하고 '고맙다'는 한 마디를 덧붙이면 칭찬의 말로 바뀐다. 이와 같이 감사의 말을 전하는 것은 아동의 행동이 바람직하고 가치 있는 것임을 인정한다는 메시지인 것이다.

아이의 이름을 정확히 불러주는 것도 칭찬이다.

수업 중에 정확한 이름으로 지명을 했을 때 아동은 어떻게 느낄까? 틀림없이 기뻐할 것이다. 그 기쁨은 자신이 '인정을 받았다'는 데서 온다. 즉 아이는 인정받은 동시에 칭찬받은 것이 된다.

칭찬에는 다음 다섯 가지 장면이 있다. 상황에 따라 구분하여 사용하도록 한다.

①인지–"너를 알고 있단다."
②관심–"너를 보고 있어."
③이해–"너를 이해하고 있단다."
④승인–"너는 보탬이 되는 존재란다."
⑤칭찬–"너는 훌륭한 일을 해냈어."

(3) 칭찬해 주기 바라는 것을 칭찬하라
아이들은 인정받고 싶은 마음을 눈으로 호소한다. 날마다 대하는 아이들이라면 그것을 금세 알 수 있다.

오늘은 아무래도 평소와는 다르다고 느꼈다면 이때가 기회이다. 그 아이는 칭찬해 주기를 기다리고 있는 것이다.

칭찬받고 싶지 않은 일을 칭찬해 봤자 아이들은 기뻐하지 않는다. 그러나 작은 일이라도 칭찬받고 싶은 일로 칭찬을 받으면 기뻐한다.

그러니 먼저 아이들의 작은 움직임을 예민하게 주시하자. 교사는 이 움직임을 알아챌 수 있도록 감각을 가다듬어야 한다.

아이들은 반드시 호소해 온다. 훌륭한 교사는 수업 중에 아이들이 생각지도 않은 말을 할 때, 망설이지 않고 큰 소리로 칭찬한다.

"그런 것을 다 발견하다니 굉장한걸!"

마법의 칭찬은 하는 사람도 행복하게 만든다.

(4) 칭찬은 곧 교사의 자기계발

바람직한 교사는 꾸중할 일도 이렇게 칭찬하여 바로잡아 준다.

"꽃에 물을 주었으니 꽃도 기뻐하겠구나. 물을 흘리지 않았으면 더 좋았을 텐데."

꾸중은 별 생각을 하지 않아도 할 수 있다. 그러나 칭찬은 다르다. 의식적으로 아이들의 좋은 점 찾기가 필요하다.

늘 칭찬을 마음속에 두고 있으면 아이들을 바라보는 관점이 바뀐다. 그리고 아이들에 대한 대응도 부드럽고 유연해진다.

즉 교사로서의 역량도 높아져 자기계발로 이어진다.

(5) 칭찬과 입에 발린 말은 다르다

교사 중에는 칭찬과 입에 발린 말을 혼동하는 사람이 있다. 특히 학부모회에서의 대응 등에서 이런 사례가 많이 나타난다. 듣는 사람도 좋고 하는 사람도 나쁠 것 없으므로 입에 발린 말 자체가 나쁘다고는 할 수 없지만, 입에 발린 말만 하면 칭찬의 말이 올바르게 쓰이지 않을 수도 있다. 먼저 칭찬과 입에 발린 말의 차이부터 알아야 한다.

'칭찬'이란 행위는 아이의 장점과 일상의 노력 등을 파악하여 마음을 담아서 진심으로 높이 평가하는 행위를 가리킨다.

이에 반해 '입에 발린 말'이란 마음에도 없이 겉치레로 하는 말이다. 입에 발린 말은 사실관계의 뒷받침이 없고, 마음이 담겨 있지 않으므로 허허롭게 느껴질 때가 있다. 입에 발린 말을 하는 교사나 이를 듣는 아이나 뒷맛이 개운치 않다.

칭찬은 사실을 바탕으로 한 마음을 아이에게 전달하는 것이다. 칭찬은 마법을 부리지만 입에 발린 말은 아무런 힘을 발휘

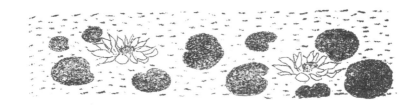

하지 못한다. 바람직한 교사는 칭찬과 입에 발린 말을 구분할
수 있어야 한다.

(b) 마음에 들지 않는 아이의 장점을 찾는다

모든 아이들과 처음부터 잘 지낼 수만 있다면 그보다 더 바
람직한 일은 없다. 그러나 교사도 사람이므로 여러 아이들 중
에서 아무래도 마음에 들지 않는 아이가 있을 수 있다. 어떻게
하면 좋을까?

바람직한 교사는 아이의 장점만 보는 훈련을 한다.

장점은 행동으로 드러난다. 그러므로 행동을 세밀하게 관찰
하고 그것을 기록하자. 멋진 교사는 하루에 세 번, 그 아이의
장점을 기록한다.

마음이 맞지 않는 아이에게는 직접 칭찬하기가 매우 어렵다.
그럴 때는 다른 아이에게 그 아이를 칭찬해 보자.

"○○는 친구들이 아무렇게나 넣어놓은 청소도구함을 정리
하고 있더구나. 착하지?"

그 마법의 칭찬이 돌고 돌아서 본인의 귀에 들어가 인간관계

학생이 선생님에게 보내는 마음의 신호

회복에 도움이 되는 일도 있다. 중요한 것은 교사 자신이 그것을 하느냐의 여부이다.

"아이들과 관계가 좋지 않아도 뭐 어떻게 되겠지." 이렇게 체념하기 전에 먼저 마음이 맞지 않는 아이의 장점을 찾아보자.

(ㄱ) 칭찬할 때의 표정과 태도

음악회 마지막에서는 늘 그렇듯이 칭찬과 감동을 나타내는 앙코르 함성과 터질 듯한 박수가 나온다. 나아가 기립박수는 칭찬의 마음을 나타내는 가장 큰 행동이다.

아이들을 칭찬할 때도 이와 같은 표정과 태도를 보이면 어떨까? 칭찬을 몸짓으로 전달하는 것이다. 칭찬하는 말의 진실성을 더욱 강하게 하고, 쑥스러움 없이 칭찬의 마음을 솔직하게 몸으로 표현하자.

그러나 칭찬하는 표정이나 태도가 지나치게 과장되면 상대에게 위화감을 주고 진실성이 떨어질 수도 있다.

칭찬의 태도에서 중요한 것은 어디까지나 자연스러워야 한다는 것이다. 칭찬하고 싶은 마음이 자연스레 태도가 되어 아이의 눈에 자연스럽게 비쳐야 한다.

남을 칭찬할 때 무의식적으로 하게 되는 표정과 태도는 어떤 것일까? 예를 들면 교사에게 이렇게 말했다 하자. "줄넘기를 10번 넘게 했어요." 교사는 아이에게 다가가 미소지으면서 말할 것이다. "잘했구나." "열심히 노력했구나."

마법사 교사는 아이의 바로 옆에까지 다가가 무릎을 굽혀서 아이와 눈을 맞춘다. 아이의 어깨를 살며시 다독이는 것도 좋다. 이러한 무의식적이고 자연스런 몸짓이 바람직한 칭찬의 태도이다.

(B) 의욕을 높이고자 할 때는 긍정어로 칭찬한다

말에는 부정어와 긍정어가 있다. 부정어란 '~하면 안 된다'와 같이 부정적인 말이 들어 있는 것이고, 긍정어란 '~하는 것이 좋다'처럼 긍정적인 말이 들어간 것이다.

말의 이러한 작은 차이는 칭찬의 효과에서 크게 달라진다. 예를 들면 축구 응원을 할 때, "잘못 차면 안 돼!" 이렇게 부정어로 말하기보다 "공을 잘 보거라!" 하는 편이 위축되지 않는 플레이를 낳고, 좋은 결과도 기대할 수 있다.

마법사 교사는 칭찬할 때 "잘못 차지 않았더구나"가 아니라 "공을 끝까지 보고 집중하는 자세가 훌륭했어"라고 칭찬한다.

그러면 아이들은 잘못 찰까봐 두려워하지 않고 볼 처리를 잘하기 위해 적극적인 자세가 된다. 당연히 경기운영 능력이나 축구기술도 좋아질 것이다.

둘 다 같은 일을 두고 칭찬한다는 점에선 다르지 않지만, 부정적인 말이 들어 있는 것과 들어 있지 않은 것은 크게 다르다. '~하지 않다'라는 부정어를 사용하면 그것을 의식하지 않아도 부정적 사고의 칭찬이 된다.

아이의 진취적인 의욕을 일으키려면 긍정어로 칭찬하는 것이 중요하다. 그 마법의 말 한 마디가 아이에게 강한 자신감을 불어넣어 준다.

(마) 눈에 띄지 않는 것을 칭찬한다

누가 보아도 눈에 확 띄는 우수한 아이가 있다. 그 아이를 칭찬하기는 쉽다. 특별히 어떤 생각을 하지 않아도 샘물이 솟듯 칭찬의 말이 용솟음칠 것이다.

그러나 훌륭한 교사는 눈에 잘 띄지 않는 일, 지나치기 쉬운 작은 일, 당연한 일을 칭찬한다. 눈에 띄는 소수가 아니라 '눈에 띄지 않는 다수'를 칭찬하는 교사야말로 칭찬의 달인이라고 할 수 있다.

눈에 잘 띄지 않는 것을 집어내려면 깊은 관심과 세심한 관찰, 나아가 관점의 전환이 필요하다. 두드러지지 않은 일을 쉽게 알아채는 시야를 지녀야 하는 것이다. 그러려면 성실함과 꼼꼼함 등 일반적으로 별로 무게를 두지 않는 것, 가치 있다고 크게 인정받지 않는 일에 주목해야 한다.

교사의 지시는 확실하게 해내는 것이 보통은 당연하다. 생각하기에 따라서는 그것은 특별히 칭찬할 가치가 없는 일이다. 그러나 현실에선 지시가 제대로 실행되지 않는 경우가 많다. 만약 교사의 지시가 적절했다고 전제할 때, 실행하지 못한 것은 지시를 받은 아이에게 문제가 있는 것이다. 즉 지시를 이해하지 못한다, 지시를 실행할 능력이 없다, 깜박 실수를 한다, 또는 마음이 내키지 않은 것이다.

뒤집어서 생각하면 지시가 그대로 실행된 것은 아이가 실행할 수 있을 만한 능력을 지녔음을 의미한다. 구체적으로는 지시를 제대로 이해했다, 지시를 실행할 능력이 있다, 주의 깊게 실행했다, 따를 마음이 있었던 것이다. 이것은 얼마든지 칭찬할 가치가 있는 일이 아닌가!

(177) '나 메시지'로 칭찬한다

칭찬의 방법에도 두 가지가 있다. '너 메시지'로 칭찬하기와 '나 메시지'로 칭찬하기이다.

너 메시지로 칭찬하기는 아동을 주어로 칭찬하는 것이다.

• "넌 오늘 열심히 하는구나."
• "네 공책은 깨끗하게 정리되어 있구나. 잘했다."

나 메시지로 칭찬하기란 나(교사)를 주어로 칭찬하는 것이다.

• "네가 열심히 노력하는 것을 보면 **선생님도** 즐거워진다."
• "네 공책은 정리가 잘되어 있어서 **선생님도** 보고 배우고 싶은걸!"

둘을 비교해 보자. 어떤 느낌을 받았는가?

‘너 메시지’나 ‘나 메시지’ 모두 칭찬의 말로서 상대가 기뻐할 내용이지만 너 메시지는 경우에 따라서는 불신감과 강압으로 느낄 수 있다. 예를 들면 ‘나를 잘 알지도 못하면서 적당히 말하고 있구나!’ 느끼게 된다.

그러나 나 메시지로 칭찬하면 그런 일은 일어나지 않는다. 나를 주어로 하여 칭찬하면 듣는 사람은 강압적인 느낌을 받지 않고 ‘어디까지나 상대 의견’으로 순수하게 받아들이기 때문이다. 훌륭한 교사는 주로 ‘나 메시지’를 사용한다.

(11) 모두 앞에서 칭찬한다

칭찬받는 것은 어느 때라도 기쁜 일이지만 친구들 앞에서 칭찬받으면 그 기쁨이 배로 늘어난다.

훌륭한 교사는 수업시간에 칭찬거리를 꺼내놓는다.

“어제 지역대회 100미터 달리기에서 우승을 했어요. ○○, 축하한다.”

학급 아이들 모두가 성대한 박수를 보내자 교사는 이어서 다음과 같이 말한다.

“우승자의 인터뷰입니다. 한 말씀 해주시죠.”

이와 같은 연출로 아이는 더욱 잘하고자 하고, 학급 분위기는 밝아진다. 제삼자에게도 들릴 만한 곳에서 칭찬하면 효과가 높다. 칭찬의 말과 내용이 자연스럽게 제삼자에게 전달되도록 태연히 연출하자. 이 아동이 집단에서 매우 소중한 존재임을

의식하게 함으로써 칭찬 효과는 더욱 커진다.

본인이 없더라도 제삼자가 있는 곳에서 칭찬하는 것은 마법의 효력을 불러온다. 이것은 본인에게 전해지지 않을 수도 있다. 그러나 전해졌을 때는 여느 칭찬보다 몇십 배 효과가 있다.

▶ 선생님의 칭찬은 아이에게 용기를 준다

모든 선생님은 아이들이 열심히 공부하기를 바란다. 이상적인 아이의 미래상을 그리는 것은 모든 교사의 한결같은 마음이다. 하지만 교사는 아이들에게 '학습'이라는 짐을 지우지 않을 수 없다.

"공부하라"고 말했을 때, "공부는 왜 해야 하느냐"는 질문을 되받을 경우에 대비하여 교사는 언제나 나름대로 대답을 준비하고 있어야 한다. "훌륭한 사람이 되기 위해서 공부하는 거야" 대답한다면 아이는 쉽게 이해하지 못한다. "수학 공식 따위 몇 개 외우고 있어봐야 세상에 나가서 무슨 도움이 되나요?" 오히려 이런 질문을 받는다. 평범한 회사원이나 꽃가게 주인, 책방 주인이 되기 위해서 어려운 미분이나 적분, 기하학적 지식이 필요한 것은 아니다. 그렇기 때문에 교사는 대답에 궁색해진다.

이럴 때 어려운 말로 일일이 설명할 필요는 없지만 이 정도

의 말을 해줄 수는 있어야 한다. "지금 공부한 것이 장래 어떤 도움이 될지는 선생님도 모르겠다. 하지만 이런 말은 분명하게 할 수 있다. 어른이 되어서 사회로 나갔을 때, 별 소용이 되지 못하는 사람은 끈기도 없고 의지도 없는 인간이다. 학교에서 공부하는 과정을 통해서 너희들은 그 끈기와 의지를 배우는 것이다. 연습을 게을리하는 야구팀이 어떻게 리그전에 출전할 수 있겠니?" 야구를 좋아하는 아이라면 이런 말이 뜻밖의 설득력을 갖는다. 또는 "수학은 논리적인 사고를 키우기 위한 것이니까 두뇌훈련에 큰 도움이 된다"고 말하는 것도 좋다.

교사는 아이의 성격을 잘 파악하여, 아이에게 도움이 되는 말과 방식으로 의욕을 북돋워야 한다. 아이는 자기가 이해할 수 없는 것에 대해서는 어떤 일이든 열심히 하려 들지 않을 것이다.

너무 눈에 띄게 공부하기 싫어하는 아이가 있다고 하자. 이런 아이에게 공부를 시키려면 어떤 방법을 써야 할까.

나는 이런 방법을 권한다. 먼저 국어의 ㄱ, ㄴ부터 출발한다. 그런 기초조차 모르면 평생 모든 학습에서 뒤떨어지기 때문이

다. 구구단과 덧셈·뺄셈·나눗셈도 그런 의미에서는 똑같다. 공부하기 싫어하는 아이나 뭐든지 금방 싫증을 내는 아이가 있다면, 교사는 특별히 주의를 기울여야 한다.

먼저 공책에 한 줄을 베껴 쓰게 한다. 이때 아무리 아이의 글씨가 서투르고 엉망이라도 잔소리를 하지 않는다. 그냥 "열심히 해"라고 격려해 준다. 두 번째 줄을 쓸 때에는 "첫 줄은 3분 걸렸으니까 이번에는 2분 30초 만에 해보자" 격려한다. 2분 30초 안에 했다면 "30초나 빨리 했으니 정말 굉장하다"고 한껏 칭찬해 준다. 그렇게 해서 점점 아이의 능력에 맞는 목표를 설정하고 함께 공부해 나간다. 절대로 "너는 아직 이런 것도 못하니?" 따위의 말을 해서는 안 된다. 아이의 어깨에 손을 얹고 계속 격려해 준다. 이렇게 1주일을 계속하면 아이 쪽에서 "이번에는 수학을 해보고 싶다"든지, "자신감이 생겼으니까 이제부터는 혼자서 공부할 수 있다"는 말을 할 것이다.

아이의 학습 의욕을 북돋기 위해서는 동기의 제공은 물론 사소한 목표 달성에도 칭찬을 해주는 것이 중요하다. 심리학적으로도 아이는 칭찬을 받으면 반드시 성장한다는 사실이 입증

되어 있다.

4개의 테이블에 나누어 앉은 아이들에게 저마다 수학 문제를 주었다. 문제 내용은 똑같았지만 그룹마다 가르치는 방법이 달랐다. 칭찬·질책·무시·통제의 네 가지 방법이다.

칭찬의 방법이란? 그룹의 성과가 좋든 나쁘든 다른 그룹 앞에서 칭찬을 해준다. 질책의 방법이란? 틀린 대답을 하면 꾸중을 하고, 학습 태도가 나쁘면 모두들 앞에서 혼을 낸다. 무시의 방법이란? 잘하든 못하든 아무런 칭찬도 질책도 하지 않는다. 아이의 입장에서 보면 전혀 긴장감이 있을 수 없다. 통제의 방법이란? 선생님의 가르침 없이 아이들 스스로 주어진 문제를 해결하기만 한다.

하루 15분씩 5일 동안에 걸쳐서 다른 문제를 풀게 했다. 모두 1시간 15분 동안의 공부였는데 학습 의욕은 그룹에 따라 뚜렷한 차이를 보였다. 칭찬그룹은 점차 의욕적으로 발전했고, 질책그룹은 학습 의욕을 완전히 잃어버렸다. 무시그룹과 통제그룹은 5일 동안 거의 변화다운 변화를 보이지 않았다.

결국 칭찬하는 것이 학습 의욕을 높이는 최고의 영양소였다. 교사는 칭찬에 궁색해서는 안 된다. 칭찬받고 기뻐하지 않는 아이는 없다. 결과가 좋으면 반드시 칭찬해 주는 교사가 있다는 것이 아이에게는 기쁨이자 의욕이다.

▶ 꾸중이 부리는 마법

(1) 무엇 때문에 혼나는가보다 누구에게 꾸중 듣느냐가 중요하다

아침에 많은 아이들이 지각을 했다. "어째서 이렇게 한꺼번에 지각을 하는 거지?" A교사는 아이들을 보자마자 호통을 쳤다. 아이들은 떨떠름한 표정으로 잠자코 있었다. "어째서 대답이 없니!" 다그치듯이 감정을 드러내는 교사. 감정의 골은 깊어만 가고 있다.

똑같은 상황을 맞은 또 다른 교사가 있다. "오늘은 여러 명이 지각을 했더구나. 이유가 있는 사람은 말을 하거라."

그러자 재우가 말했다. "친구들끼리 만나기로 했는데 제가 늦는 바람에 다들 저를 기다리느라 늦었습니다. 제 잘못이에요."

"그래? 네가 늦어서 모두 기다렸던 거로구나. 그러나 한꺼번에 지각을 하는 건 좋지 않아. 앞으로 어떻게 하면 될까?"

"내일부터 좀 더 일찍 모이기로 하겠어요. 그러고도 만약 누군가 늦을 때에는 지각하지 않게 먼저 가기로 하겠습니다."

이 두 선생님은 어디가 다를까? 바로 신뢰의 정도가 다르다.

A교사는 평소에도 이유를 묻지 않고 노발대발 화부터 내며 꾸중으로 아이들을 다그친다. 그러나 바람직한 교사는 아이들의 행동을 먼저 이해하려 한다.

아이들에게는 무엇 때문에 혼나는가보다 누구에게 꾸중을

학생이 선생님에게 보내는 마음의 신호

227

듣느냐가 더 중요하다. 아이가 마음속으로 '선생님이라면 이해해 주실 것'이라는 신뢰를 느낄 때 선생님의 꾸중은 마법의 힘을 발휘한다.

(ㄹ) 자존감을 중요시한다

"그러면 안 되잖아! 어떻게 그렇게 한꺼번에 늦게 올 수가 있니!" 아침에 지각한 아이들에게 흥분할 때가 있다.

그러나 바람직한 교사라면 이렇게 말한다. "선생님은 너희를 걱정하며 기다리고 있었단다." 곧 아이들은 반성하는 마음을 갖는다.

또한 수업 중에 잘 이해하지 못하는 아이에게 얼굴빛을 바꿔가며 말하는 교사도 있다. "이런 것도 모르니?" 이런 방식으로 말하면 아이는 의욕을 잃게 된다. "모르니까 묻는 건데……." 이렇게 아이는 속으로 말을 삼키며 고개를 숙여버린다.

그럴 때, 훌륭한 교사는 묻는다. "여기까지는 알고 있지?" 그러면 아이는 금세 의욕적인 태도로 나온다. "거기까지는 알겠는데요."

아이들은 늘 자기의 존재가치를 인정받고 싶어한다. 교사는 아이의 행동을 바꾸고 싶을 때, 지적하기보다는 아이의 자존감을 소중히 여기고 교사 자신의 의사를 분명히 전달해야 한다. 그러면 아이는 순수한 마음으로 받아들이기 시작하고, 서로 신뢰관계가 싹터서 학교를 점점 좋아하게 된다.

자존감이란 자기긍정감이기도 하다. 이러한 자존감을 소중히 한다는 것은, 다른 아이와 비교하여 우수한지 아닌지를 확인하는 것이 아니다.

자존감이 높은 아이일수록 친구를 신뢰하며 존중한다.

(ㄹ) 내친김에 이것저것 혼내는 것은 안 된다

수업 중에 잡담한 것을 두고 야단을 친 김에 겸사겸사 책상속이 지저분한 것까지 나무라는 교사가 있다.

이런 경우 대부분의 아이들은 이렇게 생각하게 된다. '선생님은 내 결점만 찾고 계신가 봐.'

훌륭한 교사는 나무라는 내용을 하나로만 좁힐 뿐 다른 내용이 머릿속에 떠올라도 참는다.

아이들은 저마다 뚜렷한 개성을 지니고 있다. 감상적 경향이 강한지, 논리적 경향이 강한지 또는 꾸중 듣은 것에 대해 긍정적으로 받아들이는지, 부정적으로 받아들이는지를 깊이 관찰해야 한다. 아이들의 개성에 따라 꾸짖는 방식도 달라져야 한다.

다음 네 가지 유형의 꾸중법을 참고하여 좀 더 나은 방법을 찾기 바란다.

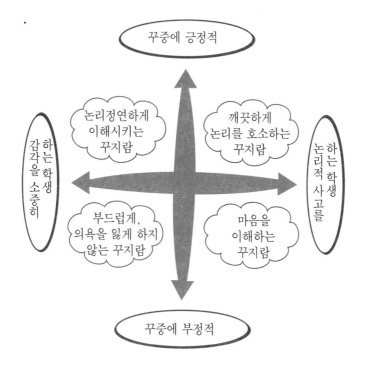

꾸중에 긍정적

논리정연하게
이해시키는
꾸지람

깨끗하게
논리를 호소하는
꾸지람

감각을 소중히 하는 학생

논리적 사고를 하는 학생

부드럽게,
의욕을 잃게 하지
않는 꾸지람

마음을
이해하는
꾸지람

꾸중에 부정적

(4) 사실을 확인하고 목적을 명확히

"너는 뭘 해도 안 돼!" "네가 뭘 하겠니?" 이렇게 꾸중하면 아이들은 무엇 때문에 혼나고 있는지도 모를뿐더러 "어차피 나는 해도 안 되는걸 뭐" 이렇게 생각하고는 쉽게 포기해 버린다. 아동은 마음에 깊은 상처를 입어 자신감을 잃는다. 이러면 혼을 내봐야 아무 의미가 없으며 역효과만 난다.

나무라기 전에 '그것이 사실인지' '과연 나무랄 필요가 있는지'부터 확인할 필요가 있다. 한쪽으로 치우친 정보에 흔들려서 사실을 확인하지도 않은 채 꾸중하는 일이 있어선 절대로 안 된다.

꾸중의 목적은 아이에게 준비부족을 일깨우고, 반성하게 하며, 고칠 수 있게 하는 것이다. 아동의 생각, 경과, 결과, 다른 아동에게 미치는 영향 등을 확인하는 것이 가장 중요하다.

훌륭한 교사는 먼저 사실 확인부터 하고 목적을 명확히 한 다음 이유를 설명하면서 꾸짖는다. 그러면 아이들도 순수한 마음으로 받아들인다.

'선생님은 내 얘기는 들어보지도 않고 일방적으로 버럭버럭 화만 내고 야단을 친다.' 아이들에게 이런 생각이 들게 하고, 반발하게 하고, 때로는 증오감마저 갖게 하면 아무것도 되지 않는다.

(5) 마음에 깊이 스며드는 한 마디

교사는 자기가 하는 말이 아이의 인생을 좌우할 수도 있다는 것을 인식하고 신중하게 생각해서 말해야 한다.

"너답지 못한 행동을 했구나!" 바람직한 교사는 이렇게 한 마디로 꾸짖는다.

이 말 한 마디가 꾸지람을 들은 아이의 마음에 깊이 스며들어 꾸중의 효과를 높이기도 한다. '선생님은 나를 인정하고 계시구나' 느끼게 하는 꾸중의 말이라고 할 수 있기 때문이다.

교사의 마음은 의도하든 의도하지 않든 간에 있는 그대로 아이에게 전달된다. 그러므로 아이가 잘못을 저질렀을 때 교사는 따뜻한 마음으로 꾸중해야 한다.

(6) 빈정거림은 싹을 자르는 역효과

예를 들어 3학년 아이가 조사를 잘못 사용했다. "'을'과 '를'이 잘못 쓰여졌구나." 평소 같으면 이렇게 가볍게 나무랄 일이다.

그러나 빨리 고쳐주고 싶은 마음에 "마치 1학년 같구나." "너는 아직 이것도 모르니?" 이런 말을 하여 일부러 아이에게 모욕을 주는 교사가 있다.

성인이라면 반발심에 더욱 노력하여 그것이 좋은 결과로 이어지는 경우도 있겠지만, 아이들일 경우 사소한 실수(혼동)를 '1학년 같다'거나 '아직도 이걸 모르느냐?'고 빈정거려서 좋은 결과를 기대할 수는 없다.

어릴 때부터 영재교육을 받는 아이들이 있다. 발레를 배우는 여자 어린이에게 교사가 "잘하는구나!" "넌 발레 천재야" 이런 칭찬의 말을 꾸준히 하여 끝내 훌륭한 발레리나가 된 경우도 있다. 만약 교사가 "잘 못하네" "몇 년이나 했니?" 빈정거렸다면 결코 그렇게 잘되지는 못했을 것이다.

아이들에게는 너 나 할 것 없이 '어른이 되고 싶다' '빨리 크고 싶다'는 성장욕구가 있다. 뒤집어서 말하면 아이들에게는 교사나 가족에 대해 '몸집이 작고 힘도 약하다', '지식도 없다'는 등의 열등의식이 잠재되어 있다.

아이들의 이러한 성장욕구를 무시하고 1학년 같다는 둥 유치원생 같다는 둥 실제 나이보다 유치하다는 말을 하면, 열등감을 강화시킬 뿐만 아니라 도리어 아이들을 유치함에서 벗어나지 못하게 할지도 모른다.

(ㄱ) 무심한 농담에도 깊은 상처가 남는다

교사가 가벼운 농담처럼 한 말이 아이들에게 깊은 상처를 남기기도 한다.

교내 달리기대회가 있었다. 도중에 넘어진 여자아이가 있다. 담임인 A교사는 가벼운 농담을 섞어 격려했다. "몸이 무거우니 넘어지는 것도 무리가 아니지. 살 좀 빼도록 하렴." 그날 저녁에 그 아이의 어머니에게서 전화가 걸려 왔다. "아이가 학교에 다니지 않겠다고 하는데 무슨 일이 있었나요?" 그때 A교사는 자신의 실수를 비로소 깨달았다.

물론 A교사도 아이가 열심히 했다는 것을 알고 있다. 나아가 더 잘하길 바라고 한 말이지 악의는 전혀 없었다.

악의는커녕 넘어진 아이의 창피함을 무마해 주려고 나름대로 생각하고 한 말이었다. 농담 섞인 말로 힘을 북돋아 주려했을 따름이다.

그러나 신체에 대한 놀림이 섞인 말은 아이의 심정을 생각하면 비록 농담이라도 피해야 한다. 최근 비만 아이들이 부쩍 많아졌고, 그 아이들은 신체에 대한 엄청난 스트레스를 받고 있다. 그러므로 교사는 아이들이 상처받지 않도록 말 한 마디라도 조심할 일이다.

특히 신체, 가정 문제 등 본인의 힘으론 어쩔 수 없는 약점이나, 개인이 소중히 생각하는 것을 농담거리로 삼는 것은 피해야 한다.

아이들이 조금이라도 의욕을 보였을 때 교사가 놀리는 듯한 농담이나 부정적인 말을 하는 것은, 무시당한 것 이상으로 아이의 자존심에 상처를 입힌다. 이럴 때 아이가 다시는 하지 않겠다고 부정적으로 생각하는 것은 당연하다.

▶ 성적이 아니라 게으름을 꾸짖어라

학력을 뒤처지게 하는 가장 큰 덫은 게으름이다. 게으름을 꾸짖지 않는 것은 아이의 미래를 망치는 일이다.

어느 시대 어느 곳에나 공부라면 질색을 하는 아이들이 있다. 보통 그런 아이들에게선 한 가지 공통점이 보인다. '머리가 나쁘다'거나 '공부 방법을 모른다' 따위가 아니라, '게으르다'는 것이다.

아이들의 시험 성적은 이런저런 방법을 끌어다 쓰면 얼마든지 올릴 수 있다. 하지만 교사가 언제까지 아이들을 채근해 가며 성적을 올려줄 순 없는 노릇 아닌가. 아이가 학교에서도, 나아가 사회에서도 스스로 성취감을 계속 맛보게 해주려면, 그에게 게으름을 물리칠 수 있는 강한 근성을 길러주어야 한다. 그런 토대가 마련되면 아이는 스스로 '이대로는 안 되겠다'는 위기감을 느낄 수 있게 된다.

공부에 열심을 내지 않는 아이를 보면, 지금 자기 처지에 대한 위기감이나 자기 자신에 대한 죄책감 같은 것을 거의 느끼지 못함을 알 수 있다. 그대로 내버려 두면 그 아이는 점점 게을러져 결국에는 진도를 따라가지 못하고, 마침내는 수업 시간에 자리를 지키고 앉아 있는 일조차 고통스럽게 느낄 것이다.

게으름을 피우는 아이는 반드시 꾸짖어야 한다. 아이들에게는 엄한 꾸지람이 필요할 때가 분명 있다. 다만 그것은 결과에 대해서가 아니라 '과정'에 대해서여야 한다. 성적이 왜 이 모양이냐며 꾸지람당하는 아이도, 게으름을 피우는 데도 전혀 꾸지람당하지 않는 아이도 모두 불행하다.

물론 혼내는 일은 매우 성가시고 스트레스 받는 일이다. 하지만 그 까다로운 일을 교사가 아니면 누가 하겠는가? 교사는 아이들의 미래에 대한 책임이 있다. 아이들이 삶을 이끌어 나가는 과정에서 그릇된 태도를 보일 때는 결코 외면하지 말자.

▶ 한번쯤 용서해 주자

세기의 천재 칼 비테는 평소 이런 질문을 많이 받았다고 한다.
"비테 씨, 당신이 천재가 된 데는 뭔가 특별한 비결이라도 있소? 대체 아버지에게서 무슨 특별한 교육을 받은 거요?"

그럴 때마다 그는 웃으며 이렇게 대답했다.

"비결이야 물론 있죠. 그건 바로 충분히 용서해 주는 거지요."

아이들은 늘 뭔가 짓궂고 엉뚱한 장난을 궁리한다. 교사는 아이들이 장난을 치거나 잘못을 저지를 때마다 매번 너그럽게 용서해 줄 수 있는 아량을 지녀야 한다.

아버지가 너그럽게 비테를 감싸주지 않았다면, 선천적 결함을 지닌 아이가 어떻게 천재로 자랄 수 있었겠는가? 여기 아버지 비테의 일기를 적는다.

'수많은 부모들이 엄격한 교육을 추구한다. 때때로 귀엽고 사랑스러운 아이에게 함부로 대하는 모습을 볼 때마다 정말 가슴이 아프다. 칼은 저능아로 태어났다. 이런 아픔을 감당해 낼

수 있는 부모가 얼마나 될까? 하지만 난 인내심을 가지고 지켜볼 것이다. 나는 매일 밤 하느님께 칼에게 지혜와 총명을 달라고 기도한다. 내가 할 수 있는 건 최대한의 노력과 관용으로 칼에게 행복한 인생을 선물하는 일이다.'

교사의 너그러운 용서는 성장기 아이들이 하나씩 하나씩 어려움을 극복할 수 있는 힘이 된다. 물론 무조건적인 용서는 좋지 않다. 아이들이 잘못을 저지르고 나서 뉘우칠 때, 언제나 '이번이 마지막이다' 생각하며 한 번쯤 용서해 주자.

아버지 비테의 글이다.

'지나치게 엄격한 교육은 아이의 발전을 방해하지만, 지나친 관용 또한 아이를 나태하고 산만하게 만들 수 있다. 이 두 가지 극단적인 실수를 범하지 않는 게 가장 좋은 교육이다. 엄격한 교육과 관용의 마음을 적절히 조화시키면서도 관용의 마음을 우선순위에 두어야 한다.'

이렇듯 교사가 아이에게 베푸는 용서는 엄격한 교육을 토대로 한 것이다.

아이가 숙제를 한두 번 정도 안 해왔다면, 너그럽게 용서하

고 차근차근 조용히 타이르는 것이 중요하다. 만일 아이가 다음 번에도 숙제를 못했다면, 반드시 아이는 죄책감을 느낄 것이다. "이번이 마지막이야. 난 너를 믿는다." 이렇게 말하자.

'마땅히 해야 할 일을 하지 않았는데도 선생님은 혼을 내기는커녕 날 배려하고 이해해 주셨어. 그런데 어찌 더 열심히 하지 않을 수 있을까?' 아이는 평소 같았으면 매우 귀찮아할 숙제를 다음 번엔 정말 지극정성을 들여 해올 것이다. 그렇지 않고 심하게 나무란다면, 마음속에 반발심만 자란다. '우리 선생님은 나빠. 나를 좋아하지 않으셔.' 이렇게 학급의 아웃사이더로 떨어져 버릴 것이다.

이처럼 교사의 너그럽게 용서하는 마음은 아이에게 무한한 용기와 힘을 준다.

▶ 너를 아끼기 때문에 나무란다

(1) '화내다'와 '나무라다'의 차이

'나무라다'와 '화내다'는 비슷하지만 서로 다른 말이다. 화를 낸다는 행위는 자기 감정을 아이에게 터뜨리는 것이고 때로는 아이에 대한 애정을 망각하기도 한다. 이에 반해 나무란다는 것은 보다 나은 성장을 바라고 아이에게 자기 행동을 되돌아보게 하고 반성하게 하는, 애정이 담긴 행위이다.

나무라는 행위에는 아이들의 성장을 바라는 교사의 마음이 담겨 있어야 한다. 아이를 사랑하는 마음 없이 나무라는 것은 화를 내는 것이므로 교사로서 결코 해서는 안 될 행동이다. 여기 있는 아이를 아끼기 때문에, 더욱 향상되기를 바라기 때문에 나무라는 것이다. 아이를 위해 나무라는 교사의 방법은 마법을 일으킨다. 아이는 내부에서부터 차츰 변화해 간다.

(2) 효과적으로 나무라는 방법

아이가 잘못된 행동을 하여 주의를 주어야 하는 상황이라고 하자. 이때, '아이가 잘되기를 바라는' 마음은 같아도 나무라는 방식은 여러 가지이다.

그 아이가 어떤 아이인지에 따라 나무라는 방법을 달리할 필
요가 있다. 또한 교사의 사고방식도 다양하므로 나무라는 방법
도 교사에 따라 다르다.

언제나 똑같이 큰 소리로 야단을 치거나 항상 똑같은 설명
만 되풀이하면 효과는 기대할 수 없다. 교사·학생·상황을 잘
파악하여 가장 적합하다고 생각되는 꾸중법을 써야 한다. 나
무라는 방법에 따라 효과적으로 지도할 수도 있고, 반대로 역
효과가 날 수 있다.

(3) 나무라는 것은 오직 아이를 위해서

예를 들면 수업 중에 집중하지 않고 늘 멍하니 있는 아이가
있다 하자. 당신은 이런 아이에 대해 어떻게 나무랄 것인가?

"중요한 이야기를 하고 있는데…… 너희들을 위해 열심히 이
야기를 하고 있건만 딴 생각을 하다니!"

자신의 이야기가 무시당한 것에 자존심이 상해서 이렇게 버
럭 큰 소리를 친 경험이 있을 것이다. 그러므로 아이를 나무랄
때는 늘 '아이를 위해 나무란다'는 생각을 머릿속 한쪽에 놓아
두어야 한다.

(4) 교사의 마음은 반드시 전달되어야 한다

아이들은 신기하게도 교사의 거울이다. 교사가 흥이 나지 않
을 때는 아이들의 기분도 가라앉는다. 또 '이 아이들이 무척

좋다'고 교사가 느낀다면, 아이들도 교사를 좋아하게 된다. 아이의 직감은 성인 이상으로 민감하다. 자기를 나무라는 교사의 말이나 표정의 극히 작은 변화로 상대의 마음을 읽어낸다.

'선생님은 정말로 나를 걱정해서 역정을 낸다.'

'선생님은 입으로는 바른말을 하고는 있지만, 자기의 형편에 이롭게 행동하고 있을 따름이다.'

그런 것을 감지해 내는 것이다.

교사의 진지한 바람과 염려는 의도하지 않아도 알게 모르게 아이에게 전달된다.

'나는 너를 좋아하기 때문에, 잘되기를 바라기 때문에 야단을 치는 거야.'

이 마음을 언제나 가슴속에 지닌 채 아이들을 대하면 그 마음은 반드시 아이에게 전달된다.

(5) 아이는 반드시 어른이 된다

일방적으로 본인의 생각을 전달하는 꾸중법을 쓰고 있지는 않은가? 상대가 어린아이라고 생각하여 거칠고 조잡한 논리로 나무라고 있지는 않은가? 만약 그런 것 같은 생각이 든다면 '아이는 반드시 어른이 된다'는 진리를 염두에 둘 필요가 있다.

어른이 된 뒤에 초등학교 시절을 돌아볼 때, 교사와의 일로 기억에 남는 것의 대부분은 야단맞은 것들이다.

'그때 선생님에게 혼이 난 것은 분명 내가 잘못했기 때문이

야.'

아이가 이다음 어른이 되었을 때, 이렇게 이해할 수 있는 꾸중법을 터득하고 있는가?

어른이 되었을 때의 아이를 상상하고 나무랄 것을 명심하기 바란다.

(6) 야단치는 이유를 이해시킨다

예를 들어 복도를 뛰어다니는 아이를 야단친다 하자. 그때는 복도를 뛴다는 행위만을 야단쳐선 불충분하다. '왜 복도를 뛰어선 안 되는가?' 그 이유를 아이에게 설명하고 이해시킬 필요가 있다.

또한 식사할 때 일어나서 돌아다니는 아이가 있을 경우에는 "바르게 앉아서 먹도록 해라" 이 말뿐만 아니라, 반드시 "왜 먹으면서 돌아다니면 안 되는가?"를 설명해 주어야 한다.

저학년 가운데는, 해도 되는 것과 해서는 안 되는 것을 모르는 아이가 있다. 따라서 해선 안 되는 까닭을 차근차근 가르쳐 주어야 한다. 고학년 아이에게는 '왜 이런 행동을 해서는 안 되

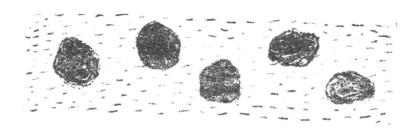

는가를 아는지'를 물어 이해한 상태에서 야단을 쳐야 한다.

아이가 "그렇게 하면 선생님한테 혼나요"라고 말할 때가 있다. 그런 아이는 자신의 행동이 왜 나쁜지를 깊이 생각하지 않은 것이다.

'선생님께 혼나니까 해서는 안 된다.' 이런 인식을 갖는 수준에 머무를 뿐이다.

아이에게 야단치는 이유를 이해시키지 못할 경우 '선생님은 어쨌든 마음에 들지 않으면 화를 낸다'는 오해를 살 우려가 있다.

(7) 왜 안 되는지를 반드시 설명하라

야단맞는 이유를 모르면 자기의 행동을 돌아보고 반성하지 못하므로 앞으로 달라질 수가 없다. '야단치는 이유를 설명한다'는 것은 아이들의 향상에 있어 빼놓을 수 없는 일이다.

꾸중듣는 이유를 알아야 아이들은 순수하게 반성할 수가 있다. 그래야 자기 행동을 되돌아보면서 생활하게 되고, 그것은 아이들을 향상으로 이끈다.

그저 단순히 '이것은 안 된다'고 야단칠 것이 아니라 왜 안

되는지를 가르쳐야, 아이는 '선생님의 말은 타당하다'고 생각하게 된다. 또 아이들의 교사에 대한 신뢰도가 높아진다.

야단치는 까닭을 설명하는 것은 아이들과 신뢰관계를 구축하기 위하여 중요한 일이다.

 해서는 안 될 말

나무랄 때 다음과 같은 말을 한 적이 있을 것이다.

- 너는 항상 그래.
- 또 너야?
- 역시 너로구나.
- 도대체 똑같은 말을 몇 번 말해야 알아듣겠니?

확실히 늘 똑같은 일로 야단을 맞는 아이에게 하고 싶은 말이기는 하다. 그러나 이런 말이 아이의 마음에 상처를 준다. 행동이 아니라 사람을 책망하는 말이기 때문이다.

'잘못된 행동을 하는 것은 내가 잘못된 아이이기 때문이다. 나는 어차피 잘못된 아이야.'

'선생님은 나를 구제불능이라고 생각하고 있어.'

아이는 이렇게 생각할는지도 모른다. 교사에게는 아이에게 해서는 안 될 말이 있는 것이다.

아이의 자신감을 잃게 하고 '나를 부정적으로 보고 있다'는 생각이 들게 하는 교사를 아이들은 결코 신뢰하지 않는다. 언제나 아이가 잘되기를 바라는 마음으로 하는 꾸중—이것을 명심하면 아이에게 상처를 주는 말은 마법처럼 자연스레 자취를 감춘다.

(무) 행동을 나무라는 것은 아이를 인정하는 것

행동을 나무라면 나무라는 방법이 깔끔해진다. 그리고 아이 자신에게 반성을 촉구하는 꾸지람을 할 수 있게 된다.

"사람은 실수도 하기 마련이다. 그렇지만 그것을 반성하는 것이 중요하다. 이번의 실수를 거울삼아 앞으로 나아지려고 노력하거라. 너는 반드시 좋아질 테니까."

아이를 믿기 때문에 나무라는 것이다.

'행동을 나무란다'는 것은 아이를 믿고 인정한다는 것이다. 나무라는 방식에 따라 아이들은 교사가 자신을 어떻게 생각하는지를 감지해 낸다. 나무람으로 자신의 성장을 믿어주는 교사를 아이들은 크게 신뢰하게 된다.

'사람이 아니라 행동을 나무란다'는 것은 아이와의 신뢰관계를 구축하기 위한 중요한 주춧돌이다.

(무) 절대 감정적으로 나무라지 말라

아이를 나무랄 때 중요한 것은 냉정함이다. 어디가 잘못되었는지를 아이들에게 가르치는 데 감정적이 되면 중요한 핵심을 놓치게 되는 경우가 있다. 또 감정적으로 나무라면 점점 화가 증폭된다. 꾸지람을 듣는 아이로선 자기 행동을 되돌아볼 생각은 않고 오로지 시간이 빨리 흘러주기만을 바라게 된다.

그리하여 자신을 깊이 돌아보지 않은 채 표면적으로 반성한 상태에서 상황이 종료된다. 진정으로 아이의 반성을 촉구하고 싶다면 감정적으로 나무라지 말아야 효과를 기대할 수 있다.

교사가 감정적으로 화를 내는 경우에 아이는 그 상황에 대해서만 두려움을 느낀다고 보아도 무방하다.

"휴, 겨우 끝났네. 이젠 뭐 익숙해졌어. 별거 아냐."

잔뜩 야단을 맞은 뒤에 친구에게 하는 말이다. 아마도 이 아이는 '폭풍'이 어서 지나가기만 기다렸을 것이다. 이와 같이 감정적으로 야단을 치면 효과가 별로 없음을 알 수 있다.

감정적이 된 사람은 냉정하게 상대편 마음의 움직임을 읽지 못한다. 교사는 자기 기분을 아이에게 폭발시킴으로써 가라앉히지만 상대 아이는 그것을 이미 감지하고 있다.

(11) 아이를 불안의 구렁텅이로 몰지 않도록

교사가 진지한 얼굴로 이름을 부르기만 해도 대부분의 아이들은 가슴이 철렁하기 마련이다.

"○○아, 이리로 오너라."

말씨는 부드러워도 진지한 표정으로 이렇게 부르면 아이는 '무슨 일이지? 뭔가 혼이 날 행동이라도 했나?' 생각한다. 교사 앞으로 오는 아이의 표정은 불안으로 가득 차 있다. 여기서 "잠깐 물어볼 것이 있다"는 말이라도 들으면 아이의 불안은 더욱 고조되어 체념하는 태도가 된다.

특별한 경우가 아니라면 아이에게 소리를 질러가며 감정적으로 꾸중할 필요는 없다.

(12) 냉정함이 신뢰를 부른다

아이들은 감정적이 되어 큰 소리로 화를 내는 일이 잦은 교사를 보면 '언제 폭발할지 몰라서 무섭다'고 늘 생각하게 된다.

또 고학년이 되면 교사가 감정적이 된 것을, 오히려 냉소적인 눈으로 바라보는 아이도 생긴다. 인간관계가 구축되어 있다면 감정적인 장면을 보임으로써 신뢰관계가 더욱 깊어지는 경우도 있다. 그러나 인간관계가 이루어져 있지 않은 시기에 감정적인 면을 보이는 것은, 아무리 아이에 대해서라지만 좋지 않다.

스스로를 경계하는 마음을 담아서 아이들과 일정한 거리를 두는 교사가 되어야 한다.

▶ 난폭한 아이에게 좋은 표현방법 가치를 배우게 한다

친구와 문제가 생기면 곧장 주먹부터 나가는 아이가 있다. 폭력을 휘두르는 것을 발견하면 즉각 제지하는 게 당연하지만 이런 아이는 야단맞는 데 익숙해져 있다. 따라서 그때마다 되풀이하여 주의를 주어도 교사가 보지 않는 곳에서 폭력을 휘두를 가능성이 높다.

이럴 때 교사는 '어느새 주먹이 나가는 아이는 친구와의 문제를 폭력으로밖에 해결할 줄 모른다' 생각하고, 그에 맞는 방법으로 지도하는 것이 중요하다. 난폭한 아이에게는 냉정하게 대하고, 이야기를 들어서 그 아이의 생각을 끌어내야 한다. 이야기를 들음으로써 그 아이에 대한 이해가 깊어지고 신뢰관계도 돈독해진다.

①짧고 간단하게 주의를 준다.

폭력을 휘두르는 장면을 직접 목격했을 경우, '폭력이 왜 나쁜가?' 하는 것을 아무리 길게 설명해 봤자 효과는 거의 없다. '다른 사람에게 주먹을 휘두르는 것은 어떤 경우에도 안 된다' 는 사실을 짧고 간단하게 말하는 것이 좋다. 친구에게 폭력을 휘두를 때마다 거듭 나무랄 필요가 있다.

②공평하게 이야기를 듣는다.

난폭한 아이가 말썽을 일으키면 '또 너냐?'라는 성난 눈으로 그 아이를 바라보기 쉽다. 주먹을 휘두르는 데는 까닭이 있다. 말썽이 왜 일어났는지를 되도록 많은 아이들에게서 듣는 것이 중요하다.

③차근차근 이야기를 듣는다.

말썽의 이유를 대강 알았으면 반드시 본인의 이야기를 들어야 한다. 친구에게 곧장 폭력을 쓰는 아이는 말로 표현할 줄 모르기 때문에 손과 발이 앞서는 경우가 많다.

자기 기분을 말 대신에 몸으로 나타낸다고 할 수 있다. 그러므로 반드시 본인에게서 말썽이 일어난 경과와 그때의 마음상태를 물어보아야 한다. '듣는' 것이므로 훈계를 해서는 안 된다. 이때도 아이가 설명하기 쉬운 질문을 하도록 유념해야 한다.

④무엇에 화가 났는지 찾아보도록 한다.

가장 중요한 것은 그 아이가 무엇 때문에 화가 난 것인지 그 아이 스스로 깨닫게 하는 것이다. 그러려면 부드러운 표정으로 아이의 말을 들어야 한다. "너는 이런 일에 화가 난 것이로구나." 이렇게 확인해 줌으로써 자기의 기분을 알게 하는 것이 중요하다.

⑤가장 잘못된 행위를 말하게 한다.

타인에게 폭력을 휘두르는 것은 용서할 수 없는 일이다. 한 번 이렇게 물어보자.

"이번에 네가 한 행동 가운데 가장 잘못된 것은 무엇일까?"

아이는 반드시 '폭력을 쓴 것'이라고 대답할 것이다. 그런 뒤에 폭력이 왜 나쁜지를 설명하는 것이 효과적이다.

⑥어떻게 하면 좋았을지 생각하게 한다.

어떻게 하면 폭력을 휘두르지 않고 지나갈 수 있을지를 생각하게 한다. 감정이 고조되기 전에 주먹이 나가는 것을 미리 막을 방법이 있을 것이다.

저학년 아이들에게는 어려울지도 모르므로 다음과 같이 가르쳐 주는 것도 필요하다. "이때는 이렇게 하면 좋았을 것 같은데 네 생각은 어떠니?"

⑦칭찬할 점을 찾는다.

교사에게 난폭한 아이들은 늘 주목해야 할 대상이다. 왜냐하면 그 아이의 야단맞을 행동뿐만 아니라 칭찬해 줄 행동을 발견할 기회를 찾아야 하기 때문이다. 난폭한 아이들을 살필 때 '좋은 점을 찾겠다'는 마음으로 주목하는 것이 중요하다.

▶ 격정을 참지 못하는 아이

(1) 분노에 휩싸이는 아이의 특징

요즘 이런 아이가 늘고 있다. 친구와 문제가 있거나 교사가 주의를 주거나 하면 격정에 휩싸여서 난폭해진다.

일단 감정의 고삐가 풀리고 나면 친구의 말은 물론 교사의 말도 귀에 들어오지 않게 된다.

그런 아이는 평소에는 비교적 얌전한 아이일 경우가 많다. 그러나 일단 격정에 휩싸이고 나면 자기감정을 제어하지 못하여 앞뒤 가리지 않고 난폭해진다. 그럴 때의 행동에는 대개 다음과 같은 것이 있다.

- 눈물을 흘리고 고함을 친다.
- 주위에 있는 물건을 집어던지거나 발로 찬다.
- 가까운 사람에게 분별없이 덤벼든다.
- 한동안 침울해져 아무하고도 대화를 나누지 않는다.

아이들에 따라 얼마쯤 차이는 있지만 대체로 비슷한 증상을 보인다.

(2) 다른 아이들을 멀리 떼어놓는다

고삐가 풀린 상태에서 난폭해진 아이의 눈에는 주위 사람

모두가 적으로 보인다. 진정시키려고 다가가는 아이나 전혀 관계가 없는 아이에게까지 폭력을 휘두를 가능성이 크다. 또한 손에 잡히는 물건을 아무거나 던지기 때문에 매우 위험하다. 다른 아이들을 그 아이로부터 즉각 떼어놓을 필요가 있다.

(3) 어깨나 등을 부드럽게 쓰다듬는다

난폭해진 상태를 진정시키는 효과적인 방법이 있다. 이름을 부르면서 어깨나 등을 부드럽게 쓰다듬는 것이다. 아이의 어깨나 등을 쓰다듬으면서 이름을 불러주면 차츰 아이의 분노가 가라앉는 것을 알 수 있다. 조금 진정되거든 자리에 앉히고 잠깐 어깨나 등을 가만히 토닥여 준다.

(4) 한동안 내버려 둔다

격정은 가라앉아도 그 아이의 감정은 여전히 고조되어 있다. 이럴 때 '감정의 울타리를 뛰어넘었던' 원인을 묻거나 주의를 주기 위해 야단을 쳐봤자 귀에 들어오지 않는다. 마음이 진정될 때까지 한동안 혼자 놔두는 것이 중요하다. 다른 아이에게도 혼자 있게 놔두라고 말한다.

(5) 스스로 되돌아보게 한다

아이의 기분이 가라앉거든 원인을 찾고 해결에 나선다. 이때 중요한 것은 난폭해져 있을 때 어떤 상태였는지, 어떤 위험한 행동을 했는지 본인에게 가르쳐 주는 것이다. 까딱하면 엄청난 사태가 벌어질 수도 있었음을 이해시킬 필요가 있다. 이런 아이는 자기가 격정에 휩싸여 난폭해졌을 때의 상태를 잘 기억하지 못하는 경우가 많다. 진정된 다음에는 반드시 스스로를 되돌아보게 할 필요가 있다.

(6) 고삐 풀리기 전에 떠나라

평소 그 아이를 깊이 관찰하고, 싸움이나 말다툼할 때 '이대로 가면 위험하다'고 판단되면 말을 건네도록 한다. 그리고 '화가 난다고 느끼면 그 자리를 떠나라'고 가르친다. 일단 고삐가 풀린 뒤에는 늦다. 되도록 이와 같은 훈련을 쌓는 것이 중요하다.

▶ 교사에게 반발하는 아이

(1) 교사 대 아이들 구조가 되지 않도록

교사가 주의를 주어도 '무슨 말을 하느냐'는 듯이 반항적인 태도를 보이고 적의를 나타내는 아이도 생겨난다. 고학년이 되면 교사의 말을 전혀 무시하는 듯한 태도를 보이는 아이가 있다. 매우 걱정스런 일이지만, 이런 아이가 늘고 있는 것은 사실이다. 이런 아이에겐 교사의 통솔도 별 소용이 없어 보이기까지 한다. 그래서 교사는 나무람을 포기하기 쉽다. 그러나 나무라지 않으면 다른 아이에게 나쁜 영향을 준다. '왜 저 아이만 야단을 치지 않을까?' 이런 생각을 심어준다.

또한 이런 유형의 아이는 교사에게 반항함으로써 학급 내에서의 자기 존재감을 나타낸다. 교사가 다른 아이를 혼내면 혼난 아이에게 다가가 교사를 비판한다.

야단맞은 아이를 '지켜준다'고 하는 편이 나을지도 모른다. 그렇게 함으로써 주위 아이들의 신뢰를 얻는 것이다. 이와 같은 아이를 그냥 놔두면 마침내 '교사 대 아이'라는 구조가 생겨나 최악의 경우에 학급이 무너진다.

(ㄹ) 아이의 도발에 함께 맞서지 않는다

이런 유형의 아이는 꾸중하면 할수록 도발해 온다. 고의로 교사를 화나게 하여 감정적이 되도록 꾸미는 것처럼 보인다. "왜 나빠요?" "그래요?"라는 말과, 전혀 꾸중을 듣고 있지 않은 듯한 태도를 보인다. 이것이 교사에게는 도발적으로 느껴지는 것이다.

"정신 똑바로 차리고 말을 들어라"든가, "나쁘다는 걸 알지 못하니?" 등의 말은 금기이다. 도발적인 태도나 말은 제쳐놓고 어디까지나 냉정하게 말하는 것이 중요하다. 도발에 함께 승차하여 감정적이 되면 주위 아이들에게는 대등하게 말싸움을 하는 것으로밖엔 보이지 않는다. 말투는 온화하지만 의연한 태도

로 말해야 한다. 냉정하게, 희미하게 입가에 미소를 띠는 정도의 여유를 보이자.

(3) 다른 아이들과 함께 나무란다

많은 경우, 나무라야만 하는 경우는 여럿이서 뭔가를 했을 때이다. 그러므로 그 아이 한 명만 특별히 야단치지 말고 다른 아이와 함께 나무라도록 한다. 주위 아이는 대체로 순수하게 반성할 것이다. 주위 아이에게 주는 주의는 그 아이에 대한 주의이다. 친구가 반성의 말을 하면 그 아이도 똑같이 말하지 않을 수 없게 된다.

전혀 특별하게 다루지 않고 평등하게 나무라면 교사에 대한 시각도 바뀌고 믿음도 쌓여간다.

(4) 주변 아이들에게 눈길을 주라

교사로서는 태도가 나쁜 아이에게 주의가 집중될 수밖에 없다. 그러나 다른 아이에게 눈길을 주는 것이 중요하다. 교사에게 적대적인 아이가 있는 학급일수록 주위 아이와 교사의 관계를 친밀하게 유지해 둘 필요가 있다. 학급의 많은 아이들이 교사의 의도를 알아서 야단을 맞고 순수하게 자신을 되돌아보는 집단으로 기르는 것이 중요하다.

교사에게 적개심을 품은 아이에게 가장 두려운 것은 '친구'인 것이다.

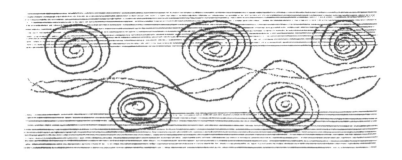

　교사에게 꾸지람 듣는 것을 이해하고 반성하여 나아지려 노력하는 집단으로 길러놓으면, 그런 집단 속에선 그 아이도 감히 반발하려 하지 않게 되고 교사를 보는 눈도 달라진다. 그런 아이는 집단 속에서 성장해 간다.

▶옳지 못한 행동을 되풀이하는 아이

(1) 느긋한 마음으로 살핀다

　몇 번이고 주의를 주어도 똑같은 잘못을 되풀이하는 아이가 있다. 꾸지람을 들을 때는 신통한 표정을 지으며 반성하다가도 어느새 같은 잘못을 저지르는 아이가 한 반에 꼭 몇 명 있다. 나무라는 사람도 "또야?"라며 무심코 감정적이 되기 쉽다. 자신의 지도방법이 잘못된 것 같다며 자신감을 잃기도 한다.

　그러나 한두 번 야단친 것으로 아이가 바뀐다면 고생이랄 것도 없다. 똑같은 행동을 되풀이하는 아이를 지도하는 것이야말로 꾸지람의 의미를 다시 생각케 하는 좋은 기회라고 여겨야 한다. 조급해하지 말고 그 아이의 행동을 주의 깊게 살필 필요

가 있다.

(2) '기대하고 있다'고 말한다

예를 들어 당번 활동을 자주 잊어버리는 아이가 있다 하자. 한바탕 주의를 준 다음에 "다음 번엔 잊지 말아라. 너는 잘할 수 있어. 기대하겠다"는 말로 마무리를 하도록 한다. 아이는 방치되는 것을 매우 두려워한다.

"선생님은 내게 관심이 없어. 나 같은 건 어차피……"라고 생각하게 되면 점점 같은 잘못을 되풀이할 우려가 있다. 그러므로 교사는 '기대하기 때문에 나무란다'는 것을 분명히 전달해 주어야 한다. 그것은 '언제나 너를 지켜보고 있다'는 메시지를 암암리에 전하는 마법의 말이다.

교사가 포기하면 아이의 성장을 바랄 수 없다. 느리지만 반드시 가능 믿고 나무라는 것이 중요하다.

(3) 성공체험으로 자기개혁에 눈뜨게 하라

이런 아이들에게야말로 '할 수 있다는 자신감'을 가르칠 필요가 있다. 되도록 많은 성공체험을 하게 해야 한다. 열 번을 실

패하고 한 번 성공할까 말까 하는 비율일지도 모르지만 반드시 성공을 거둘 때가 있다. '당연히 할 것을 했어'라고 보아선 안 된다. 10분의 1의 성공률이었다 해도 '잘했다. 훌륭해' 약간 과장될 정도로 칭찬해 주자.

칭찬은 아이에게 자신감을 부여하고, '다음에도 잘해야지'라는 자기개혁에 눈뜨게 한다. '당연히 할 것을 했어'라는 생각은 아이의 변화를 도외시하고 성장을 방해한다.

(4) 과거 실패를 자꾸 끄집어 내지 말 것

몇 번이나 같은 잘못을 되풀이하는 아이가 있으면 이렇게 나무라기 십상이다. "또냐? 전에도 그랬었지? 어지간히 해라. 반성하고 있는 거야?"

그러나 이런 나무람을 몇 번 되풀이해 봤자 오히려 아이는 자신감을 잃어 '다음엔 같은 잘못을 하지 않도록 해야지'라는 각오도 없어질 우려가 있다.

같은 일로 실수를 했다 해도 과거의 일은 결코 끄집어 내선 안 된다. 다른 아이를 나무랄 때와 똑같은 마음으로 야단치는 것이 중요하다. 같은 일을 수십 번 되풀이하여 못마땅한 것은 당사자이다. 교사에게서 새삼스럽게 그것을 지적당하는 것은 분명 괴로울 것이다. 주위 아이들에게 체면도 서지 않는다.

"또냐?"라는 듯한 꾸지람을 하면 주위 아이들에게 "또 저 녀석이야? 쟤는 구제불능이야"라는 편견을 심어줄 수도 있다.

▶ 내성적인 아이

(1) 의식적으로 말을 건다

얌전하고 내성적인 아이는 교사의 인상에 남지 않는 존재가 되기 쉽다. 특별히 눈에 띄는 행동을 하는 것도 아니어서 때로는 한 번도 직접 이야기를 나누지 않은 채 하루가 끝나기도 한다. 그러므로 내성적이고 온순한 아이에게는 의식적으로 접촉할 필요가 있다. 하루 중 몇 번은 반드시 교사가 말을 걸기 바란다.

별로 이야기를 나눈 적도 없는데 주의를 듣거나 나무람을 듣는 것은 큰 충격이 된다. '선생님과 말을 하는 것은 그저 야단을 맞을 때뿐'이라고 느낄지도 모른다. 얌전한 아이에게는 평소 말을 걸어서 인간관계를 만들고, 그 아이를 이해하려 노력하는 것이 중요하다. 내성적인 아이와 교사 사이에서 이루어지는 다정한 대화가 교실 분위기를 좀 더 산뜻하고 다채롭게 만들 것이다.

(2) 부드럽게 살며시 나무란다

내성적인 아이에게 활동적이고 기운이 넘치는 아이와 똑같은 방법으로 나무라면 '잘되기를 바라기 때문에 나무란다'는 교사의 의도가 전달되지 않는다. 거꾸로 아이는 실수가 두려워 결정을 내리지 못하게 되어 더욱 안으로 움츠러드는 결과를 낳을 우려가 있다.

이런 유형의 아이를 야단칠 때는 옆으로 가서 살며시, 그리고 부드럽게 해야 한다.

야단을 친다는 것은 결코 거칠고 큰 목소리로 결점을 지적하는 것만을 의미하지 않는다. 때론 부드러운 태도로 아이의 결점을 지적하고 반성하게 하는 것이 중요하다.

(三) 자기 존재를 느끼게 하라

'얌전한 아이니까 괜찮을 거야. 이 정도의 일은 꾸중할 필요가 없어.' 이렇게 생각해선 안 된다. 방법은 달라도 그 아이를 다른 아이와 똑같이 보고 야단을 치는 것이 중요하다.

내성적인 아이에게 교사가 말을 걸거나 나무란다는 것은 그 아이에게 있어서 중요한 경험이다. 즉 '선생님이 나도 보고 있다'는 자기 존재를 느끼게 하는 계기가 된다. 그리고 나무람을 듣고 반성함으로써 '나도 할 수 있다'라는 마음가짐이 되어 자신감으로 이어진다.

▶착실한 아이도 공평하게 나무란다

평소 착실한 아이는 학교에서 야단맞는 일이 거의 없다. 똑같은 행동을 하는 다른 아이에게는 야단을 치면서도 착실한

아이는 눈감아 주기 쉽다.

그러나 그러다 보면 주위 아이들에게 '불평등'을 느끼게 한다. 이것은 학급경영에 있어서나 해당 아이에게나 결코 이롭지 않다.

모든 아이들에게 "나쁜 행동은 좋지 않다"고 공평하게 야단을 쳐주는 것이 중요하다.

①'보고 있음'을 전한다.

착실하여 금세 깨닫는다 해도 아이란 점에선 다르지 않다. 때론 실수도 하고 잘못도 저지른다.

교사의 말을 착실하게 잘 따르는 아이는 그냥 넘길 수 없는 일은 쉽게 저지르지 않지만, 슬며시 눈을 속이는 경우도 있다. 언제나 모든 아이들을 관찰하고 고르게 말을 걸도록 한다.

②뒤처리를 중시한다.

착실하고 공부도 잘하는 아이가 야단맞는 일은 일대 사건이다. 다른 아이의 눈을 누구보다 의식하고 있거니와 자존심에 상처를 입었다고 느낀다. 잘못 나무라면 '나무람을 들었다'는 것 자체에 매달리느라 정작 반성해야 할 일을 생각할 여지가 없을 수 있다.

특히 친구들 앞에서 직접 야단치는 경우에는 말을 가려서 해야 한다. 언어사용은 온화하게 그러나 의연한 태도로 주의를

준다. 마지막으로 표정을 누그러뜨리고 "그럼, 잘하도록 부탁해", "반성해 주어서 기쁘구나" 등의 말을 잊지 말고 반드시 해야 한다.

③집단 속에서 '착실한 아이'

학급 전체를 생각해야 할 때에 '나는 잘하고 있으니까'라며 가장 무관심해질 가능성이 있는 것이 이런 유형이다. 그러나 반대로 가장 진지하게 받아들이는 것도 이런 아이들이다. 학급 전체를 놓고 문제를 생각할 때는 이런 아이들을 항상 의식하고 말을 해야 한다.

"그 아이만의 문제냐? 주위의 다른 사람들은 뭘 하고 있었지? 뭔가 할 수 있는 일이 없었니?" 물을 때는 반드시 '착실한 아이' 쪽을 보면서 말한다. "나한테 직접 말한 것은 아니지만 나를 두고 하는 말이다"라고 진지하게 받아들이게 된다.

④냉정하고 논리적으로 설명할 수 있어야 한다.

속된 말로 '머리가 잘 돌아가는' 유형의 아이가 많으므로 야단을 칠 때는 반드시 냉정하고 논리적으로 설명할 수 있어야 한다. 감정적으로 야단쳐 봤자 역효과이다. 신뢰를 잃거나, 경우에 따라서는 무시당할 수도 있다. '야단맞는 것은 당연하다'

고 아이가 느끼게 해야 한다.

⑤잘못도 그럴듯하게 칭찬한다.

이런 유형은 실수나 잘못에 대해 매우 민감한 아이가 많다. 이것은 스스로를 불편하게 만든다. 착실한 아이들의 사소한 실수나 잘못은 나무라기보다 밝게 웃으며 재치있게 돌려서 크게 칭찬하도록 유념하기 바란다. '실수하는 것은 결코 부끄러운 일이 아니다'라고 생각하게 해야 한다.

▶ 거짓말이나 핑계가 많은 아이

(1) 속임수나 거짓말이 통하지 않게

아이들 대부분은 야단을 맞으면 변명을 하기 마련이지만, 혼날 때마다 반드시 거짓말로 둘러대는 아이가 있다. 이런 유형의 아이는 '야단맞을 때라도 어물쩍 넘어갈 수 있다'고 생각하는 경우가 많다.

혼이 날 때 연이어 핑계를 생각해 내는 아이는 두뇌 회전이 빠르므로, 교사의 질문에 대해 이런저런 핑계를 둘러대고 거짓말을 하여 자기 잘못을 합리화시킨다. 실제로도 핑계가 그럴듯하게 들리기 때문에 교사도 야단치기를 중도에 그만두기 쉽다.

그러나 아이의 핑계나 거짓말에 넘어가 야단치는 것을 멈추게 되면 야단친 교사가 잘못을 저지른 꼴이 된다. 아이들은 '이 선생님은 잘만 핑계를 대면 쉽게 속아 넘어간다'고 생각한다. 이것은 그 아이에게는 불행한 일이다. '어떤 경우에도 거짓말을 하여 속여 넘기기만 하면 그만이다'고 생각하는 아이로 자라날 가능성이 크다. 또 거짓말이나 속임수가 버젓이 통하면 교사의 권위는 마침표를 찍게 되기 쉽다.

(2) 거짓말 또는 핑계 댄 것을 시인하도록

'핑계나 거짓말은 절대로 용서치 않는다'는 태도로 임하지 않으면 안 된다. 아이를 꾸중할 때 아이의 언행에 조금이라도 수상쩍은 데가 있을 경우에는 일단 '거짓말을 하여 달아날 궁리를 하는 것은 아닌가?' 의심해 볼 필요가 있다. 그리고 그 아이가 거짓말이나 핑계를 댄 것을 시인하도록 상황을 몰고 가야 한다.

(3) 핑계 댄 일을 나무란다

아이가 거짓말이나 핑계를 댔을 경우 잘못한 행위보다 거짓이나 핑계 댄 부분을 먼저 꾸중해야 한다. 다양한 상황에서 꾸중할 때, 아이가 자신의 잘못을 인정하고 반성하는 마음이 없으면 효과가 없다.

아이가 지닌 가장 소중한 보석은 '솔직함'이다. 아이들에게 자기 잘못을 솔직하게 인정하고 반성하는 힘을 길러주지 않으면 아무리 혼을 내도 아이의 성장은 기대할 수 없다.

거짓말이나 핑계를 대면 모든 것이 용서된다고 믿고서 점점 말로 도망쳐 버리면 가장 불행하게 되는 것은 바로 그 아이이다. 자기 잘못을 되돌아보지도 못한 채 늘 무슨 일이 있으면 거짓말과 핑계를 되풀이하게 된다.

그러므로 거짓말이나 핑계를 대지 않는 아이로 길러야만 하며, 교사는 아이의 거짓이나 핑계를 받아들여서는 안 된다. 거짓말이나 핑계는 절대로 용서치 않는다는 것을 알면 아이는 자기 잘못을 순수하게 반성한다. 교사의 지혜로운 대처가 절실히 요구되는 상황이라 할 수 있다.

▶ 너무 열성적인 학부모

(1) '내 아이' 중심으로만 생각한다

이 세상 모든 부모에게는 자기 자녀가 가장 귀하다. 아이들에게 아낌없이 베풀어 주고, 아이들이 원하거나 필요로 하는 것은 뭐든지 다 구해 주며, 크든 작든 위험하거나 불편한 것으로부터 아이를 보호해 주려는 부모들의 지극한 (거의 생물학적인) 충동은 사실 오늘날 양육의 가장 핵심적인 역설이다. 자식을 있는 힘껏 뒷바라지해야 한다는 강박감과 그렇지 못할 경우의 죄책감. 두 가지 모두 부모에겐 고통스러운 감정인 것이다.

몇몇 학부모들은 자기 아이 위주로 학급 일을 처리해 달라며 담임교사에게 전화로 요청하기도 한다. '자기 자녀가 가장 예쁘고 귀하다'는 것은 너무나 당연한 일이지만 다른 학부모들도 똑같은 생각을 가지고 있다는 사실을 잊고 있는 것이다.

교사는 말한다. "학급 전체를 생각하고 지도해야 합니다." 그러면 학부모는 이런 식으로 들을지도 모른다. "학급이 가장 중요하고, 당신 자녀는 2차적인 문제입니다."

어떤 학부모든 늘 자기 자녀에게 관심을 둔다. 교사의 관심도 분명 자기 자녀에게만 쏠리기를 바란다. 이 사실을 늘 염두에 두어야 한다.

(ㄹ) 학부모와 신뢰관계를 쌓는다

자기 아이가 야단을 맞고 돌아오면 알림장에 항의하거나 즉각 전화를 거는 열성적인 학부모도 있다. 개중에는 방과 후에 학교로 직접 찾아오는 어머니도 있다. 교사는 이런 학부모를 포함하여 되도록 빨리 전체 학부모들과 신뢰관계를 구축해야 한다.

담임의 인격을 알고 담임의 교육방침에 찬성하며 담임을 신뢰하게 되면 오히려 열성적인 학부모만큼 의지가 되는 존재도 없다.

(3) 꾸중한 날에는 학생집에 전화를 걸어라

열성적인 학부모의 아이도 다른 아이들과 똑같이 나무라야 하는 경우에는 함께 나무라는 것이 당연하다. 그러나 학부모의 이해를 얻지 못하면 아무리 야단을 쳐도 효과가 없다. 이런 아이들을 훈계할 때 효과적인 지도 방법은 다음과 같다.

- 꾸중한 날에는 학생집에 전화를 건다.
- 아이가 어두운 얼굴로 돌아간 날에는 상황을 연락한다.
- 바람직한 행동이 눈에 띄거든 알림장에 적어 전한다.
- 불만은 되도록 직접 듣는다.
- 먼저 학부모의 말을 철저히 귀담아듣는다.
- 친근한 태도로 이야기한다.
- 대화 중에 아이의 장점을 말하고, 좋아질 가능성과 기대감을 전한다.

(4) 이해시켜 귀가하게 한다

열성적인 부모를 둔 아이를 나무랄 때 특별히 조심해야 할 점은 '야단맞은 일을 이해시키는 것'이다. 아이가 조금이라도 이해하지 못하면 학부모에게서 반드시 연락이 온다고 생각하면 틀림이 없다.

나무라는 방법에 유의하여, 결코 큰 소리로 화를 내거나 위협해선 안 된다. 그렇게 야단을 치면 아이는 냉정하게 말을 듣지 못하고 야단맞은 것을 이해하지 못한다. 되도록 부드럽게 나무라도록 유념한다.

그리고 마지막으로 반드시 '무엇을 잘못했고, 어째서 꾸중을 들었는지'를 자기 입으로 말하게 한다. 밝게 웃는 얼굴로 하교할 수 있도록 배려하는 것도 중요하다.

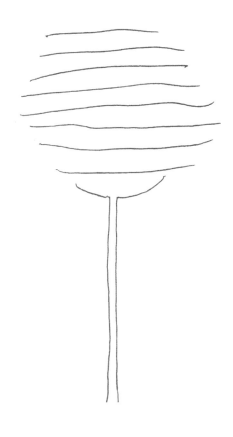

▶ 교사의 절대 금기는 편애

(1) 편애는 나쁘다고 하지만

편애는 나쁘다고들 한다. 확실히 아이들이 꼽는 혐오스런 교사상 1위는 '공부 잘하는 아이와 못하는 아이를 차별하는 선생님'이다. 편애하는 선생님이 가장 싫다는 뜻이다.

교사들에게 물어보면 누구나 자신은 편애하지 않는다고 대답한다. 반면 학생들은 대부분의 선생님들이 차별을 한다고 말한다.

그 차이는 대체 어디서 생기는 것일까?

교육계에는 금기가 많다. 교사로서 해서는 안 되는 말, 해서는 안 되는 행동이 있다. 그러나 교사도 인간이기에 많은 아이들 가운데서 좋아하는 아이도, 마음에 들지 않는 아이도 있기 마련이다. 정말이지 어떻게든 속만 썩이는 학생도 있는가 하면, 반대로 무엇을 시켜도 흔쾌히 해내어 호감이 가는 아이도 있다. 차별하는 걸로 보이는 것은 아마도 교사의 이런 좋고 나쁜 감정이 반영되었기 때문일 것이다.

사실은 그런 감정조차도 허락해선 안 되는 것이 교사이다. 하물며 그 감정을 표현한다든지, 그것을 바탕으로 차이를 둔다면 이는 용납될 수 없는 일이다.

가르친 것을 쏙쏙 이해하는 아이, 순수한 마음의 아이에게 아무래도 호감이 가는 것은 이해한다. 그러나 교사가 좋아하는 아이는 '공부 잘하고 귀엽고 착한 친구'로서 다른 학생들에게 부러움을 사는 존재이기도 하다. 따라서 교사가 호감을 보이면 그것이 다른 아이들에게는 '편애'가 되는 것이다.

공부 잘하고 착하고 귀여운 아이는 어디에 데려다 놓아도 사랑을 받는다. 올해 아무리 사랑을 퍼부어도 내년이 되면 잊어버린다. 편애를 해봤자 소용이 없다. 그런데도 구태여 주위의 아이들에게서 편애하는 선생님으로 낙인찍히고 싶은가? 권위 없이 아이들 하나 제대로 통솔 못하는 선생님이 되고 싶은가?

(ㄹ) 소외된 아이를 사랑하라

편애를 할 바에는 그런 아이들과는 전혀 반대인, 공부를 못하는 아이, 가난한 가정의 아이, 모두가 멀리하는 어두운 아이, 왕따당하기 쉬운 아이를 사랑하라.

그런 아이에게는 아무리 사랑과 관심을 퍼부어도 결코 편애한다는 원망을 듣지 않는다. 오히려 신뢰받고 존경받는다. 선생님의 배려심이 느껴지기 때문이다.

많은 혜택을 받지 못하는 아이에게 사랑을 주자. 그것은 편애가 아니다. 소외된 아이에게 눈길을 돌리는 것은 교육자의 바람직한 자질이기도 하다.

난생처음 선생님에게서 따뜻하고 상냥한 말을 들은 그 아이는 그것을 마음에 새기고 평생 그 선생님을 잊지 않는다. 언제까지나 "선생님, 선생님" 하며 그리워한다. 이것이야말로 교사의 참다운 기쁨이 아니겠는가.

▶ 왕따를 막아라

(1) 왕따의 싹부터 자른다

어느 날 갑자기 심각한 '따돌림'이 생기는 경우는 별로 없다. 평소 아이들끼리의 관계 속에서 사소한 일이 계기가 되어 따돌림은 시작된다.

처음엔 몇몇 아이들 사이에서 이루어진다. 그러다가 소수 집단에서 발생한 따돌림은 차츰 다른 아이들에게로 전염된다. 교사가 알았을 때는 이미 학급 전체, 경우에 따라서는 학년 전체에서 따돌림이 이루어지고 있을 수도 있다. 그렇게 된 뒤 대응을 시작해선 늦다.

교사는 따돌림에 대응할 것이 아니라 따돌림을 막는 데 온 힘을 기울인다는 의식을 가져야 한다. 따돌림을 막기 위한 효과적인 방법은 '작은 조짐을 놓치지 않는' 것이다.

여기서는 작은 조짐을 '싹'이라고 하기로 한다.

따돌림을 막으려면 '싹'일 때 발견하여 잘라버리는 것이 최선의 대처법이라고 할 수 있다. 정말 함부로 간과해서는 안 될 중요한 일이다.

(2) 따돌림과의 전쟁을 선포한다

따돌림을 막기 위해 교사가 미리부터 따돌림과 전쟁할 결의를 선포해 둘 필요가 있다.

따돌림이란 어떤 상태를 가리키는 것일까? 따돌림에 의해 목숨을 잃는 일도 일어난다. 따돌림을 당한 아이와 괴롭힌 아이의 비극. 따돌림이 얼마나 무서운 것인지를 아이들에게 적극 알려두는 것이 중요하다.

그리고 따돌림에 대항하여 교사와 학부모, 지역사회와 온 나라가 싸운다는 것을 인식시켜 놓는다. 따돌림이 일어나면 아이들과 관계된 모든 어른이 따돌림과의 전쟁에 참가한다는 것을 아이들이 알게 하는 것이다.

"'따돌림'을 하면 큰일난다." 아이들에게 이렇게 말해 두면 따돌림을 막기 위한 지도를 효과적으로 할 수 있다.

(3) 따돌림의 싹은 이렇게 뽑아내라

①집단 만들기를 하면 혼자 남는 아이가 있다.

학급활동이나 체육수업에서 집단을 만들 때가 있다. 그럴 때 집단에 들어가지 못하고 혼자 남는 아이가 반드시 있는 경우에는 각별한 주의가 필요하다. 외톨이인 아이의 성격도 영향을 미치는 경우가 많지만, 주위 아이들에게 그 아이를 배려하도록 만들어야 한다.

언제나 같은 친구하고만 조를 짜는 것은 손해임을 가르친다. 많은 친구와 함께 활동하지 못하면 자기 생각을 펼칠 수가 없다. 저 아이는 싫다, 이 아이와는 함께 활동하고 싶지 않다고 생각하면 교류하는 아이가 한정된다. 그런 말로 득실을 설명하는 것이 좋다.

②주위 아이들이 빠져나간다.

둥글게 서서 대화하는 속에 끼거나, 수업 중 발표를 하면 주위 아이들이 조용히 빠져나간다.

이 경우 교사가 이야기의 분위기를 끌어올린다. 그 아이가 화제의 중심이 되도록, 그 아이의 화제가 모두의 안에서 발전해 나가도록 해야 한다.

③소지품에 닿지 않으려 한다.

그 아이의 책상을 옮길 때, 피하거나 망설이는 것을 발견할 때가 있다. 이런 장면에선 놓치지 말고 다음과 같은 질문으로 나무란다.

"무슨 일이냐? 지금 잠깐 움직임이 멈췄던 것 같은데?"

"이쪽 책상이 가까운데 어째서 멀리 있는 책상을 옮기려 하지?"

이렇게 물으면 아이들은 순간 '틀렸다'는 표정을 짓지만 "저 아이의 책상을 만지는 게 싫어서요"라는 말은 않는다. 잠자코 난처한 듯이 서 있거나 "그렇지 않아요"라고 하거나, 다른 이유를 대고 피하려 한다. 그에 대해 너무 깊게 따져 묻지 말고 다음과 같이 받는다.

"선생님이 잘못 보았나? 만약 무슨 일이 있는 거라면 반드시 이유를 들어야 한다."

아이들은 약간 안도하는 표정이 된다. 그리고 책상을 옮기기 시작한다. 그것으로 끝나선 안 된다. 종례 시간 등에 보고를 겸하여 모두에게 지도한다.

"선생님의 마음에 뭔가 걸리는 게 있어서 ○○에게 물어보았는데, 그 아이의 말과 나중의 태도를 생각하면 선생님이 잘못 본 것인지도 모르겠구나."

그리고 이런 일이 따돌림으로 이어질 우려가 있다는 것, 만약 그런 일이 있으면 철저하게 혼을 낼 것임을 전달한다.

④놀림감이 된다.

놀이의 분위기가 고조되어 기피 대상인 아이가 주위 아이들에게 놀림을 당하는 것을 볼 때가 있다. 같은 아이가 이와 같

은 일을 겪는 경우가 많다면 반드시 나무라야 한다. 먼저 이렇게 묻는다.

"그것이 놀이냐? 재미있니?"

놀리던 아이들은 말없이 얌전해질 것이다. 이따금 "놀이에요" 대답하는 아이가 있을지도 모른다. 그러면 놀림을 당하던 아이에게 묻는다.

"지금의 기분을 모두에게 가르쳐 주거라."

놀림을 당하던 아이는 싫었다든지 분했다는 등의 말을 할 것이다. 때로는 울면서 호소하듯 대답한다. 그러면 다른 아이들에게 묻는다.

"○○의 말을 들었니? 이것을 보고 어떻게 생각하니?"

여기까지 오면 모두 반성한다. 마지막으로 '놀이'라는 느낌으로 하던 것이 상대에게 상처입히는 일임을 이해시킨다. 그리고 "상대의 모습을 보고 더 이상 해서는 안 된다고 깨닫는 능력을 길러라" 가르친다.

⑤비난을 받기 쉬운 아이가 있다.

무슨 말을 하면 주위 아이들로부터 비난을 받는 아이가 있다. 그 아이의 말에 모두 짜증을 낸다. 이런 일이 몇 번 되풀이 되면 빨리 손을 쓸 필요가 있다. 그냥 놔두면 그 아이의 말에 대해, 그 아이의 모든 것에 대해 비난하는 풍조가 생기기 십상이다.

처음엔 주위 아이들에게 이렇게 묻는다. "저 아이의 어떤 말에 짜증이 나니?" 그리고 그 아이에게 가르친다. "이런 말은 다른 사람의 기분을 나쁘게 한단다." 이어서 반드시 해야 할 것은 주위 아이들을 나무라는 것이다.

"너희가 화나는 것은 그럴 수도 있다 하자. 하지만 너희도 남의 기분을 나쁘게 하는 말을 하고 있어. ○○하고 똑같은 잘못을 하고 있지. 더구나 여럿이서 말야. ○○도 반성해야 하겠지만 너희도 반성하지 않으면 안 돼."

친구의 나쁜 점을 가르쳐 주고 고치도록 함께 노력하는 것이 즐겁게 보내는 길임을 알려주는 것이다.

(44) 분위기를 파악하는 감각을 기른다

교사는 아이의 사소한 말이나 행동으로 아이의 생각과 기분을 추측할 수 있는 능력을 지니고 있어야 한다. 교실 분위기를 민감하게 관찰하고 깨닫는 것이 우리 교사에게는 중요하다. 그러려면 '뭔가 마음에 걸리는 바가 있다' 싶을 때는 즉각 행동으로 옮기도록 노력하는 수밖에 없다. 이것이 어쩌면 교사에게 가장 시급한 사안일 수 있다.

▶싸움의 응어리를 남기지 않는 대원칙

싸움을 처리할 때 응어리를 남기지 않는 대원칙이 있다. 바로 양쪽의 아이에게서 사정을 듣는 것이다.

(1) 싸움의 원인을 제공한 쪽이 더 나쁘다

3월 새 학기, 아이들에게 싸움의 대처방식에 대해 다음 네 가지를 설명한다.

첫째, 싸움은 양쪽 다 조금씩 나쁘다.

둘째, 양쪽 다 사과해야 한다.

셋째, 싸움의 원인을 제공한 쪽이 상대편보다 조금 더 나쁘다. 그러므로 먼저 사과한다.

넷째, 때리거나 발로 차는 것은 나쁘다. 그러므로 때린 사람은 한 번 더 사과해야 한다.

(2) 피해를 호소하러 온 아이가 나쁜 경우가 많다

피해를 호소하러 온 아이의 이야기를 잘 들어보면, 사실은 그 아이가 싸움의 원인을 제공한 경우가 많다.

먼저 하소연하러 오는 아이의 속마음에는 '나쁜 아이가 되고 싶지 않다' '선생님에게 꾸중을 듣고 싶지 않다'는 심리가 작용하기 때문인 듯하다.

싸움의 원인을 제공한 쪽이 더 나쁘다는 점은 이미 설명했다. 친구들도 그것을 알고 있다. 그러므로 상대편이 선생님에게 고자질하러 가면 자기가 선생님에게 꾸중을 듣는다. 그 전에 자기가 피해자라고 호소하러 가면 자기는 혼나지 않고 상대가 혼난다고 생각하는 것이다.

이것은 저학년·고학년을 가리지 않고 마찬가지이다. 누구나 자기에게 상황이 나쁘게 돌아갈 만한 것은 말하지 않으려 한다. 그러므로 반드시 양쪽 모두에게 이야기를 듣도록 한다.

(3) 양쪽 이야기를 다 듣기 전에는 지도하지 않는다

싸움의 피해를 호소하려고 아이가 찾아왔다. 이야기를 듣는다. 상대 아이를 불러서 다시 이야기를 듣는다. 들을 때도 원칙이 있는데, "왜 그렇게 했니?" 나무라듯 말해서는 안 된다. "무슨 일이니?" 물어야 한다.

'왜 그렇게 했니'라는 말에는 이미 말하는 아이를 '나쁘다'고 결정짓고 책망하는 어감이 들어 있다. 아이들은 그것을 감지하면 입을 다물어 버린다. 특히 친구와 자주 문제를 일으키는 아이일수록 더욱 그렇다. '선생님한테 또 혼난다'고 생각하기 때문이다.

그렇지만 "무슨 일이니?"라고 물으면 순수하게 이야기하기 시작한다. 이 말은 단순히 사정 설명을 바라는 것일 뿐 상대를 탓하는 어감은 전혀 없기 때문이다.

교사의 듣는 태도가 나쁘면 아이들은 입을 다문다. 그러면 교사는 안달이 나 말하지 않는 아이를 혼내게 되고, 혼난 아이는 더더욱 입을 다물어 버린다. 악순환이다.

그렇지만 다툼의 사정을 양쪽에게서 모두 들을 때까지는 지도해선 안 된다. 사정을 들은 다음에 원인을 제공한 아이에게 먼저 사과하게 해야 한다. 이렇듯 현명한 교사는 아주 작은 부분까지 놓치지 않고 살핀다.

(4) 사과의 순서

싸움에선 양쪽 다 조금씩은 나쁘다는 것을 평소 아이들에게 자주 말해 둔다. 그리고 싸움이 일어나면 둘의 사정을 들은 뒤에 양쪽 다 사과하게 한다. 그 방법은 다음과 같다.

"싸움은 양쪽 모두 조금씩 나쁘기 때문에 일어나는 거야. 둘 다 사과해라. A가 먼저 사과해라. 싫어하는 행동을 먼저 했으니까."

A에게 사과를 시킨다.

"이번엔 B가 사과해라."

B에게 사과하게 한다.

"B는 때렸으니까 조금 더 나쁘다. 다시 한 번 사과해라."

이것으로 끝이다. 설교는 하지 않는다. 사정을 둘 다에게 듣고 모두 사과하게 하는 것이다. 그 이상은 쓸데없다.

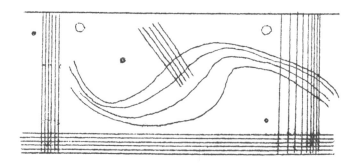

(5) 수업 중에는 대처하지 않는다

아이들끼리의 문제는 어지간히 중대한 일(생명이나 따돌림에 관계된 일)이 아니라면 수업 중에는 지도하지 않는다. 그것은 수업시간을 허튼 데 쓰는 일이다.

문제에 대한 대처는 쉬는 시간에 하자. 이 점도 아이들에게 미리 말해 둔다. 그러면 귀중한 쉬는 시간이 손해나므로 아이들은 문제를 일으키지 않으려고 노력할 것이다.

▶ 잘못 대처하면 학급이 망가진다

(1) 한 사람의 질문이지만 전체에게 답한다

한 달쯤 지나면 아이들도 담임에게 익숙해져서 다양한 요구를 해오게 된다. 그런 것들에 대답할 때 원칙이 있다. 이 원칙을 벗어나면 학급이 무너진다. 그런 결과를 보고 싶지 않다면 꼭 지켜야 할 원칙이다.

그것은 '질문에 대한 대답은 전체에게 한다'는 것이다.

예를 들어 쉬는 시간에 어떤 아이가 "선생님, 자리 안 바꿔

요?" 물었다 하자. 쉬는 시간에 질문받는 것은 흔히 있는 일이다. 그러나 그럴 때, 그 아이에게만 대답해선 안 된다. 한 사람한 사람에게 개별적으로 대답하면 반드시 대답에 약간의 차이가 생긴다. 그것이 아이들 사이에서 '선생님이 나한테 한 말과다른 아이에게 한 말이 다르다'는 교사불신으로 이어진다. 편애는 반항심이 되어 돌아온다.

한 아이가 질문을 하면 반드시 이렇게 대답한다.

"그것에 대해선 모두 앞에서 말할게."

절대로 개별적으로 대답하지 말자.

(ㄹ) 반드시 예방선을 쳐둔다

쉽사리 약속을 해선 안 된다. 약속할 때도 원칙이 있다. 바로 '변경 또는 중단을 예고해 둔다'는 것. 즉 예방선을 쳐두는것이다.

실제로 해보고 잘 되지 않을 때는 변경 또는 중단할 수밖에없다. 더구나 그런 상황은 흔히 있는 일이다.

그러나 예고를 해두지 않고 변경이나 중단을 알리면 아이들쪽에서 반발이 생긴다. '선생님이 약속해 놓고 이제 와서 그것을 깨뜨렸다.' 이렇게 되는 것이다. 이런 일이 여러 번 반복되면 아이들은 모든 일에서 '선생님은 어차피 약속을 깬다' 생각하여 교사를 믿지 못한다.

그렇게 되지 않으려면 예방선을 쳐두어야 한다. 아이들에게 미리 이렇게 일러두자.

"일단 이런 식으로 해보자. 하지만 잘 되지 않을 때는 바꾸거나 그만둘 수도 있다. 질문 있니?"

마지막으로 질문을 받는다. 질문에 답할 때에도 모두 "그래, 그렇게 해보자. 하지만 잘 되지 않을 때는 바꾸거나 그만둘 수 있다"는 점을 반드시 전제한다.

(3) 예의를 똑바로 가르치자

이따금 다음과 같은 광경을 볼 때가 있다.

교무실에서 학생이 교사와 이야기를 하고 있다. 마치 자기 친구에게 말하는 것 같다. 그것을 교사는 아무 지적도 않고 대응하고 있다.

몇몇 선생님들은 더러 예의를 똑바로 지키게 하면 아이들과의 친근감이 덜해진다고 말한다. 그러나 그것은 단순하고도 잘못된 생각이다.

예의는 가르쳐야 한다. 예의를 배우고, 그것에 순수하게 따르는 시절은 초등학교 때뿐이다. 중고등학교 때는 늦다.

예의를 모르는 어른이 되어서 고생하는 것은 결국 아이 자신이다. 아이의 미래를 위해서도 예의를 똑바로 가르치자.

(4) 정한 것은 꼭 지키게 한다

교사가 일단 입 밖에 내어 결정한 것은 지키게 해야 한다. 예외는 없다. 예를 들어 '급식은 시간이 되면 끝낸다. 만약 남았을 때는 선생님께 식판 검사를 받은 뒤에 정리한다'라는 규칙을 정했다고 하자. 처음엔 모두가 제대로 지키지만, 점점 규칙을 깨는 아이가 나오기 시작한다. 교사에게 검사를 받지 않고 정리하는 아이가 생기는 것이다.

그러면 눈치 빠른 아이는 교사에게 알리러 온다. 그럴 때는 엄격히 지도해야 한다. 다만 규칙을 깬 아이만 꾸중해선 안 된다. 그러면 선생님께 이른 아이가 원망을 듣게 되므로 전체에게 규칙을 재확인시켜야 한다.

규칙이 처음 깨지기 시작했을 때 제대로 고쳐놓지 않으면 학급에 금이 가기 시작한다. 교사가 정한 것은 교사가 변경 또는 중단을 선언하지 않는 한 지켜져야만 한다. 그러한 규칙은 질서와 신뢰를 학급 안에 심어주게 될 것이다.

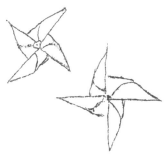

학생이 선생님에게 보내는 마음의 신호

선생님도 수업전략 있어야 성공한다

초등 학년별 아이들 마음 연구

만일 아이들이 당신을 제대로 따라오지 않는다면,
만일 아이들에게서 반항의 싹이 보인다면
그때에 당신은 어떻게 훌륭하게 대처할 것인가.

 1장 즐겁게 풀어 나가는 초등 저학년 심리

1. 초등학교 1학년
의욕을 기르도록 용기를 심어준다

▶ 아동의 마음을 이해하고 대응한다

3월이면 신입생들이 빨강 노랑 새 옷을 입고 새 가방을 메고
학교에 온다. 그 모습에선 신선한 감동이 느껴진다. 갓 입학한
1학년에게 새로운 친구와 선생님과의 만남은 가슴 설레는 일이

다. 그러나 동시에 유치원이나 어린이집과는 한참 다른, 갈피를 잡지 못하는 일도 많기 마련이다.

초등 1학년을 지도하는 데는 어려움이 너무나 많다. 자리에 앉지 않거나, 선생님 말을 듣지 않거나, 교과서를 책상에 꺼내놓지 않거나, 수업 중 밖으로 나가버리거나, 잡담이 끊이지 않는 등 차분하지 못한 아이, 집중력 없는 아이에게 시간을 빼앗겨 수업이 제대로 이루어지지 않는다.

학교 현장에선 공부에 무게를 두기 때문에 수업방해 같은 행동에 대해서, 아이들의 심리를 이해하지 못한 채로 대응하는 경우가 많다. 하지만 이해가 앞서야 문제해결도 쉬워진다.

1학년 학생들은 새롭고 낯선 환경에 불안감을 갖거나, 긴장하거나, 학교에 대한 인식이 명확하지 않을 수 있다. 교육과 생활지도에 지대한 공헌을 한, 정신과의사이자 개인심리학의 창설자인 알프레드 아들러 박사는《아동의 열등감》에서 다음과 같이 말한다.

"훌륭하고 주의 깊은 교사는 입학 첫날 많은 것들을 발견할 수 있다. 왜냐하면 대부분의 아이들은 학교라는 새로운 환경이 마음에 들지 않아 응석을 부리는 아동의 모든 징후들을 그대로 나타내기 때문이다. 아이들을 결코 한 사람에게 의존하게 해서는 안 된다. 잘못된 가정교육은 학교에서 고쳐야 하겠지만, 아이들이 조금이나마 그런 잘못에서 벗어나 학교에 온다는 것은 물론 어느 면에선 괜찮은 일이기도 하다. 가정에서 지나치게 보호를 받던 아이라면 학교에 들어왔다고 해서 갑작스레 학교생활을 열심히 하리라고 기대하는 것은 무리이다. 그런 아이는 부주의하며, 학교에 가는 것보다 차라리 집에 있고 싶다는 바람을 드러낼 것이다."

특히 과보호를 받는 아이일수록 자기중심적이고 제멋대로인 경우가 많다.

자녀의 수가 줄어듦에 따라 아이들의 놀이시간이 적어지고, 대신 학원이나 예능교육을 받는 시간이 늘어남에 따라 이런 경향은 더욱 강화되어 아동은 사회성을 기를 기회를 빼앗겼다고 할 수 있다. 자기신뢰감과 타자신뢰감이 아동에게 길러져 있지 않으면 학교라는 환경에 적응하는 데 어려움이 생기는 것은 전혀 이상하지 않다.

1학년 어린이를 맞이할 때, 교사는 다음에 유의할 필요가 있다.

(1) 어린 학생이 정서적으로 안정되어 있는가
• 교사와 눈을 마주칠 수 있는가?
• 안절부절못하고 주위를 두리번거리지 않는가?
• 쉬는 시간에 외톨이로 있지 않은가?
• 사소한 일로 감정적이 되는 일은 없는가?
• 말을 붙이면 그에 대답하려 하는가?
• 차분하게 자리에 앉아 있을 수 있는가?

- 불안한 듯한 표정은 없는가?

　마음의 불안은 얼굴이나 행동에 나타난다. 실수로 오줌을 싸거나 두통·복통 등의 신체적 증상을 보이는 아동은 자기의 내면세계를 말이 아니라 행동이나 증상으로 나타내는 것이라고 할 수 있다.

(ㄹ) 환경에 잘 적응하는가

　1학년생이 갓 입학했을 때, 아이가 학교에 가지 않으려 한다며 어려움을 호소하는 어머니들이 많다. 입학 전에 학교에 대하여 충분히 설명해 주지 않으면, 학교가 유치원의 연장이라고 생각하는 아동도 생겨난다. 또한 설령 설명을 들었다 해도 아이들은 경험이 없기 때문에 상상외로 힘들어할 수도 있다.

　그러므로 학교가 어떤 곳이고 무엇을 위해서 다녀야 하는지, 어떻게 생활해야 하는지가 아이에게 충분히 전달되어 있는가를 교사는 파악해 두어야 한다.

- 정해진 시간 동안 자리에 앉아 있을 수 있는가?
- 교사의 말을 들을 수 있는가?
- 수업에 즐겁게 참여하는가?
- 학교의 규칙을 지키려 하는가?
- 학교에 오는 것을 싫어하지는 않는가?

• 학교의 일(역할분담, 청소 등)에 기꺼이 참여하는가?

사람은 누구나 낯선 환경에 금세 적응하지 못한다. 하물며 어린아이가 부모형제와 떨어져 유치원이나 어린이집과는 한참 격이 다른 세계로 들어온 것이니 더욱 힘들 수가 있다. 서서히 익숙해지도록 긴 안목으로 지켜봐야 한다. 그러는 가운데서 아이들은 학교생활을 통해 규칙과 책임·협동·사회성 등을 배워나간다.

수업에 따라오는 것도 중요하지만, 공부는 재미있는 것이라고 아이가 느끼게 되면 자연히 수업에 집중하게 된다. 처음부터 지나친 기대를 걸어 부담을 주지 말고 먼저 정신적인 안정을 심어주도록 하자.

▶ 아이들 말과 행동에 휘둘리지 않는다

교실에선 조용히 해야 한다거나 수업 중에는 떠들면 안 된다는 것을 막 1학년이 된 아이들 모두가 이해한다는 보장은 어디에도 없다. 그러나 교사가 아이들의 말과 행동에 지나치게 민감해지는 것은 바람직하지 않다.

교사는 아이들에게 상처를 주어선 안 된다. 그래서 교사는 항상 자신의 말과 행동에 주의해야 한다. 그렇다고 말 한 마디

한 마디에 온 신경을 쏟아 주의를 기울이고, 아이가 조금이라도 울적해하면 즉각 달려가서 "무슨 일이니?" 말을 건다든지, 아이가 상처를 입어서 풀이 죽어 있다고 교사의 무신경을 자책하는 것은 과보호에 속하므로 좋지 않다.

학교는 아이들이 교과를 학습하는 한편, 다양한 인물과의 만남 속에서 자발성과 주체성을 길러 미래에 대한 꿈과 기대를 안고 자라나야 하는 곳이기도 하다. 그 때문에도 교사는 아동을 바람직하게 이해해야 하고, 어떻게 하면 아동의 내면적 성장을 돕고 '책임'과 '협동'을 배우게 할 수 있을지를 생각해야 하며, 아동에 대한 대응을 연구하지 않으면 안 된다.

▶ 문제를 일으키는 아이가 보내는 마음의 신호

아동을 이해하려 할 때 아동의 '행동 원인'을 탐색하는 것이 일반적이다.

예를 들면 책상 주위에 물건을 떨어뜨리는 아이가 있다 하자. 그러면 교사는 "○○야, 연필이 떨어져 있구나" 알려 준다.

아이가 즉각 그것을 주우면 문제는 없다. 그러나 몇 번을 말해도 늘 책상 주변에 뭔가를 떨어뜨리는 아이가 있으면 교사는 차츰 그 아이에게 짜증을 느끼고 잔소리를 하게 된다. 그리고 결국에는 아이의 부모에게 연락하여 "책상 주변에 물건을 떨어뜨리지 않도록 지도해 주세요" 요청하게 된다.

부모에게 아동의 문제행동에 대해 연락하는 것은 아이의 생활지도는 부모 책임이라고 생각하기 때문일 것이다. 즉 이것은 아동의 '행동 원인' 찾기를 한 결과에서 나온 대응이라고 할 수 있다. 그러나 이런 대응은 아이를 이해한 것이 아니다.

아동의 문제행동을 해결하려 할 때, 행동의 결과만 보고 판단하여 주의나 지시를 내릴 것이 아니라 "왜 이 아이는 책상 주변에 물건을 떨어뜨리는 것일까?"를 생각해야 한다. 이러한 "왜?"는 곧 "어떤 이유가 있어서……"를 생각하는 것이다.

아이가 계속해서 되풀이하는 행동은 아동에게로 관점을 옮겨서 볼 때 '나를 이해해 주지 않는다'는 마음을 나타내는 신호일 수가 있다.

어떤 행동은 그 사람의 생각이나 신념(보통은 의식하지 않는 경우가 많다)에서 비롯된다고 한다. 그러므로 책상 주변에 물

건을 계속 떨어뜨리는 것은 교육을 제대로 받지 않아서가 아니라 어떤 다른 이유가 있어서일 것이다. 따라서 행동의 결과에만 주목한다고 아동의 문제행동이 없어지는 것은 아니다.

▶문제행동을 분석하고 이해한다

앞에서 소개한 A. 아들러 박사의 제자인 정신과의사 루돌프 드라이커스는 '아동이 잘못된 행동을 하는 목적(이유)'을 네 가지로 들고 있다.

> **■행동의 목적**
> ①또래의 주목을 받고 싶어서
> ②자기가 강하다는 것을 드러내려고
> ③어떤 일의 앙갚음을 하기 위해서
> ④자신의 무력함을 나타내려고

[행동의 목적 ①] 또래의 주목을 받고 싶어서
유아기 아동은 특히 부모의 애정을 받으려는 행동을 보인다. 부모에게 칭찬받고, 인정받으려고 행동함으로써 가족의 일원으로서의 자기 위치를 만든다. 그러나 자기 인정을 받기 위한 방

법으로 행동을 해도 주목받지 못했을 때, 부적절한 행동을 해서라도 주목받으려 한다.

때문에 입학한 뒤에 자기 나름의 방식으로 교사와 또래들에게 인정받지 못했을 때, 학급 친구들에게 주목받기 위해 또는 교사의 인정을 받기 위해 부적절한 행동을 하게 된다.

주목받고 싶어하는 아동은 주위 사람들이 '나에게 관심을 가져준다' 또는 '나에게 잘해 준다'고 생각하여, 자기가 설 자리가 있다고 느낀다. 교사가 관심을 기울이거나 달래주면 일시적으로 아동은 부적절한 행동을 그친다. 그러다가도 다시 다른 방법 또는 같은 방법으로 주목받을 행동을 한다.

아동은 남에게 무시당하는 것보다 차라리 꾸지람을 들어서 주목받는 방법을 택한다.

[행동의 목적 ②] 자기가 강하다는 것을 드러내려고

어른에게 지시나 명령을 받기보다는 주위 사람과 경쟁하여 '나는 강하다'는 것을 드러내려 한다. 이것은 자신이 뭔가를 지배하고 있을 때, 아무도 자신에게 명령하여 뭔가를 하게 하지 못한다고 느꼈을 때 자신의 설 자리가 있다고 생각하기 때문이다.

그리고 어른에게서 강압적인 대응을 받을수록 점점 더 '요 다음엔 이겨야지'라는 결심을 강하게 갖는다. 그와 같은 태도에 교사는 화를 내고 힘으로 굴복시키려 한다. 이처럼 주도권

경쟁을 하는 한 서로의 감정은 나빠지기만 하고 아동은 점점 더 반항적이 된다.

[행동의 목적 ③] 어떤 일의 앙갚음을 하기 위해서

주위의 누군가에게 적의를 품으면 앙갚음함으로써 아무도 자기에게 무엇을 하게 하지 못한다는 것을 증명하려 하며, 그것이 실현되었을 때 자기 위치가 확고해졌다고 생각한다. 그리고 자신은 호감을 받지 못한다고 느끼기 때문에 상대가 곤혹스러워할 행동을 더 찾아내고, 그 행동을 계속한다. 그 결과 같은 또래의 어린이를 위협하는 행동을 하기 쉽다.

[행동의 목적 ④] 자신의 무력함을 나타내려고

같은 또래와 사귀고 싶어하지도 않으며, 자신은 힘이 없어서 아무것도 못한다고 움츠러든다. 그리고 타인에게 그것을 알게 해야 자신의 설 자리가 있다고 판단하여 모든 노력을 중단해 버린다.

이상과 같은 생각에 빠져서 행동하는 아동은 용기가 꺾이고 적절한 방법으로는 자신은 인정받지 못한다고 느낀다. 아동은 의욕이 좌절되면 낙담하고, 마음에 상처를 입는다. 의욕을 잃은 아동은 자기 자신을 싫어하게 되고, 자신감을 잃게 된다.

▶ 문제행동에는 어떻게 대응할까

그러면 이와 같은 생각에 빠져서 행동하는 아동에게 교사는 어떻게 대응해야 할까? 교사의 지혜는 이 순간 위력을 발휘한다.

(1) '주목을 받고 싶어서'에 대한 대응

1학년을 맡은 베테랑 교사에게 고민이 한 가지 있었다. 맨 앞자리에 앉은 A의 일이다. 이 여자아이는 얌전하고, 수업 중에 떠들거나 하지는 않는다. 그러나 책상 주위에 아무렇게나 물건을 흘린다. 연필, 지우개, 공책, 필통, 교과서 등등. 책상 위에는 아무것도 없고, 밑에 이런 것들이 떨어져 있어도 스스로 주울 생각을 도통 않는다. 교사가 주의를 주어도 줍지 않는다. 어쩔 수 없이 항상 교사가 주워서 책상 위에 올려놓아 준다.

이런 상태가 한 달 이상 지속되었으므로 어머니에게 연락하여 "자기의 물건을 좀 더 소중히 여기도록 부모님께서 지도해 주세요"라고 부탁했다. 그러나 사태는 전혀 달라지지 않았다. 교사는 너무 짜증이 났으므로 생각다 못해 상담요청을 했다.

상담자는 아동의 행동 목적이 교사에게 주목받고 싶어서라 생각하고, '떨어뜨리는 것'에 신경을 쓰지 말고 그 아동이 보이는 '당연한 행동'에 주목할 것을 권했다.

구체적으로는 아침에 그 아이의 얼굴을 보고 "안녕, 좋은 아침이구나!" 말을 붙인다거나, 수업 중 조용히 하거든 "조용히

수업에 열중하니 참 보기 좋구나"라고 칭찬한다. 복도에서 스칠 때 빙긋 웃어주거나 "씩씩해 보이는구나" "즐거워 보이는 걸?" 하고 말을 붙이는 식이다.

얼마 지나지 않아 상담자에게 그 교사로부터 연락이 왔다. "깜짝 놀랐어요. 그 아이가 이제 물건을 떨어뜨리지 않아요."

아동이 교사나 부모를 짜증스럽게 해서라도 자기에게 주목해 달라는 의사표시를 할 때의 대응을 정리하면 다음과 같다.

첫째, 당연한 행동에 주목한다.
둘째, 적극적인 행동에 주목한다.
셋째, 부적절한 행동에 주목하지 않는다.

이와 같이 대응하면 아동은 더 이상 부적절한 행동을 하지 않게 된다. 이 같은 사실을 간과한 채 아이의 생각과 신념을 고려하지 않고, 선악의 기준으로 판단하고 설득하면 아이는 자기를 이해해 주지 않는다 느끼고 자신의 생각을 점점 더 강화할 뿐이다.

아이의 마음에 상처를 주지 않는 것은 중요한 일이지만, 앞의 경우처럼 아이의 응석을 받아주는 대응은 의욕을 불러일으키기는커녕 오히려 의존적으로 만들 수가 있다.

(ㄹ) '자기가 강하다는 것을 드러내려고'에 대한 대응

자기가 강하다는 것을 드러내려 할 때 아동은 반항하고 교사의 지시를 거스른다.

그럴 때는 일단 한 발 물러선다. 그리고 아이의 협조를 얻음으로써 그 아이가 자신의 힘을 건설적으로 사용할 수 있도록 돕는다.

예를 들면 수업 중 떠들기만 하는 아이에게 "조용히 하거라" 꾸중을 해도 어느새 다시 떠들기 시작한다. 그것은 교사에게 어깃장을 놓음으로써 자신이 강하다는 것을 드러내기 위해서이다.

그때 아이를 향해 상냥한 목소리로 "얼마나 더 이야기하고 싶으냐?" 물어보자. 만약 아동이 "계속해서요"라고 대답하면, "선생님은 수업을 시작하고 싶은데 몇 분 기다렸다가 수업을 시작하면 되는지 가르쳐 줄래?"라고 아이에게 시간을 정하게 한다. 경험상 이렇게 물으면 대부분의 아이는 이내 조용해진다. 조용해지면 "고맙다" 말하고 수업을 시작한다.

아동이 어른을 화나게 해서라도 자신의 강함을 드러내려 할 때의 대응을 정리하면 다음과 같다.

첫째, 아동과의 다툼에서 한 발 뒤로 물러선다.
둘째, 아동의 협력을 얻는다.
셋째, 아동의 힘을 건설적으로 쓰도록 돕는다.

(3) '앙갚음하기 위해'에 대한 대응

아이들은 자기를 좋아하지 않는다고 느끼면 앙갚음하여 반항적 행동을 일으킨다. 수업 중 일어나 걸어다니거나, 거짓말을 하거나, 심술을 부린다. 이것은 아동이 거의 의욕을 잃었을 때 흔히 보이는 행동이라고 할 수 있다.

이런 경우에 아이의 행동에 벌을 주거나 마음에 상처를 주지 않도록 배려하고, 만사를 제치고 아이와의 신뢰관계부터 구축해야 한다.

예를 들어 늘 다른 아이에게 심술부리는 아이가 있을 때 교사가 그 상대 아이를 보호하고, 심술부리는 아이에게 설교를 하거나 부모에게 연락을 하면 그 아이는 '나는 미움을 받고 있다' 생각하고 더욱 앙갚음을 하여 교사를 곤혹스럽게 만든다.

그럴 때는 심술을 부리지 않는 순간에 주목하고 "늘 활기차구나"라든가 "선생님을 도와주지 않겠니?"라고 부탁하여 아이에게 자신감을 갖게 한다.

아동이 앙갚음을 하여 곤혹스럽게 할 때의 대응을 정리하면 다음과 같다.

첫째, 벌은 피한다.
둘째, 아동에게 상처를 주지 않는다.
셋째, 신뢰관계를 구축한다.

　초등 1학년생이 학교에서 하는 행동은 입학하기 전까지의 아동의 성격형성과 깊은 관계가 있다. 아동의 문제행동에 대응할 때 일반론을 적용해도 별 소용이 없다.

　아이들은 자기가 자라난 환경 속에서의 체험을 통하여 자기 방식으로 세상일을 해석하고 생각하며 행동한다. 그것이 그 아이 특유의 반응유형으로 형성되고 그 유형에 따라 행동하기 때문이다.

　아동이 어린이집이나 유치원, 학교생활에서 체험하는 것은 다른 아이들과의 비교이다. 아이들은 스스로 비교하지 않아도 주위로부터 비교당함으로써 용기가 꺾인다. 그리고 용기가 꺾인 아동은 앞에서 말한 '잘못된 행동의 목적'에 따라서 행동하게 된다.

▶ 1학년생에게 흔히 있는 일

(1) 응석 부리기

주위의 지나친 보호와 간섭은 아이를 응석받이로 키운다. 아들러 박사는 '응석이란 아동의 독립심을 빼앗고, 아동 자신이 성취할 기회를 주지 않으며, 아동이 자기 힘을 쓰는 것을 방해하고, 아동이 기생충이 되도록 기르는 것'이라고 말한다.

아들러 박사가 정의하는 것처럼 응석을 부리며 자란 아이는 의존적이고 자신감이 없으며 제멋대로여서, 남을 괴롭히는 한편 겁쟁이이기도 하다. 이럴 때 교사는 그런 아동에게 '책임'이나 '협력'에 대해 배울 기회를 주고, 자기 스스로 무언가를 해내도록 도와 '독립심'과 '성취감' 부여에 힘쓰며, 아동이 자기 힘을 사용하는 것을 방해하지 않음으로써 용기를 북돋아 줘야 한다.

(2) 학교에 잘 가지 않으려 한다

갓 입학한 1학년생이 학교에 잘 가지 않으려 하는 것은 다음과 같은 이유를 생각할 수 있다.

첫째, 집에 있으면 엄마가 상대해 주어서 원하는 것을 모두 할 수 있지만, 학교는 마음대로 할 수 없어 답답하다고 느낀다.
둘째, 친구가 없어 무리에 끼지 못한다고 생각한다.

셋째, 공부가 재미없고 선생님도 무섭다.

넷째, 친구가 심술을 부려서 무서워 가고 싶지 않다.

학교에 갈 마음이 썩 내키지 않는 것은 자신의 기분과 의사를 정확히 표현하지 못하는 아이에게서 많이 볼 수 있다. 외둥이여서 어른의 도움을 많이 받고 친구 역할을 부모가 대신 해주는 경우에 자기 혼자서 학교에 다닐 용기를 잃기도 한다. 용기를 잃은 아이는 꾀병 등의 신체적 증상으로라도 등교를 거부하는 경우가 있다.

형제가 있음에도 등교를 싫어하는 아이도 있다. 1학년의 경우, 여동생이나 남동생이 있으면 부모의 애정획득을 둘러싸고 부모에게서 주목받으려는 욕망에서 등교를 거부하기도 한다. 이런 경우에는 다음과 같은 이야기를 하여 부모에게 협조를 구해야 한다.

첫째, 형제간 비교를 하지 않는다.

둘째, 아동의 능력을 인정한다.

셋째, 학교에 가지 않는 날은 하루를 어떻게 보낼지 계획을 세우게 한다. 계획 속에 집안일 돕기도 넣는다.

넷째, 부모는 불안해하거나 불필요하게 고민하지 말고, 일과성의 일로 여긴다(부모가 고민해도 아동에겐 아무런 도움이 되지 않는다).

다섯째, 교사는 학교에서의 즐거운 모습을 알림장으로 전달한다.

여섯째, 교사의 마음을 아동에게 전달한다. 예를 들면 "오늘은 네가 결석을 하여 교실이 텅 빈 것 같았단다"라는 식으로 전한다. 설득이나 "오늘 하루는 어떻게 보냈니?"와 같은, 아동의 모습을 알려 하는 태도는 아동의 마음을 닫게 만든다.

그리고 친구가 없거나 심술이 나서 등교하지 않으려 할 때는 학급 전체가 다 함께 어울려서 할 수 있는 즐거운 놀이를 해본다.

학급 분위기가 화기애애해지면 아동은 기쁘게 등교하게 된다. 특히 협동놀이는 아이들에게 어울려 함께하는 놀이를 통해 양보와 배려, 규칙과 약속의 중요성을 배우게 하는 데 매우 효과적이다.

공부를 따라가지 못하거나 재미가 없다고 느끼는 아이는 교실에 있는 것 자체에 고통을 느낄지도 모른다. 그러나 공부를 싫어하는 아이라도 운동에서 능력을 발휘하거나, 그림그리기를 잘하는 등 한 가지 특기가 있기 마련이다. 그런 다양한 장면에서의 아이 능력을 인정하는 대응이 아이의 용기를 북돋운다. "체육시간에 넌 참 열심히 하더구나", "그림을 아주 잘 그리던 걸!", "청소를 깨끗하게 해주어서 기분이 좋구나" 등의 말을 붙여주자.

▶ 아이의 용기를 북돋우려면

교육에는 사회에 도움이 되는 사람으로 기른다는 목적이 있다. 아동의 관점에서 말하면 자신을 다시없는 사회의 소중한 일원으로 인정하고, 사회에 도움이 되는 뭔가를 할 수 있는 인간으로 길러주기를 바라는 것이다.

사회에 도움을 주는 사람이 되려면 '의욕'이 가장 중요하다. 아동의 의욕을 이끌어 내는 대응은 다음과 같다.

①아동을 믿고 존중하는 태도로 대한다.

②아동의 능력과 노력을 인정한다.

③아동의 결점이 아니라 장점을 인정한다.

④아동의 행동 결과가 아니라 과정에 주목한다.

⑤다른 아동과의 비교를 피한다.

⑥사람은 누구나 실수할 수 있음을 인정하고 완벽을 요구하지 않는다.

⑦아동의 이야기를 잘 듣고 비판·평가·충고를 피한다.

⑧아동 자신이 결심하고 행동하는 것을 인정한다.

⑨아동에게 도움을 제의한다.

⑩아동으로 하여금 결단하게 한다.

갖가지 현상에 혼란스러워하지 말고, 이와 같은 자세로 꾸

준히 성의껏 대하는 것이 아이의 의욕을 기르고 용기를 북돋
우며, 사회 일원으로서의 자각도 기르게 한다. 걸림돌이 생기
거나 망설여지거나 원만히 되어가지 않을 때는 늘 이 기준으로
돌아와서 대응을 다시 점검하기 바란다.

ㄹ. 초등학교 ㄹ학년
더 이상 귀엽지만은 않다
유아기에서 갱에이지로

▶ 2학년은 두드러지지 않다

"좀 더 관심을 보여주세요."

2학년 아이들은 분명 이렇게 외치고 있다.

1년 전 입학할 때는 부모님도, 선생님도, 학교도, 지역도, 아
니 사회 전체가 자기들에게 관심을 보이고 축복해 주었다. 몸
과 마음은 여전히 지난 1년이란 세월 속에 있는 그 아이들에게
선생님은 진지하게 다가가야 한다.

그럼에도 부모는 자녀가 입학할 무렵의 기쁨은 아예 잊어버
리고 그저 날마다 학교에 무사히 탈없이 다니고 있는 모습에
안도하면서, 어제도 오늘도 그리고 내일도 똑같은 일상을 반복
하도록 등을 떠밀고 있지는 않은지?

나아가 학교, 지역사회, 또래집단에서의 자리매김에 대해서도 흔히 눈에 띄지 않고 특별히 화제삼을 학년이 아닌 아이들로 조용히 바라보고만 있지는 않은가. 하물며 비행을 저지를 나이도 아니고 심각한 집단따돌림 문제를 일으키지도 않는다. 말하자면 초등학교 2학년들은 이렇다 하게 화제될 것이 없는 아이들로서 자칫 무시당할 위험을 지니고 있다고도 할 수 있다.

이런 논평은 당사자인 초등 2학년 아이들로선 도저히 받아들일 수 없는 일이다. 왜냐하면 아이들은 끊임없이 어른들의 관심을 바라는 존재임과 동시에, 유년 시절의 소용돌이 속에서 자신을 연마하고 그 가치를 어필하려 무진 애를 쓰는 존재이기 때문이다.

"나 여기에 있어요!" 이렇게 소리 높여 외치는 초등 2학년 아이들의 마음을 받아들이고, 그들의 표현을 포용하며, 아이들을 끌어안는, 아이들에게 흠뻑 빠진 넉넉한 마음이 요구된다.

▶ 꿈꾸는 유년 시절을 산다

유년이라는 개념이 사라진 지 오래다. 마치 유아(乳兒), 유아(幼兒), 아동(兒童)이라는 개념의 그늘에 덮여버린 것처럼.

유년이라는 개념을 아동의 발달연구에 다시 등장시켜야 한다. 바로 다음의 두 가지 생각을 제대로 받아들이고, 반영해 주는 개념이기 때문이다.

하나는, 유년 시절이란 개념은 아동의 대명사이므로 어린이의 마음을 나타내는 담당자라는 생각이다.

다른 하나는 발달론에서 말할 때, 일반적으로 유아기라 불리는 시기에서 초등 저학년에 이르는 나이의 아동들은 어린이집이나 유치원, 초등학교의 식으로 소속 장소가 바뀌어도 여전히 동일한 발달단계에 있다는 생각이다.

때문에 초등 2학년은 유년 시절을 마무리하는 시기로서 다음 도약을 준비하는 때이기도 하다.

즉 1차적인 말하기의 완성의 시기이고, 나아가 쓰기의 준비(외부언어에서 내부언어로)를 수행하는 시기이다.

자기의 생각과 바람을 나름대로 주장하려 하지만, 아직 또 다른 한 사람의 나(타자)를 상정하지 못하기 때문에 의지할 데 없는 자신을 돌봐달라고 단도직입적으로 호소하는 시기이다. 누구에게?—부모와 교사에게. 그것은 "엄마(선생님)가 그렇게 말했는데요"라는 말이 되어 나온다.

그러므로 자신이 의존하고 있는 부모와 교사의 평가에 신경을 쓰고, 그 사람들에게서 긍정적인 평가를 받으면 자신감이 붙고, 에너지를 더욱 강화시켜 나간다. 말하자면 외발적 동기부여의 단계이다. 칭찬을 받으면 너무나도 기뻐한다.

반면에 그들은 자기의 성장에 무관심했던 시기를 벗어나 이제는 엄청나게 신경을 쓰기 시작한다.

바로 '어제의 내일이 오늘이잖아!'라고 하던 6, 7세 시절을 과거로 돌리고 '어제, 오늘, 내일'이라는 시간적 계열을 획득해 나가기 때문이다. 이른바 숙제나 일기 속 세계를 자꾸 자기 것으로 삼아가는 것이다. 이러한 능력은 평가하여 마땅하다. 왜냐하면 다음 도약기인 11, 12세는 '과거, 현재, 미래'라는 시간적 계열을 획득한 뒤 역사인식을 성립해 나가는 시기인데, 그 필요조건을 지금 준비하고 있기 때문이다.

　나아가 아동기에서 성인기로 가는 과도기라고도 할 수 있다. 말하자면 이제 더 이상 귀엽기만 하지는 않은 것이다. 내일을 살아가는 아이들이다.

　그러면 초등 2학년 아이들은 내일을 대비한 에너지를 어디서 비축하고 준비해야 할까? 이 물음이야말로 초등 2학년들의 약점을 드러낸다. 즉 또래나 어른의 지혜를 빌리는 힘을 아직 지니고 있지 않은 것이다.

　글자 그대로 '보고 싶어하고, 하고 싶어하고, 알고 싶어하는 아이들'이다.

　그러므로 초등 2학년 아이들은 어른들에게 바란다.

　"어떻게 하면 또래의 지혜를 빌릴 수 있나요? 어른들의 지혜에는 따라야 하겠지만, 또래에 대해선 그렇지는 않아요."

　갱에이지로 가는 성장의 다리를 놓을 준비를 해야 하는 것이다.

▶아동의 마음 변화

아이들에게 깊은 관심을 갖고 아이들을 위해 밤낮 애쓰는 어른들의 고민거리는, 이런 자기의 마음을 어떻게 아이에게 전달할까 하는 것이다. 어른은 누구나 아이였던 적이 있지만 그것은 머나먼 과거의 일이어서 대부분 잊어버렸기 때문이다. 그러니 초등 2학년생들의 마음을 헤아릴 충분한 경험적 재산을 펼칠 수 있을 리 만무하다.

이럴 때는 과학에 의존하는 수밖에 없다.

아동의 마음을 읽는 과학, 특히 심리학의 성과도 아직은 충분하다고는 할 수 없지만, 그래도 안팎의 문헌을 구사하여 정리를 시도해 본다면 반드시 아동의 마음을 헤아리지 못할 것도 없다. 아직은 그런 수준에 만족해야 한다.

이 시기 아동 마음의 틀을 다음과 같이 상정할 수 있다.

■초등 2학년생 마음의 틀
① 아동은 동적·능동적인 존재이다.
② 아동은 내일을 사는 존재이다.
③ 아동은 '하면 된다'는 자신감을 갖고 있다.
④ 아동은 외로움을 타고 고독을 거부하는 존재이다.
⑤ 아동은 하나의 독립된 인격적 존재임을 끊임없이 주장하며
　비교당하는 것을 질색한다.

이상의 다섯 가지 특징은 2학년생이 유년 시절을 바탕으로 다음 단계를 준비할 때 어떤 변용을 이루어 나갈 것인가를 손짓해 보여준다.

이것은 바꾸어 말하면 다음에 맞이할 갱에이지를 준비하는 데 있어 반드시 획득해야 하는 자질은 무엇인가 하는 물음이기도 하다.

초등 2학년 아이들에게서는 다음과 같은 변화를 발견할 수 있다.

①에 대해서는 신체적인 움직임을 조절하는 능력을 획득해 나가지만, 아직 자기만의 틀을 가져도 된다고 생각한다. 즉 놀이에서 운동경기로, 즉 규칙에 의해 조절해야 하는데 태연히 규칙을 위반한다.

②에 대해서는 숙제나 꾸지람을 들은 일에 대해 나름대로 마음을 쓰기는 하지만, 그리 낙담하지도 않고 현재를 살아간다. 말하자면 세상 걱정할 것이 없는 태평한 시절이다.

③에 대해서는, 이기고 지는 일에 이보다 더 연연하는 아이들이 있을까 싶은 생각이 들게 만드는 면이 있다. 그러나 져도 그리 움츠러들지 않는 동심이 그들을 받쳐준다.

④는 어리광쟁이로서 끊임없이 온정을 바란다. 그런 만큼 '의존하면서 자율을 배운다'는 명제를 이 시기 교육실천의 핵심으로 두어야 한다.

⑤에 대해선 1학년을 돌봐주고 싶어할 정도로 '나는 자랐다'

는 자부심을 갖기에 이르므로 유아독존적 세계를 부정당하면 조금은 침울해한다. 그러나 하룻밤 자고 나면 그것은 먼 과거의 일이 된다.

▶ 교사는 전략적 마법사

이와 같이 2학년 아이들의 마음은 천진난만하다. 말하자면 동심, 비뚤어지지 않은 마음이라고 할 수 있다. 앞으로도 이렇게만 자라주면 좋겠다고 바라지만 그렇게는 되지 않는다. 왜냐하면 이대로 그냥 놔두면 이른바 방종의 세계로 깊이 빠져들기 때문이다.

근대 아동관의 기초를 구축한 루소는 그의 저서 《에밀》에서 방종과 자유를 혼동해선 안 된다고 잘라 말한다.

천진난만한 명랑함과 행동을 타자와의 관계에서 자기 수정해 나가는 능력을 그들에게 심어주어야 하는 것이다. 이른바

유아기에 들어서면서 부모들을 괴롭혀 온 '생활규칙'을 총결산할 시기가 왔다고 할 수 있다.

그런 의미에서도 '유년 시절'이라는 개념구성은 매우 의미가 있는 작업이다. 앞서간 사람들의 경험에 의한 지혜에서 배울 것이 많다. 말하자면 다 까닭이 있는, 귀담아들어야 할 말들이다.

한편 2학년 단계에서는 '생활규칙'을 어디에 둘 것인가? 부모에서 다시 부모로인가, 아니면 가정에서 학교라는 주된 생활공간의 변천에 따라 부모에서 교사인 것인가, 그도 아니면 부모도 교사도 다 들어가는 틈짜기인가?

비판을 들을 것을 무릅쓰고 감히 말하건대 이 시기의 지도자는 교사이다. 부모는 아동의 '노파'로서의 '수고'를 받아들이고, 다시 세계 끌어안아 주는 일을 담당해야 한다.

이의 균형은 서로 맞부딪는 경우가 많다. 담임교사가 '이치'를 말하려 하면 부모에 대한 설교가 되기 때문이다.

이른바 '선생님한테 혼났다', '왜 우리 아이만 꾸중을 하는

가?'라는 의문에 휘말릴 이야기이다.

그러므로 아동들의 발달을 위해서나, 담임교사의 실천에 대한 부모들의 이해와 지원을 받기 위해서도 교사는 바람직한 교사상을 갖고 2학년생들을 인격과 발달이 눈에 보이도록 지도하지 않으면 안 된다. 즉 아동의 마음에 다가가고, 아동의 세계에서 살아야 한다.

유년기에는 의외로 강함을 주장하면서도 외로움을 타고 어리광을 부린다. 즉 그들의 발달단계를 이해하는 논리는 의존하면서도 자율적인 것이다. 그러나 그 이전과 이후를 포함하여 가장 의존의 대상이 적은 시기라고 해도 과언이 아니다. 곧 선생님을 좋아하는 시기이다.

학교라는 곳이 그들의 주된 생활공간이 되면서 더더욱 선생님을 좋아하는 마음이 강해진다. 부모들은 그토록 귀여워했건만 아이의 마음이 점점 자기에게서 멀어져 가는 것을 느낄지도 모른다. 물론 그것도 언제까지나 그런 것은 아니다.

말하자면 선생님은 '마법사'이다. 지나친 말일지도 모르지만 그런 교사가 되어야 하는 것이다.

마땅히 어때야 하는지를 조금씩, 그때그때마다 따끔하게 지적하는 것이 요구된다. 부드러움과 엄격함이 동시에 요구되는 시기라고 할 수 있다. '개구쟁이라도 좋으니 무럭무럭 자라기만 하라'는 것만으론 안 된다.

▶ 무리지을 준비를 한다

아이들은 교사의 보호를 받는다는 안도감에서 이따금 난폭한 행동을 하기도 한다. 그럴 때 틈을 주지 않고 떨어지는 교사의 질책에 교사와의 신뢰관계가 허물어질 것이 두려워서 아이 역시 지체 없이 자기 행동을 수정한다. 이러한 전개가 이 시기의 일상적인 모습이다.

한편 차츰 또래와 서로 부딪치게 되고 좋고 싫은 인간관계를 낳는다. 몇몇이서 무리지어 '우리'라는 소속감을 갖기도 한다. 곧 '남자' '여자'로 시작하여 이질적인 아이에게 민감해진다.

집단따돌림의 징후는 이렇게 준비되므로 일정한 교육적 방안을 강구할 필요가 있다.

아이들의 세계에서 보면 놀이의 마음에서 엄연한 규칙이 존재하는 관계형성의 도약으로 이어지는 것이다. 말하자면 '놀이에서 시합이나 운동경기로'라는 행동형태의 변화라고도 할 수 있다. '무리에서 집단으로'라는 비약이 요구되는 것이다.

한편 이런 비약은 그리 쉬운 일은 아니다. 그러나 그렇다고 해서 특별히 어려운 과제를 수도 없이 극복해 나가야 하는 것도 아니다.

인간이 개인과 개인을 잇는 관계를 나누는 데 있어 빼놓을 수 없는 요소는 상호 의사소통의 성립이므로 이야기를 듣는 능력을 높여야 한다. 유년기를 마치려 한다고는 하지만 2학년은 와글와글 자기주장만 요란할 뿐, 이질적인 사람과의 이야기에 특별히 귀를 기울이는 넓은 마음은 지니고 있지 않다.

그래서 '중개인'이 필요하다. 그 중개인이란 지금까지의 전개로 즉각 이해할 수 있다시피 담임교사이다.

교사는 아동의 눈높이에 서야 한다. 그리고 웃는 얼굴로 고개를 끄덕이면서 아이의 이야기에 귀를 기울여야 한다.

듣는 능력을 높이려면 아이의 말을 들어야 한다. 때로는 "선생님!" 하며 달려오는 아이가 2명, 3명이 될 때도 있을 것이다. 되도록 팔을 넓게 벌리고, 아이들과 어깨를 걸고 무슨 말이든 할 수 있는 분위기를 만들어 나가야 한다.

때로는 아이들의 작문을 모두의 앞에서 소개하는 것도 좋다.

담임교사가 학급 전체 아이들을 소중히 여기고 있다는 느낌이 확대된다는 것은, 그 학급집단이 어떤 규율을 쌓아가고 있다는 증거이다.

교사들이여, 부디 간결한 말로 가르치기 바란다. 대신 학습과정에서 전개하는 아이들의 말에는 귀를 기울여라. 감동을 받은 아이들의 말과 행동에 대해서는 애정을 듬뿍 담아서 칭찬해 주자. 사랑이 담긴 당신의 한 마디 말이 교실 분위기를 새롭게 확 바꿀 것이다.

▶ 그래도 사랑스런 아이들

아동 발달연구에서 저지르기 쉬운 잘못은 '시간의 경과와 함께 아동의 발달과정은 상승의 길을 걷는다'는 견해이다.

멈춰서거나 때로는 하강하는 것처럼 보일 때도 있다. 발달 에너지를 쌓는 방법이 다양하기 때문이다. 이런 오류에서 벗어나기 위해 발달연구를 하는 사람들은 '발달과정은 나선형의 발전을 보인다'고 표현한다.

이 지적은 많은 것을 시사한다. 자연은 곡선을 좋아한다. 나선형은 곡선이다. 곡선을 좋아하는 자연, 이것은 아동 나아가 인간이 영위하는 바가 아닐까?

끊임없이 노력한다고 모든 것이 단숨에 높아지지는 않는다. 그렇게 된다 해도 그것은 부자연스럽다.

유년기에서 학령기를 향해 나아가는 초등 2학년은 말 그대로 더 이상 귀엽지만은 않지만, 그래도 아직은 여전히 사랑스러운 시기이다.

아이들은 교사가 자기들에게 기울이는 애정의 눈길을 바라 마지않는 존재인 것이다.

초등 학년별 아이들 마음 연구

1. 초등학교 3학년
역동적으로 성장하는 아이들
오늘을 사는 약동감이 교실을 활기차게 한다

하고 싶은 것도 많고 알고 싶은 것도 많은 3학년이라고 흔히 말하는데 그 말은 맞다. 외발자전거나 리코더에 의욕적으로 매달리기도 하고, 철봉 기술을 마스터하기 위해 쉬는 시간 내내 연습하기도 한다.

친구들과 모험(?)의 세계에 빠져서 지나치게 열중한 나머지 규칙을 깨는 일도 증가하지만, 현재를 사는 약동감이 교실을 활성화시키는 경우 또한 많다. 친구의 폭이 넓어지고, 어른들이 돕기에 따라 대단한 힘을 발휘하는 3학년. 교사가 의문을 갖게 하는 수업을 능숙하게 조직해 나가면 아이들의 지적 호기심이 비약적으로 향상되는 것도 바로 3학년이다.

속된 말로 '갱에이지'라 불리는 3학년들의 현재를 생각해 보자.

▶ 순수하지만 착각과 잘못된 믿음도 많다

갱에이지의 일반적인 정의는 다음과 같다.

'또래와의 놀이와 행동을 통하여 다양한 것들에 관심을 갖고, 생활에 필요한 규칙과 지식을 익혀 나가는 시기.'

또래친구가 있어야 갱에이지라고 할 수 있다. 살아가는 에너지가 또래친구와 함께 폭발하는 최초의 시기일지도 모른다.

갱에이지의 한가운데에 있는 3학년은 몸을 통해 자기표현하기를 매우 좋아한다. 수업 중에 "저요, 저요" 하면서 활발하게 손을 든다. 달리기를 할 때의 진지한 표정과 가위바위보를 할 때의 과장된 몸짓은 웃음짓게 만든다. 친구와 크게 다툰 뒤에도 언제 그런 일이 있었느냐는 듯 금세 화해를 한다.

3학년을 대강 요약하면 이와 같지만, 좋은 점과 나쁜 점을 포함하여 3학년의 구체적인 모습을 생각해 보자.

[예 1] "선생님은 나쁜 말을 쓰는 것을 아주 싫어해요. 선생님은 여러분에게 절대 그런 말을 하지 않겠어요. 여러분도 나쁜 말을 하지 않기로 해요." 이런 지도를 끈기 있게 계속하면 어느 사이엔가 학급에서 나쁜 말은 사라진다.

"우리 반에서 나쁜 말이 없어졌어요! 여러분이 사이좋게 지낸 상으로 퀴즈대회를 열겠어요." 교사가 이렇게 말하면 아이들은 크게 기뻐하면서 열심히 퀴즈에 임한다. 기본적으로 순수하고 유연하다.

[예 2] "발에 걸리지 않고 줄넘기를 50번 계속하면 4급에 합

격!" 이런 구호를 내걸었다. 열심히 줄넘기를 하는 아이들 속에 도중에 여러 차례 발이 걸리면서도 50번을 한 아이가 있었다. 그 아이는 얼굴이 발그레해져서 교사에게 달려와 외친다. "선생님! 50번을 넘었어요."
합격이 되지 않는 까닭을 이해하기까지 시간이 조금 걸렸다. 순수하지만 착각과 잘못된 믿음도 많다.

[예 3] 과학 수업에서 '흙과 돌' 단원을 학습할 때, 기름진 흙을 만들기 위한 지렁이의 역할도 학습에 넣었다. 교사의 지도에 따라 서둘러 교정의 구석과 화단으로 지렁이를 잡으러 나간 아이들. 잔뜩 모아놓은 지렁이를 앞에 놓고 손바닥에 올려보려 한다. 몇몇 아이들은 뒤로 물러선다. 그런 아이들에게 일부러 지렁이를 가까이 들이대며 낄낄대는 아이들도 많다. 그러나 그러는 사이 모두가 지렁이를 손바닥에 올려놓을 수 있게 된다.
처음엔 망설이지만 뭐든지 직접 해보고 싶어하는 3학년이다. 물러서기만 하던 아이도 손바닥에 올려놓을 수 있다며 크게 기뻐한다.

[예 4] 민수는 말보다 주먹이 먼저 나가는 아이다. 이유를 물으면 사소한 일인 경우가 많다. 생각하기 전에 반사적으로 주먹부터 나가는 것이다. 감정을 말로 표현하는 능력이 미숙

하다고 할 수 있다. 3학년뿐만 아니라 폭력으로 자기를 표현하는 아이의 대부분은 언어능력이 약하다. 주로 국어시간에 언어능력을 향상시킬 수단을 강구해야 한다. 그리고 더듬거리더라도 자기의 의견을 당당하게 말할 수 있는 학급분위기를 만드는 것이 매우 중요하다.

[예 5] "선생님, 있잖아요. 애들이 모두 왼쪽에서 두 번째 수도꼭지의 물을 쓰지 않는 거 아세요?"
"몰랐는데. 왜 그렇지?"
"경빈이가 그 수도꼭지에 입을 대고 물을 마셨기 때문이에요. 모두 병균이 옮을 거래요. 그래서 그 뒤로는 틀지 않아요."
"……"

착하고 귀여운 아이도 밝고 명랑한 표정으로 차별로 이어지는 말과 행동을 아무렇지도 않게 할 때가 있다. 이럴 때는 그냥 놔둬선 안 된다. "얼마간 살펴본 뒤에……"도 안 된다. 즉각 그다음 수업을 그만두고서라도 아이들에게 학급 전체의 문제로 내놓는 것이 중요하다. 3학년에게는 이와 같은 잔인한 면도 있다.

[예 6] 컴퍼스로 원을 잘 그리지 못하는 아이가 많다. 또 가위나 풀을 사용하는 작업에 서툰 아이도 많다. 손과 도구를

쓰는 상황을 의도적으로 늘릴 필요가 있다.

칼로 연필을 깎게 하는 것은 매우 효과적이다. 요즘은 사과나 배 껍질을 직접 깎아서 먹는 아이가 별로 없다고 한다. 이 시기에 도구를 쓰는 방법을 익혀야 한다.

[예 7] 요즘은 부모도 포함하여 반드시 생각해 보아야 할 일들이 많아지고 있다. 3학년 담임을 맡은 선생님이 곤충수업을 위해 교실에서 누에를 키웠다. 주말에는 반에서 순서를 정해서 집으로 가져가게 했다. 그런데 몇몇 부모에게서 불만이 터져 나왔다. 보기 싫으니까 자기 집에는 보내지 말아달라는 것이었다.

[예 8] 읽기 수업에서 감성적으로 멋진 의견을 내놓던 아이가 어떤 장면에선 전혀 터무니없는, 뚱딴지같은 말을 할 때가 있다. 민감성과 얕은 판단이 혼돈 속에서 동거하고 있는 것도 3학년 특징의 하나이다.

이와 같이 몇 가지 실례를 들어보았는데, 사실 하는 행동을 보고 있노라면 3학년은 매우 귀엽다. 문제를 안고 있지만 기본적으로는 순수하고, 유연하며, 희로애락의 감정을 감추지 않고 있는 그대로 모두의 앞에 내놓는 갱에이지들이다. 3학년의 벽을 아이들과 함께 극복하고 4학년으로 올려 보내는 뿌듯함을 느끼자.

▶ '선생님, 있잖아요!'와 '지금 사실은'

그럼 3학년 갱에이지들을 어떻게 가르치고 길러야 할까?

거칠기 짝이 없는 중학년 아이들의 속마음을 알아내기 위해 '지금 사실은'이라는 문장으로 시작하는 글을 짓게 하자. 언어능력의 향상이 요구되는 때이므로 '지금 사실은'이라는 작문이나 말하기의 실천은 검토할 가치가 충분히 있다.

'지금 사실은 친구 문제로 걱정하고 있습니다. A와 B가 요즘

나를 약간 피하는 것 같습니다. 마음을 쓰지 않으면 그만이지만 전처럼 편한 마음으로 그 아이들과 놀지 못할 것 같은 생각이 듭니다.'

이런 작문을 바탕으로 아이들의 불안정한 마음을 정신적으로 어떻게 열어 나갈지에 대한 고민이 현재의 중학년 교사에게 요구된다.

반면에 저학년에게 글짓기를 시킬 때는 다음과 같이 시작하게 하자. '선생님, 있잖아요!' 선생님하고 둘이서 이야기하듯이 일어난 일을 써나가는 것은 작문능력을 향상시키고, 나아가 선생님과 함께라는 안도감도 심어줄 수 있다.

'지금 사실은'과 '선생님, 있잖아요!'는 모두 매끄럽게 문장으로 써낼 수 있는 장점을 지니고 있지만, 인간적인 고민이 밑바닥에 흐르는 것은 물론 '지금 사실은'이다. 중학년 아이들의 그런 고민은 내면적 성장으로 이어진다.

한편 3학년은 '선생님, 있잖아요!'를 졸업하고, '지금 사실은'에 이르는 성장기라고 볼 수 있다. 이 시기야말로 아동의 건강한 발달에 있어서 매우 중요한 의미를 지닌다.

그러면 이러한 중요한 시기에 아동은 어떠한 능력을 길러야 할지를 정리해 보자.

■ 초등 3학년 시기의 중요한 능력
① 자주성·자율성의 발달
② 집단에 의한 계획적 행동능력
③ 추상능력의 발달
④ 새로운 가치관의 성립
⑤ 부분과 전체의 관계 파악
⑥ 감정적 측면의 충실(배려, 상대편의 이해)
⑦ 세밀한 손가락 기능의 충실

위의 모든 능력이 인간으로서 자립하여 살아가기 위한 중요한 능력이다.

집단과의 관계 속에서 역동적으로 성장해 나가는 중급학년 전반기인 3학년 때에 이러한 능력들을 기르기 위한 밭을 많이 갈아놓아야 한다.

(1) 활기와 규칙이 있는 학급

위의 일곱 가지 능력을 3학년생에게 조금씩 길러 나가게 하려면 어떻게 해야 좋을까? 실천 방법의 예를 소개한다.

①과 ②의 능력은 자치활동의 싹을 기르기 위한 시기이므로 중요하게 다루어야 한다.

③과 ⑤의 능력은 주로 수업을 통하여 길러 나가야 한다.

①②와 ③⑤가 원만한 조화를 이루면 그에 따라 ④⑥으로

발전해 나가게 된다.

⑦은 앞에서 말한 것처럼 손과 도구를 사용하는 활동을 일상적으로 도입하여 달성하도록 해야 한다.

(ㄹ) 스스로 하기의 싹―①②의 능력 기르기

3학년 담임으로서 아동이 갖추기를 바라는 것은 무엇보다 자기들이 계획하고 실행하는 활동이다. 곧장 할 수 있는 것은 부서에서 제안하는 '행사'이다. 3월에 결정한 부서활동은 한 학기 동안 계속되는데 그동안에 한 번은 부서에서 계획하여 실행하는 행사를 개최하도록 지도한다. 학급 전체 행사를 교사 주최 겸 사회로 진행하면 아이들도 따라 하기 쉽다.

"부서의 일에 관계된 놀이나 퀴즈, 연극을 생각해 보렴. 모두에게 설문지를 돌려도 좋고."

이렇게 시작을 해두면 학급활동 시간을 그를 위한 준비로 쓸 수 있다.

피구대회나 조 대항 이어달리기 등 비교적 의견을 내기 쉬운 체육담당이 먼저 원안을 만들어 올 것이다.

이러한 과정에서 반성의 시간을 갖는 것은 매우 중요하다. 이것을 위해 행사를 개최하는 것이라 해도 과언이 아니다. 가능하면 같은 부서가 아닌 아이들의 의견도 듣게 하자. 다음 부서의 행사에 반드시 도움이 된다.

학기가 끝났을 때, 모든 부서가 한 번씩 실시할 수 있었다면 아이들에게도 크나큰 자신감으로 이어질 것이다. 무엇보다 학급 일에 참가하는 방식이 달라진다. 부원으로서 실제로 운영해 보면 친구들이 잘 따라 준 것, 진행 방법에 반응해 준 것에 대한 고마움을 뼈저리게 알게 되기 때문이다.

그리고 행사가 끝난 뒤에는 아이들의 노고를 위로하고 칭찬해 주자. 구체적인 칭찬의 말은 아이들에게도 자신감이 되어면 훗날까지도 그 기억이 남을 것이다.

수업 시간 40분을 다 사용하는 것은 대대적인 행사이다. 아침 자습 시간 15분을 사용하는 작은 행사라면 언제든지 개최할 수 있다.

'지도 기호맞추기 퀴즈'(사회부), '곱셈대회'(수학부), '곤충 그림자 퀴즈'(과학부) 등 다양하게 기획할 수 있을 것이다. 한 바퀴 돈 다음에는 한 번 더 돌 것인지 아이들과 대화를 나누어 결정한다.

아침 자습 시간을 사용하는 행사는 조에 맡겨도 된다. 15분이면 마칠 수 있는 놀이를 각 조에서 기획하여 1조에서부터 순서대로 실시하면 된다.

이것도 한 바퀴 돈 다음에는 아이들과 대화하여 다음엔 어떻게 할지 정하도록 한다. 부서의 행사, 조별 연극, 15분 독서 등 주기를 정해 두는 방법도 있다.

아이들의 의욕과 실정에 맞게 정하면 될 것이다.

(3) 언어능력을 높인다 – ③⑤의 능력 기르기

학급 만들기에서 무엇보다 중요한 것은 아이들 하나하나가 설 곳을 만드는 일이다. 자기가 설 자리가 있어야 편안한 마음이 든다. 그런 장소를 수업 시간에도 만들어 나가도록 한다.

그를 위한 마법의 지팡이가 '대화'를 활성화하는 수업 만들기이다.

1문 1답식 수업이 아니라 현장감 속에서 모든 아이들이 깊이 생각하고, 더듬거리더라도 자기의 말로 의견을 내놓을 수 있는 수업을 만들어야 한다.

이야기 나누기 형식의 꾸준한 지도가 이루어지면 자기가 하고 싶은 말만 하고 친구들의 의견은 듣지 않는 아이들도, 자기가 말한 것에만 만족하지 않고 다른 아이의 발언에도 귀를 기울이게 될 것이다.

혼자서는 떠오르지 않았던 멋진 생각들이 여럿이서 함께 이야기를 나누는 사이에 생겨나는 것을 아이들이 실감할 수 있으면 아이들의 능력도 더욱 향상될 것이다. 집단사고를 중요하게 여겨야 하는 이유이다.

아이들이 학교에서 보내는 시간의 3분의 2는 수업 시간이다. 수업이 기다려지면 아이들은 거칠어지지 않는다.

아이들의 지적 호기심을 자극하는 수업을 만드는 것이야말로 하고 싶은 것도, 알고 싶은 것도 많은 3학년을 지도하는 교사의 기술이라고 할 수 있다.

(4) 즐거운 수업의 조건

첫째, 아동의 현재 상태에 맞게 연구할 것. 수준이 너무 높지도, 너무 낮지도 않게.

둘째, 지적 자극을 불러일으키고 재미가 있을 것. 아동이 현장감을 얻을 수 있고 나아가 사고하는 측면도 있는 수업.

셋째, 과제 만들기와 토론 속에서 아이들이 주체성을 발휘할 수 있어야 함.

넷째, 사물을 바라보는 방법·방법론 등 자기의 언어로 사고할 때 기본이 되는 인식을 얻을 수 있을 것.

■ 지도 요령
- 단지 즐겁기만 하면 되는 것이 아니라 행사를 하는 목적을 분명히 글로 나타내게 한다.
  - 피구대회를 하여 더욱 친해지자.
  - 공에 맞은 친구가 있어도 "괜찮아"라고 말하자.
- 부서로서의 목표도 생각하게 한다.
  - 모두가 자기 목소리만 내지 않도록 사회는 진행을 더 잘했으면 좋겠다.
- 이긴 팀에게 상품을 주어도 좋지만, 직접 만들어서 마음이 담긴 것을 준비하게 한다.
  - 손으로 만든 상장
  - 정성껏 만든 메달
- 행사가 끝나면 모두 함께 반성의 시간을 갖도록 한다.

다섯째, '마무리' 수업에선 아이들 자신의 언어를 마음껏 발휘할 수 있도록 보장할 것.

여섯째, 기능형 학습의 경우는 목표를 향해 의욕이 용솟음치도록 연구할 것.

(5) 수업 만들기와 학급 만들기

지금까지 말한 것을 정리하면 다음과 같다. 즉 수업 만들기와 학급 만들기를 서로 융합시키면서 자기 언어로 말할 수 있는 능력과 아동집단의 자치능력을 기르는 것이다.

이러한 두 가지 능력을 신장하는 것이 아이들의 언어능력을 기르고 학급문화를 꽃피워 나가는 마법수업으로 이어진다는 사실을 염원하면서.

(6) 아동에게 좀 더 다가가 격려를

하고 싶은 것이 너무 많은 나머지 탈선을 하는 경우도 많은 3학년. 꾸지람을 들을 각오로 선생님 앞에 서는 아이들도 많다. 일으킨 문제의 질에 따라 다르지만, 그런 때야말로 아이 하나하나의 '오늘 현재'를 중요하게 생각하고 다가가야 한다.

유머를 발휘해도 좋다. 자신이 저지른 실수를 선생님이 유머로 받아쳐 준다면 아이들도 얼마쯤 안도할 것이다.

'오늘'을 중요시하는 지도는 다음 세 가지로 나눌 수 있다.

①가치 부여

칭찬하라. 수업 중이라면 의견을 말한 아이의 노고를 위로하고 미소로 인정해 주자. 구체적인 말이 즉각 떠오르지 않거든 '정말 그렇구나'라고 고개를 끄덕이기만 해도 된다.

틀린 발언이라도 즉각 부정해선 안 된다. 그 의견을 부드럽게 모두에게 전달함으로써 대화가 더욱 활성화될 것이다. 화제의 마지막에 이르렀을 때, 계기가 된 발언이었음을 크게 칭찬하면 된다. 가치 없는 발언은 없다.

②위치 부여

구체적으로 칭찬하라.

"그 의견은 참 괜찮구나. 문제점이 확실하게 보이기 시작하는걸."

"다들 리코더를 아주 잘 불게 되었구나. 음악 담당이 훌륭한 지도력을 발휘해 주었어요."

한 사람 한 사람의 마음을 편안하게 하고 설 곳을 만드는 기반이 되는 활동이라고 할 수 있다.

③방향 지우기

혼란이 찾아왔을 때, 정체해 있을 때, 다시 활성화시키고 싶을 때는 아이들의 상황을 깊이 살피면서 움직이지 않으면 안 된다. 예를 들면 수업에서 화제가 본론을 떠났다면 이렇게 말

머리를 돌려보자.

"다들 여러 가지 생각들을 갖고 있구나. 그럼 여기서 오늘의 주제를 다시 한 번 확인해 두자꾸나."

아이들을 격려하는 활동과 말 붙이기는 중요하다. 지금 이 순간을 살고 있는 3학년 아동 한 사람 한 사람의, 그날 그 순간의 상황에 걸맞은 말 붙이기에 역점을 두어야 한다.

ㄹ. 초등학교 4학년
만 9세, 10세 아동의 몸과 마음의 발달

▶ 발달심리학에서 본 특징

아동에게 질문해 보면 아동의 사고방식을 쉽게 알 수 있다.

질문은 정답이 있는 문제라기보다 이리저리 생각해야만 하는 것이 적합하다. 예를 들면 "지구의 자전에는 몇 시간이 걸리는가?" 묻기보다는 "태양은 왜 움직이는가?"라고 물으면 아이는 머리를 짜내어 대답하려 애쓴다. "돈이 없으면 어떻게 될까?" 물으면 아이들은 많은 것들을 떠올리고 그것을 정리하여 대답하려 한다. 먹을거리를 살 수 없게 된다고 생각하는 아이도 있고, 가난해진다며 걱정하는 아이도 있다.

이런 대답 방식을 나이별로 분류해 보면 저학년과 고학년 간의 커다란 변화를 감지할 수 있다. 대부분의 저학년 아동은 개인적인 사정에서 출발하여, '나에게 돈이 없어지면 곤란하다'는 시점에서 생각한다. 고학년이 되면 '모두 어떻게 될까?' '사회는 어떻게 되는 것일까?' 하는 시점에서 생각하기 시작한다.

이러한 전환점이 대체로 초등 4학년 무렵인데, 이 시기에는 여러 시점이 혼재하게 된다.

질문 상대로서는 매우 재미있는 나이이다. 지금까지 배운 지식으로 "그것은 물물교환으로 돌아갈 뿐이다"라는 식의 말은 하지 않고, 자기의 경험과 남에게서 들은 이야기, 상상한 것 등을 구사하여 열심히 대답해 주기 때문이다.

이러한 질문에 의해 사고를 연구하는 방법, 즉 '임상대화법'은 특히 초등학생에게 적용된다. 아이들은 종이에 답을 쓰는 질문지법에선 표현하지 못하는 것도 선생님이 성의껏 들어주면 자기 생각을 솔직히 표현한다. 외부로부터의 행동관찰에선 잘 보이지 않는, 마음의 흔들림을 나타낼 수도 있다.

사실은 일상적으로 이런 대화를 하고, 재미난 대답을 듣는 사람은 초등학교 교사이고 부모이다. 다만 업무와 생활에 쫓기느라 지식의 정확성과 습득 정도는 알지만 아동과의 대화를 즐길 여유는 좀처럼 없는지도 모른다. 또 전학년을 통틀어 대화 양상이 어떻게 달라지는지를 파악하기도 어려울 것이다.

그럴 때, 발달심리학의 지식과 견해를 이용해 보자.

이러한 임상대화법을 비롯하여 여러 방법을 써서 조사를 되

풀이해 보면 6년 동안의 아동기 전체의 커다란 변화가 눈에 보이기 시작한다.

그러한 변화가 두드러지게 나타나는 시기는 대부분 4학년 무렵이다. 자연 인식이든, 사회 인식이든, 자기 인식이든 그 영역은 달라도 동일한 양상의 변화가 생긴다. 여기서는 발달심리학의 관점에서 '만 9, 10세 시기'에 초점을 맞추어 아동의 발달에 대해 생각해 보기로 한다.

(1) 주목받는 9, 10세 아동의 특징

발달심리학에선 나이에 따른 특징을 밝히면서 생애 발달과정을 몇 개의 시기로 구분한다.

태아기·유아(乳兒)기·유아(幼兒)기에 이어 아동기를 하나의 시기로서 구분해 왔다. 그 뒤로 사춘기·청년기·장년기·중년기·노년기가 이어진다. 각 시기에는 공통된 심리학적 특징이 있고, 그 특징을 낳는 근거를 발달단계라는 개념으로 나타내 왔다. 즉 아동기의 특징을 성립시키는 발달단계가 있다고 보는

것이다. 예를 들면 피아제라는 심리학자는 아동기를 '구체적 조작단계'라고 생각했다. 또 바론은 아동기를 '범주적 사고와 다가(多價)적 인격의 단계'로 자리매김했다.

한편으로는 청각장애를 지닌 아동에게는 추상적 사고가 발달하기 어렵다는 데서 '9, 10세의 벽'이라는 지적이 이루어져 왔다. 또한 가벼운 정도의 지적 발달장애를 지닌 아동에게는 지능연령 9, 10세 이상의 발달이 어렵다고 말한다.

교육의 큰 문제인 '학습부진'은 9, 10세 무렵 증가하는 것으로 알려져 있다. 미술교육 분야에서도 9, 10세 때는 묘사에 있어 커다란 변화가 나타난다고 한다. 나아가 임상적인 문제나 비행 등의 행동문제 등 여러 가지 문제의 기원으로서도 9, 10세의 발달은 주목을 받고 있다.

(2) 9, 10세의 벽

'9, 10세의 벽'이라고 하는 발달상의 어려움은 대체 어째서 생기는 것일까? 뇌의 발육에 약점을 지닌 아동에게서 흔히 나

타난다고 하므로 뇌신경계의 발달이라는 생리적 제약은 충분히 예상할 수 있다. 그러나 그것만으론 다 설명되지 않는다. 심리발달이 단순히 뇌의 성숙에만 의거한 과정이라면 이러한 현상은 잘 일어나지 않을 것이다.

연구와 논의 속에서 분명해지고 있는 것은, 그것이 자연적인 발달로서의 문제라기보다는 우리나라 아동들의 생활이나 교육현실과 관련하여 나타나는 문제가 아닐까 하는 점이다. '만 9, 10세의 벽'은 아동의 자연스런 발달에 의해 필연적으로 생겨나는 현상이라기보다는 교육이나 사회의 존재양상과 관련하여 나타나는 발달과정이라고 보아야 한다.

그 때문에 본디부터 존재한다는 어감이 강한 '만 9, 10세의 벽'이라는 표현이 아니라 발달과정에서 여러 가지 조건과 관련하여 나타나고 극복 가능한 것이라는 의미에서 '만 9, 10세의 고비'라는 표현을 쓰게 되었다.

사실 피아제와 비고츠키, 바론은 모두 9, 10세 무렵부터 나타나는 발달적 변화에 대해 훌륭하게 설명하고 있다.

예를 들면 피아제는 각설탕이 물에 녹는 모습을 아동에게 보여주면서 '보존'에 대해 질문한다. 그러면 아동기의 아이는 물질의 보존에서 시작하여 무게와 부피의 보존에 이르는 과정을 단계를 따라가며 나타낼 수 있다.

또 비고츠키는 '～하므로'에서 '～인데'라는 접속사의 사용방법 연구를 통하여 아동기에 이미 생활적 개념에서 과학적 개념으로의 이행이 있음을 발견하고 있다.

바론은 태양과 바람에 대해 질문하면서 5세 반에서 9세 무렵에 걸쳐 특징적인 '반대되는 사고'에서 그 이후에 일반화되어 나타나는 '범주적 사고'로의 개념을 설명한다.

곧 '만 9, 10세의 고비'에서 발달단계의 교체를 볼 수 있는 것이다.

그러나 이 발달단계의 교체는 단숨에 일어나지는 않는다. 그 것은 2세 반 무렵의 제1반항기와 사춘기라는 제2반항기 같은 위기와는 양상이 다르다.

아동기는 전체적으로 두 가지 발달단계의 교체가 실현되어 나가는 시기임과 동시에 예전의 발달단계가 행동과 사고 속에 종종 나타나는 시기이다. 훌륭한 조건이 받쳐주지 않으면 여간 해선 새로운 발달단계가 작동하지 않는 시기라 해도 과언이 아니다.

(3) 새로운 발달단계의 조건

그럼 이러한 '만 9, 10세의 고비'에 있어서 발달단계의 교체는 어떻게 일어나는 것일까? '만 9, 10세의 고비'에 대하여 어느 정도 정확하게 이해하기 위해서도 심리발달에 있어서의 세 가지 조건에 대하여 알아둘 필요가 있다.

첫 번째, 신체적 조건, 특히 뇌신경계의 조건이다. 9, 10세 무렵의 림프계 발육은 성인의 2배에 이른다. 많이 움직이고, 잘 놀고, 많이 웃는, 발랄하고 활발한 아동기에는 이러한 신체적 발달 근거가 있는 것이다.

다른 한편으로는 대뇌 전두엽의 발육이 두드러진다. 뇌의 활동상태를 촬영해 보면 9, 10세 무렵의 전두엽이 활성화하기 시작하는 것을 알 수 있다. 전두엽은 가장 뒤늦게 발달하여 뇌 전체를 통제하는 기능을 갖고 있다. 그러므로 의지력·인격적 능력도 자라난다. 유아기에서 초등 저학년의 시기까지 도무지 차분하지 않던 아이도 9, 10세쯤 되면 어느 정도 정돈된 모습을 보이기 시작하는 것도 그 때문이다.

두 번째, 언어이다. 아동기는 말하기 언어에서 쓰기 언어를 습득해 나가는 시기이다. 외부에서 보면 책을 읽을 수 있게 된다든지 글짓기를 할 수 있게 되는데, 사실은 언어적 변화는 그뿐만이 아니다. 말할 때나 들을 때, 글을 쓸 때와 읽을 때에도 사용하는 언어의 의미 자체가 달라진다.

세 번째, 사회관계에 있다. 아동기는 부모에 대한 의존에서

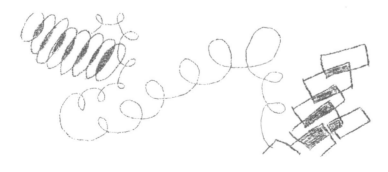

차츰 해방되고, 아울러 교사의 권위와도 거리를 두며, 친구관계를 통하여 심리적으로 자립하기 시작한다. 9, 10세 무렵은 다양한 친구를 받아들이고, 함께 어울려 놀고 친구가 되는 것이 가능한 시기이다. 친구이기 때문에 논다기보다는 놀이를 통하여 교우관계를 넓혀 나가는 것이다. 아동은 자신감을 얻게 되고, 부모와 교사의 말도 어느 정도 객관적으로, 때로는 비판적으로 받아들일 수 있게 된다. 다만 아동의 발달에 걸맞는 사회관계가 보장되어 있는지의 여부는 시대에 따라, 또 국가와 지역에 따라서, 그리고 무엇보다 가족에 의해 달라진다.

이처럼 적어도 세 가지 조건과의 관계에서 새로운 발달단계가 발생한다고 볼 수 있다. 바꿔 말하면 신체적 발달, 언어적 발달, 교우관계의 발달이라는 조건에 뒷받침되어 '만 9, 10세의 고비'도 극복 가능해진다는 뜻이다.

▶ 아이 안에 앞으로 나아가고자 하는 마음이 있다

책상 앞에 앉아 책을 펼치고 하는 것만이 공부는 아니다. 여행을 가는 것도 공부이고, 텔레비전을 보는 것도 공부이며, 친구들과 놀이하는 것도 공부이다. 그래서 평생 공부로부터 도망칠 수 없는 존재가 사람이다. 그런데 많은 사람들이 공부의 범위를 너무 좁혀놓았다.

어느 날 한 아이가 와서 불만을 터트렸다.

"'공부해라, 공부해라' 그 말 때문에 머리가 터져버릴 것만 같아요. 집에서도 학교에서도 매일 이런 얘기만 들어요. 공부는 도대체 왜 해야 하는 거예요?"

초등학교 4학년쯤 되면 여러 문제로 고민하고 불안해하기 시작한다. 그러나 그것을 어떻게 해결해야 할지 혼자서는 돌파구를 찾지 못하는 시절이기도 하다. 교사나 부모의 말에 따르면 편하겠지만, 그렇게 곧이곧대로 어른 말을 듣는 것은 왠지 비겁해 보인다. 그런 딜레마 때문에, 자신의 불안을 해소하기 위해 아이들은 어른에게 반항한다.

그런데 '공부는 왜 해야 하죠?'라고 물은 아이도, 사실은 그 답을 알고 있다. 왜 공부해야 하는가, 이 문제는 '왜 살아야 하는가'와 똑같은 것이기 때문이다. 즉 그것은 인생에서의 근원적인 물음, 정확히는 몰라도 어렴풋이는 누구나 답을 아는 그런 질문이란 뜻이다. 삶이 죽음에 대한 두려움 때문에 성립하듯이, 사람들은 무지가 무서워 공부를 한다. 그리고 외모나 능력을 다른 사람과 비교하는 까닭은 자신의 가치관을 발견해 내고 싶기 때문이다.

'이런 거 배운들 무슨 소용이 있겠어?' 어른들도 가끔 이런 의문을 품는다. 주로 팽팽하던 긴장의 실이 툭 끊어져 갑자기 허무함이 밀려왔을 때, 업무의 중압감에 눌려 좀 쉬고 싶을 때 그렇다. 정체가 시작되었을 때 이런 물음이 고개를 드는 것이다.

그러나 인간이란 한곳에서 정지해 있다가도, 때가 되면 또다시 움직여야만 하는 태생적으로 발전을 소망하는 존재이다.

교사가 채근한다고 아이들이 공부할 마음이 생기는 것은 아니다. 몰아붙일수록 아이들은 점점 더 의문만 품고 삐뚤게 나간다. 아이들이 혼란스러워할 때 필요한 것은 적절한 조언이다. 알맞은 조언이란 아이의 마음을 헤아리고 북돋워 주는 것이라는 말밖에, 여기서 무슨 설명이 더 필요할까.

아이의 마음속에는 이미 전진하려는 향상심이 있음을 믿자. 이 믿음 하나만으로도 어떤 교사든 최고의 조언을 할 수 있다.

1. 초등학교 5학년

반항심이 고개를 들기 시작하는 시기, 협력과 봉사로 다듬자

▶모두모두 협동하는 마음을 심어준다

학예회의 합창연습 때 노래하지 않는 아이, 운동회의 응원 연습시간에 목소리를 내지 않는 아이, 운동장의 쓰레기나 돌 줍기를 할 때 빈둥거리는 아이, 청소당번인데 청소를 하지 않고 노는 아이 등등. 여럿이서 힘을 합쳐야 할 때 학급 안에는 반드시 이렇게 주변에서 뱅뱅 도는 아이가 있기 마련이다.

"나 하나쯤이야 안 해도 괜찮겠지. 다들 저렇게 열심히 하고 있으니까 괜찮아. 내가 안 하는 걸 누가 알겠어?"

이런 생각을 하는 아이들에게 선생님이 꼭 해줄 이야기가 있다.

"여러분은 페스탈로치 선생님을 잘 알고 있지요? 페스탈로치 선생님은 정말 훌륭한 교사이셨어요. 이 이야기는 페스탈로치 선생님이 어느 가난한 마을의 학교에서 아이들을 가르치다 마침내 다른 학교로 전근을 가게 되면서 생긴 일이에요. 선생님은 학생들에게나 마을 사람들에게나 인기가 참 높았지요. 선생님이 가르치는 수업은 무척 재미가 있어서, 아이들은 시간 가는 줄 모르고 수업에 빠져들곤 했지요. 선생님은 아이들뿐만 아니라 학부모에게서도 사랑을 받았어요. '페스탈로치 선생님께 부탁하면 안 되는 일이 없어. 무슨 일이든지 척척 해결해 주시지.' 그 마을 사람들은 모두 한결같이 선생님을 신뢰하고 따랐답니다. 그런 선생님이 어느 날 다른 학교로 전근을 가게 된 거예요. 아이들은 물론이고 그 지역 사람들은 몹시 아쉬워했지요. 마을 사람들은 선생님께 감사의 마음을 담아서 선물을 하기로 했어요. 바로 포도주를 집집마다 한 홉씩 가져와 술병에 채워서 페스탈로치 선생님께 선사하기로 했던 거예요. 가난한 마을 사람들에겐 포도주는 매우 귀한 물건이었지요. 마침내 선생님이 마을을 떠나는 날이 왔습니다. 마을 사람들은 포도주를 선생님에게 선사했어요. 선생님은 가난한 마을 사람들이 자신을 위해 귀한 포도주 선물을 마련한 것에 진한 감동을 느꼈습니다. 페스탈로치 선생님은 집으로 돌아오자마자 포도주를 마시려고 술병을 열었어요. 그런데 그 술병에서 나온 것은 붉은빛이 도는 포도주가 아니라 그냥 맹물이었답니다.

'모두들 포도주를 가져올 테니까 나 한 사람쯤이야 물을 담아서 내놓아도 아무도 모를 거야. 술병이 크니까 한 홉 정도의 맹물이 들어가도 설마 술맛에 큰 지장은 없겠지.' 마을 사람들은 저마다 그렇게 생각했던 것입니다. 그래서 술병은 포도주가 아니라 물로 가득 차게 되었던 것이에요.

'저렇게 다들 잘하고 있는데 나 하나쯤 꾀를 부린다고 무슨 표가 나겠어?' 모든 사람이 이렇게 생각하기 때문에 결국 큰일이 벌어지고 마는 것입니다. 합창연습을 할 때도 마찬가지예요. 한 사람 한 사람의 목소리가 모여서 전체의 목소리가 만들어집니다. 한 사람의 힘이 매우 중요한 거예요."

또 실제로 이런 활동을 한번 해보는 것도 좋겠다.

학급의 인원수만큼 상자를 준비하여 아이들 앞에서 상자를 쌓아올려 탑을 만든다.

"이 상자 하나하나가 이 학급의 여러분 한 사람 한 사람입니다. 모두 힘을 합쳐야 탑이 이루어집니다. 모두 다른 상자지만 이 가운데 상자 하나만 빠져도 이것과 똑같은 모양의 탑은 만들 수가 없어요. 이렇게 쌓아올린 탑의 아래쪽에서부터 빼내면 탑은 무너져 버립니다. 아래에 있으니까 눈에 띄지 않는 것처럼 보이는 상자지만, 이 상자 하나만 빼내도 탑은 무너져 버릴지도 몰라요. '다들 저렇게 열심히 하는데 나 한사람쯤은 하지 않아도 괜찮을 거야. 여럿이서 하는 거니까 나 하나쯤 하지 않아도 아무도 몰라.' 이렇게 생각하는 사람이 있을지도 몰라요. 하지만 바로 그 한 사람이 무척 중요하답니다. 만약 이 가운데 어느 한 사람의 힘이 합쳐지지 않으면, 탑이 무너진 것처럼 학급 전체가 무너져 버릴 수도 있어요. 그 정도의 힘을 여러분은 갖고 있는 것이지요. 여러분 한 사람 한 사람이 있어야 탑은 서 있을 수가 있어요. 여러분의 힘은 다 똑같이 중요하고, 똑같이 필요하답니다."

초등학교 5학년쯤 되면 은근한 반항심이 가슴속에 싹트기 시작한다. 그래도 이때 교사가 들려주는 교훈적인 일화들은 아직은 순수한 아이들에게 마법의 힘을 불어넣는다.

▶ 봉사정신 사랑정신을 심어주자

(1) 자원봉사자를 모집한다

초등학교 영어 수업시간에 자주 "볼런티어 플리즈(Volunteer, please)"라는 말을 듣는다. 대표로 역할극의 배역을 맡거나, 놀이의 시범을 보여줄 아동이 앞으로 나온다.

이 '자원봉사자'에게는 '앞에까지 나가서 했는데 틀리면 창피하다'는 생각은 없다. 자원봉사자이므로 모두를 위해 앞에 나간다는 의식이 작용하기 때문이다.

'자원봉사자'라는 단어는 초등 5학년 아이들의 의식을 바꾼다.

(2) 급식이 끝난 뒤 휴지 줍기

급식 시간이 끝난 뒤 교실에는 어디서 나왔는지 쓰레기가 여기저기 눈에 띈다. 즐거운 점심식사 뒤의 쉬는 시간은 이미 시작되었다. 그럴 때 교사가 한 마디 한다.

"휴지 주울 자원봉사자를 모집합니다."

그리고 담임교사가 직접 휴지를 줍기 시작한다. 그러면 반드시 함께 줍는 아이가 생긴다.

이것은 교사가 "휴지를 줍자"거나 "휴지를 주워라" 말할 때 반응하는 희미한 불만의 목소리와는 어딘가 분명히 다르다.

(3) 청소 시간

다 함께 힘을 합쳐 청소를 하기도 하지만, 저마다 장소를 나누어 맡아서 청소를 하기도 한다. 바로 복도나 계단 청소이다. 나눠서 맡으면 성실한 아이는 열심히 하므로 시간 안에 끝마친다. 그러나 집중하지 못하는 아이, 행동이 굼뜬 아이도 있어서 전체의 청소가 끝나지 않을 때가 있다.

그럴 때 교사는 이렇게 살며시 운을 뗀다. "자기가 맡은 곳이 일찍 끝난 사람은 아직 끝나지 않은 곳을 도와줄까?" 이미 청소를 마친 아이들이 일제히 움직이는 건 아니지만 한 사람 정도는 돕기 시작한다. 그때 "○○야, 고마워" 큰 소리로 말한다. 그러면 다른 아이도 움직이기 시작한다. "다들 도와주어서

고맙구나", "△△도 열심히 하는구나", "여럿이서 하니까 금세 깨끗해졌는걸" 하고 적극 칭찬한다.

아직 끝나지 않았던 곳이 깨끗해진다. 마지막으로 "도와줘서 고마워"라고 감사인사를 한다. 그 말을 듣고 싫어할 아이는 없다. 청소를 돕는 것도 작은 봉사이다.

▶ 온 교실을 사용 마법수업을 하는 비결

봄날 아지랑이처럼 갖가지 생각과 상상이 모락모락 일어나기 시작하는 초등 5학년생에게 교사로부터의 '사각지대'란 모든 무관심과 부주의의 온상이 된다.

그러면 수업을 할 때, 교사의 가장 '사각지대'가 되는 것은 어디 앉은 학생일까?

맨 뒷자리?

아니면 교실의 한가운데?

교탁 앞이 의외로 사각지대?

아니다. 몇몇 교사에게 물어본 바로는 가장 사각지대는 창가의 맨 앞좌석이다. 물론 교사마다 다르긴 하겠지만.

그러므로 칠판 한쪽에 글씨를 쓸 때, 일부러 소리 내어 창가 맨 앞자리에 앉은 학생에게 묻는다.

"여기에 쓴 글씨가 반사되지 않니? 보여?"

이건 교사가 교실 전체를 의식하는 것이 되고, 다른 학생들에게도 편안함을 준다. 학생들은 이렇게 생각한다.

'선생님이 우리 모두에게 세심히 배려하고 있구나.'

아무래도 초임교사 시절에는 코앞에 앉아 있는 학생이나, 수업을 집중해서 듣는 학생, 대답을 잘하는 학생하고만 수업을 진행하게 된다.

'선생님은 대답을 잘하는 아이들하고만 수업을 하신다.'

수업 설문조사에서 이런 혹독한 지적을 받지 않으려면 전체적인 배려를 의식해야 한다.

교실을 이리저리 돌아다니면서 수업을 하라. 그리고 질문을 던질 때 되도록 교사와 대각선의 위치에 있는 학생을 지명하라.

코앞의 학생을 지명하면 아무래도 교사와의 대화가 되므로 목소리가 작아진다. 그 점에서 대각선에 있는 학생과 주고받으면 교실 전체를 사용하는 수업이 된다.

그러므로 맨 앞줄의 학생을 지명할 때에도 일부러 그에게서 멀리 떨어져서 지명을 하면 이쪽을 향하여 큰 소리로 대답이 돌아오게 된다.

2. 초등학교 6학년

담임의 고민에 답한다

▶ 신문을 활용 세상 보는 교육

교육에 신문을 활용하는 방법은 NIE(Newspaper in Education)가 활발하게 도입되기 이전부터 이루어졌다.

현재 NIE가 주목을 받는 것에는 다 까닭이 있다. 첫째 세계적으로 확대되고 있는 '교육실천'이라는 것이다. 미국을 비롯하여 유럽 각국과 오스트레일리아, 일본 등도 적극적으로 도입하고 있다. 즉 교육적 효과가 세계적으로 인정을 받고 있기 때문이다.

둘째 신문이 종합적 학습에 가장 적합한 정보의 보고라는 것이다. 물론 인터넷을 비롯한 대중매체는 어느 것이나 정보를 제공하지만 전국 각 학교의 여러 사정을 감안할 때, 신문만큼 손쉽고 확실하게 얻을 수 있는 정보원은 없다.

이 두 가지가 NIE에 주목하는 커다란 이유인데, 여기에 다음과 같은 것도 생각할 수 있다. 그것은 2012년부터 전면 시행되고 있는 주 5일제 수업에 대한 대응이다. 가정에서도 요구되는 '생활능력'은 학부모에게나 아동 또는 학교로서도 큰 과제라고 할 수 있다. 그에 대한 불안을 타파해 주는 실마리로서 신문이 활용될 수 있다는 예감을 교육관계자들이 하고 있는 것이다.

가족들 사이에 유대감을 기르는 대화의 바탕을 제공해 주는 신문, 스스로 읽을 수가 있으면 여러 형태로 사회와 관계를 맺어 나갈 수 있는 신문, 이러한 소재로서의 질 높은 맛이 주목을 받는 원인이 되고 있다 해도 전혀 이상할 것이 없다.

초등학교에선 6학년이 NIE를 도입하기가 가장 쉽다. 그 실천방법을 정리하여 소개하고자 한다.

(1) 마음에 드는 기사를 스크랩한다

NIE를 도입하고 있는 선생님들은 대부분 스크랩에서부터 시작한다.

3월에 처음 신문활용교육을 접하는 아이는 어떻게 할 줄 몰라 허둥댄다. 왜냐하면 대부분의 아이들이 신문을 읽은 적이 없기 때문이다. TV 프로그램을 소개하는 난 이외의 곳을 읽은 적이 있는 아이는 한 반에 서너 명도 채 되지 않는다. 그럴 때는 "아름답다고 생각하는 사진이 있으면 그것을 오려 붙이고 감상을 쓰면 된다"거나 "만화도 좋다. 그것을 읽은 느낌을 쓰라"고 한다. 실제로 아이들은 자기 마음에 드는 기사를 열심히 뒤지고 찾는다.

초기의 경향으로는 남학생은 운동경기 기사, 여학생은 연예인 기사가 많다. 그러나 이내 복지관계나 지역의 기사에도 눈을 돌리기 시작한다.

〈목표〉

• 마음에 드는 기사를 찾음으로써 신문에 눈을 돌리게 된다.

• 친구들 앞에서 기사를 소개하거나, 친구가 하는 기사소개를 들음으로써 다양한 견해와 느낌이 있을 수 있음을 실감한다.

〈활용시간의 설정〉

• 기사를 찾고, 감상을 쓰는 것은 집에서 한다.

• 기사소개와 감상발표는 조회시간의 '1분 연설' 시간에 한다.

〈기타〉

• 감상발표에 대한 논평은 처음엔 교사가 하지만, 2학기부터는 아이들에게 하게 한다.

• '1분 연설'용 용지로서 오린 기사를 붙인 곳에 논평을 달 수 있는 공간을 마련하고, 발표 뒤에는 교실에 게시한다.

아이들이 발표할 때 교사가 적절한 지도를 해주면 '나도 가보고 싶다', '나도 해보고 싶다', '왜 그럴까 생각했다'는 감상에서 자기 나름의 판단이 덧붙여진 감상으로 발전해 나간다.

(2) 스스로 수업을 즐기도록 NIE를 활용한다

①이해한 것을 인터뷰 형식으로 전달한다.

국어 교과서에서 이해와 전달하기는 매우 중요한 주제이다. '신문에서 알게 된 것을 모두에게 전달해 보자'는 활동을 설정한다. 이것은 문장의 내용을 정확하게 읽고 그것을 모두에게 전달하는 능력을 기르는 것이 목표이다.

인물을 중심으로 하여 기사에서 이해한 것을 정리하고, 그것들이 답이 될 만한 질문을 생각하여 인터뷰 기사 형식으로 재구성한다. 그리고 그것을 모두에게 전달하는 것이다.

예를 들면 올림픽 수영 종목에서 금메달을 획득한 박태환 선수와, 우주인 이소연 박사, 또는 피겨스케이팅의 김연아 선수 기사를 읽고 직접 질문을 만들어 인터뷰 형식으로 재구성하는 것이다.

수업 흐름 자체는 보통 수업과 다르지 않다. 그것은 신문을 활용하는 특별한 수업이 아니다. 전달과 이해라는 학습을 충실하게 하기 위해 신문이 가장 적합하다고 판단하여 지도계획 속에 무리 없이 짜넣었을 뿐이다.

신문활용수업은 아이들이 열심히 참여하므로 수업을 즐기는 모습과 자기주도적으로 활동하는 모습을 볼 수 있다. 대부분의 아이들이 "선생님, 이번 수업은 재미있어요", "나는 이 수업이 좋아요"라고 말할 것이다.

물론 처음부터 능숙하게 하지는 못한다. 처음엔 단순하게 이해한 것을 묻고, 정리하는 형식으로밖엔 재구성하지 못했던 아이도 있다. 그러나 훌륭한 인터뷰, 보다 잘 전달되는 인터뷰를 다른 아이의 재구성으로부터 배움으로써 점점 개선되어 나간다.

이해한 것의 양이나 인터뷰의 양, 질문 내용의 미숙함은 문제가 아니다. 다른 아이와의 비교가 아니라 자신이 재구성한

것으로 의사소통하는 학습, 그것이 아이들을 열심히 매달리게 하는지도 모른다.

②흥미있는 기사 통해 한자를 배운다.

초등학교에서 한자학습을 정식 교과로 채택하고 있지는 않지만, 방과후 수업 등을 통해서 자율적으로 실시하는 학교는 많다.

한자의 필요성은 누구나 인정하고 있으므로 신문을 활용하여 기초한자 교육을 시작해 보자. 신문에 나온 쉬운 한자단어를 아이들이 익힐 수 있도록 한다.

③실과의 '바람직한 물건 사기'를 학습한다.

수입에 맞는 바람직한 지출과 물건 사기는 초등학교 때부터 가르쳐야 하는 중요한 주제이다. 이것의 학습에 신문광고를 활용한다.

아이들은 물건을 살 기회나 금액, 목적이 한정되어 있기 때문에 이 단원을 학습할 때 매우 이해하기 어려워한다.

따라서 신문광고를 이용해 가상으로 체험하게 하면 좀 더 가깝게 느낄 수 있다. 먼저 예산과 목적을 몇 가지 준비하고, 자기의 판단으로 광고 가운데서 상품을 고르고 오린다. 아이들에 따라서는 생활 속에서 필요하지도 않고 산 적도 없어서 가격의 적합성을 따지기가 어려운 경우도 있다.

그러나 몇 번 거듭하는 동안에 수입과 지출에 대한 감각이
생겨 "에어컨이 이렇게 비싼 것이로구나" 등등 새로운 깨달음도
얻게 된다.

㈜ NE의 문제점과 대응책
①어휘가 어렵다.

맨 처음 걸림돌이 되는 것은 바로 어려운 어휘이다. 신문에
나오는 단어가 평소 아이들이 쓰는 단어 수준이 아니므로 이
해하기가 매우 어려울 때가 있다.

②글자가 많아서 읽을 의욕이 나지 않는다.

마음에 드는 기사를 스크랩하기만 할 때는 아이들은 불만을
갖는다. 그러나 신문을 활용하여 수업을 한 뒤로는 '도움이 된
다는 것을 알았다'거나 '차츰 재미가 있다'고 하는 아이들이 늘
어난다. 즉 수업에 잘 활용하고 도입하는 것이 중요하다.

많은 기사들 가운데에서 깜짝 놀랄 만한 기사나 압도적인 감
동을 주는 기사를 교사가 선택하여 소개하는 것도 중요하다.

NIE는 특별한 교육실천이 아니다. 교사라면 누구나 교육실
천의 폭을 넓히고 새로운 시도에 도전하고 싶어하며, 기술을
연마하고 싶어한다. 그렇지 않으면 아이들을 따라가지 못한다.
그럴 때 하나의 수단으로서 NIE는 충분한 가치가 있다.

▶ 여학생의 집단화는 무관심보다 낫다

요즘 들어 여학생들의 집단화가 점차 두드러지고 있다. 큰 힘을 지닌 우두머리 성격의 그룹은 아니지만, 그룹 성원끼리만 똘똘 뭉쳐서 그 밖의 아이들과는 거의 교류를 하지 않는다. 눈에 띄는 대립까지는 가지 않더라도 학급에서 뭔가 함께해 나가려 할 때면 이내 싸늘하게 분위기가 식어버린다. 좀 더 다양한 아이들과의 깊은 교류를 해 나가게 하고 싶고, 활동적인 학급으로 만들고 싶은데 어떻게 하면 좋을까?

고학년 담임을 맡았을 때의 고민 가운데 하나가 여학생의 집단화와 집단끼리의 대립이다. 그만큼 어려운 문제이다. 그러나 지도가 제대로 성립하지 않는다고 해서 교사 자신이 거부를 당한 것은 아니다. 또 남학생은 담임의 지도를 받아들이므로 남학생을 우군으로 생각하고 지도의 실마리를 찾아가야 한다.

아이들이 집단을 이룬다고 하여 자기 이외의 타인 모두를 거부하는 것은 아니며, 분위기가 싸늘해지는 것도 무관심해서가 아니라 일부러 무시하려는 부정적 행동에서 출발하는 것으로 볼 수 있다. 무관심보다 훨씬 나은 것이다.

(1) 하나의 신호로 받아들인다

집단에 고착하며 반목까지는 가지 않더라도 단단한 껍질 속

에 틀어박히는 여학생들도 결코 현재 상황에 만족하는 것은 아니다. 빠져나오고 싶어도 혼자서 행동할 용기가 나지 않고, 현 상황을 바꾸고 싶어도 힘이 없으며, 방법을 모르는 경우도 있을 것이다. 똘똘 뭉쳐 있으면 일단은 안심이 되고, 그 안에서 사소한 문제는 있어도 견디지 못할 정도는 아니다. 그러나 왠지 하루하루가 즐겁지 못하다.

이것은 어른들이 바라던 대로 '안정되어 있고' '평균적인' '무난한' 아이들 모습의 하나로도 볼 수 있다.

(2) 먼저 다음 두 가지를

겉으로 드러나는 대립은 없으므로, 그룹의 해체라든가 서로간의 관계는 일단 그냥 놔두고 다음 두 가지 점부터 실시해 보자.

①학급에 즐거움이 가득하게
각 아동에게 '몸과 마음을 개방하는 즐거움과 후련함', '표현

의 즐거움'을 충분히 체험하게 한다. 이러한 즐거움이 쌓임으로써 나와 다른 아이들의 뜻밖의 모습을 발견하고, 자기긍정감도 싹트게 된다.

구체적인 예를 두 가지 들어본다.

■ 간단한 레크리에이션과 집단놀이

"와~" "꺅" 하는 소리가 학급에 울려 퍼지게 하자. 방법은 책 등의 자료에서 찾는다. 학급의 상황에 맞는 것, 스트레스를 해소시킬 수 있는 것 등을 조회나 종례 시간 등에 집어넣어 하루에 한 가지씩 실행해 보자. 조 대항 놀이 등을 즐길 수 있게 되면 더욱 친해진다. 줄넘기 등은 여럿이서 체육 시간에도 할 수 있다.

■ 홀로 읽기와 '여럿이 읽기'

의견을 말하지는 못하지만 대본이 있으면 소리는 낼 수 있

다. 소리내는 것 자체에 즐거운 의미가 있고, 또 그것은 자기표현의 중요한 요소이기도 하다. 조별 또는 그룹별로 읽음으로써 마음 편히 소리를 낼 수 있다. 또한 회를 거듭함으로써 표현방법을 그룹별로 상의할 수 있다. 간단한 동작을 하게 하는 것도 좋다. 그리고 발표한 뒤에는 다른 그룹의 잘한 점을 찾아보게 하자. 겉으로는 어쨌든, 좋았던 점을 발견해 주면 속으로라도 기쁘지 않은 아이는 없다.

②아이들과의 관계를 다시 쌓는다.
다음과 같은 것을 해보면 어떨까?

■ 편지 쓰기
전체가 있는 곳에서 교사의 현재 심경과 학급 만들기에 대한 느낌을 솔직하게 편지에 써서 읽게 할 수도 있다. 프린트하여 나눠 주는 것이 아니라 봉투에 넣어서 하교할 때, "집으로 돌아간 다음에 읽어보아라" 말하고는 한 사람씩 일일이 건넨다. 답장은 기대하지 않지만 한 사람이라도 반응이 있으면 다행이다. 교사도 연약한 인간이란 것을 아이들에게 보여주고 호소하는 것도 나쁘지 않다.

■ 개인 노트 이용
교사가 일방적으로 숙제를 내는 것이 아니라 자기주도 학습·

가정학습의 형식으로 교사와의 교환 노트를 만든다. 그곳에 아이들이 학습한 것을 써넣을 뿐만 아니라 '한 마디 일기' 등을 쓰게 하고, 교사가 답장을 써준다. 일기는 어디까지나 자주적인 것이어야 한다. 일기가 쓰여 있지 않더라도 교사는 집단놀이나 집단읽기 등을 할 때 드러나는 아동의 긍정적인 면을 관찰해 두었다가 한 마디 써넣는다. 날마다 제출하게 하면 검사할 시간이 없으므로 일주일에 두 번 정도 조별로 검사하면 적당하다.

고학년이 되면 급우와의 관계 때문에 전체가 있는 곳에서는 칭찬받는 것을 솔직하게 기뻐하지 못하는 아이들이 생긴다. 그런 아이에게 별일 아니라는 듯 칭찬하기에는 개인 노트가 매우 효과적이다. 조별 노트는 조원들끼리 어느 정도 관계 성립이 되었을 때는 효과적이지만 그렇지 않으면 겉돌게 된다.

가장 유의해야 할 점은 학급의 가라앉은 분위기에 교사가 휩쓸려서 의욕을 잃는 것이다. 또 "이래서 되겠니?"라고 아동의 반성을 촉구하면 반발로 돌아올 수 있다. 분위기의 향상을 위해 너무 애를 써도 교사 혼자서 동동거리는 결과가 된다.

자연스럽게, 별일 아니라는 듯, 그렇지만 아이들 하나하나의 마음 저 깊은 바닥의 '나를 인정해 주세요'라는 바람을 읽고, 그에 맞는 방법을 생각해 보자.

▶ 적극적 수업 참여를 이끈다

아이들이 적극적으로 수업에 참여하지 않는다. '오늘은 이것을 해야지'라고 의욕적으로 준비하고 교실로 들어가서 아이들에게 내놓아도 반응이 거의 없다. 학습의욕이 결핍된 아동도 많이 보이고 학력 차도 점점 크게 벌어진다. 아이들에게 공부에 대한 '가치'가 저하되고 있는 느낌이다. 이런 상황을 어떻게 타개해야 좋겠는가?

수업에만 참여하지 않는 것인지 체육이나 만들기, 음악 등도 마찬가지인지 모르겠다. 행사 등에 대한 참여, 부서활동 등에 대해서는 어떠한지 좀 더 정리하여 생각해 보고 그 근원을 파악해야 한다. 그래야 '학급 만들기'에 초점을 맞출 것인지, 아니면 '수업과 학습의 활성화·학력 향상'에 초점을 맞출 것인지 결정할 수 있다.

학력만 낮은 것이 아니라 아동의 생활이 전반적으로 무기력하고 의욕이 없는 경우에는 학력은 차치하고, 먼저 학급 만들기부터 돌입해야 한다. 아동이 학교에 가기를 즐거워하고, 친구들과 함께 있으면 마음이 편안하다고 느끼며, 자기가 있을 곳을 확보할 수 있어야 학습도 성립하고, 배운 것이 정착될 수 있다. 설 곳이 없는 아이는 무기력해지거나 반대로 공격적이 된다.

첫 단계로, 각 아동의 보이지 않는 부분에도 눈을 돌려 이해

하고 가까워져서 지도가 이루어질 수 있는 관계부터 만드는 것이 중요하다. 그런 다음에 아이들끼리 서로를 알고 신뢰도가 높은 집단으로 만들기와 학급 안에 '즐거움'을 많이 만들기를 생각하자. 각각 구체적인 방법은 동료나 모임 등을 통해 실천을 교류한다.

선생님은 아이를 가르치는 예술가가 되어야 한다. 교과서만 가르쳐서는 안 된다. 선생님의 기본은 철학, 즉 사람 됨됨이를 가르치는 것이다. 학생 또한 교과서만 공부해서는 안 된다. 인생의 도리와 탐구심을 기르도록 선생님이 이끌어 가야만 한다.

성공한 사람들의 찬란한 업적 뒤에는 무엇보다 그들 선생님의 보이지 않는 사랑과 헌신적 교육이 있었다. 르네상스 시대의 위인들은 어린 시절부터 훌륭한 선생님의 교육을 받아온 사람들이다. 단테뿐만 아니라 다빈치·미켈란젤로·라파엘로도 마찬가지였다.

지금까지 처음 교단에 선 젊은 교사들의 문제와 고민에 대한 답을 제시하려 애썼다. 다음 책 〈실천 편〉에서는 교직현장에서 늘 부딪치는 여러 문제들에 대해 실례를 들어 하나하나 구체적으로 풀어 나가려 한다.

한성자(韓成慈)
한국외국어대학교 동양어대학 일어·교육학과 졸업.
독일 빌레펠트대학 어학과정 수료.
한국방송대학교 유아교육학과 졸업. 보육교사1급자격 획득.
A director of HAPPY CHILDREN HOUSE
행복한 어린이집 원장.
한국칼비테학습연구소 선임연구원.
옮긴책 알프레드 아들러 《인생방법 심리학》.

학교가 큰일났다! 선생이 위험하다!
선생님도 수업전략 있어야 성공한다
[1] 연구편
한성자 지음
1판 1쇄 발행/2017. 5. 5
발행인 고정일
발행처 동서문화사
창업 1956. 12. 12. 등록 16−3799
서울 중구 다산로 12길 6(신당동)
☎ 546−0331~6 Fax. 545−0331
www.dongsuhbook.com
*

사업자등록번호 211−87−75330
ISBN 978−89−497−1633−6 04370
ISBN 978−89−497−1632−9 (전3권)